聶石樵文集

第五卷

屈原論稿

中華書局

目　录

[附录]

自　序

屈原是我们国家、民族早期的重要作家,他的作品在我国的文化史、艺术史上的重要地位,和希腊神话在希腊艺术史上的重要地位相似。“希腊神话不仅是希腊艺术的宝库,而且是希腊艺术的土壤。”(马克思《论文化的各种形态(科学、技术、艺术)的不平衡发展》)同样,屈原的作品是我们民族文化中的珍宝,两千多年来一直成为历代作家学习、吸取不尽的营养,它以丰富的创作经验和卓异的艺术成就培育着我国文学艺术的成长。对这样一部伟大作品的价值和意义,我们的认识还是很不够的。因此,我们必须下大功夫,作认真的研究,进行新的开拓。

比较长的时期以来,在对屈原的评价中,人们习惯于论述和划分屈原的思想究竟是属于哪一哲学体系,是儒家?法家?还是其他什么家?我在本书中对此也作了一些探讨。但是,仅从哲学的角度评价屈原,还不能全面地认识屈原。恩格斯在评论歌德时曾经说:“一般说来,我们根本不是从道德的、党派的观点,而主要是从美学的、历史的观点来对他加以责难。”(《论歌德》)恩格斯这段话可以作为我们评价古代作家的重要准则。我们并不反对用哲学的观点来评价作家,并且认为哲学观点是一个作家观察、分析自然和社会的主要根据,是其世界观的主要部分,但是更重要的是我们必须从文学反映生活的特点出发来评价作家。文学与哲学之用逻辑思维表现对整个世界及其规律的认识绝然不同,而是用文艺的形式、形象思维的方法来反映社会斗争、历史生活,并从而表现作家对社会、历史的观点和看法的。因此,一部伟大的作品往往是它那个时代的一面镜子,是社会历史生活的实录。高尔基曾说:“卡尔·马克思承认在巴尔扎克的作品里面学习了很多东西。依据左拉的小说我们可以研究整个的时代。”(《青年的文学和它的任务》)对文学家及其作品只有用美学的、社会历史的观点才能真正认识它的价值和意义。对屈原的研究也不能例外。

这部《论稿》就是力图用这种科学的马克思主义的观点对屈原的时代、生平、思想、作品进行比较全面、系统的探索;力图用历史唯物主义的观点阐明屈原所处的时代背景,阐明屈原及其作品和他那个时代的深刻联系,阐明屈原及其作品出现在那个历史转变时期的意义;同时,探讨屈原的哲学思想的形成,反映战国时期怎样的历史变化及其在当时思想界的地位,探讨屈原美政理想和美学观点的阶级内容及其在当时历史条件下的进步性和局限性,探讨屈原对楚国贵族集团批判的认识价值;并且分析屈原对天命鬼神的怀疑精神的意义,分析屈原在艺术上对先秦文学的发展和创造,分析屈原对艺术的创造为后代文学家提供了哪些创作经验,等等。总之,想通过以上的论述全面地认识屈原、评价屈原,说明屈原的思想和作品怎样深刻地反映他那个时代、表现他那个时代。为了说明问题,比较多地引用了一些文献资料,并作了一些必要的考证。

屈原的成就是伟大的,他的伟大之处除了在他的作品中“反映出革命的某些本质的方面来”(列宁《列夫·托尔斯泰是俄国革命的镜子》)之外,还在于他和那个腐朽没落的贵族政治集团顽强的斗争精神,在于他为坚持自己的理想而宁死不屈的意志,在于他始终站在进步的立场维护国家和人民利益的意向,在于他那种出于污泥而不染的高尚情操。屈原在政治上终于失败了,但是他一生的斗争经历,他的思想观点,他的爱憎感情,他的情操,他的气质,他的全部精神意向,都集中表现在他的创作之中,他的全部创作是他整个精神世界的再现。"余读《离骚》、《天问》、《招魂》、《哀郢》,悲其志。"(《史记·屈原列传》)司马迁是为屈原精神所感召而含着血泪为屈原写传记的。同样,我们今天也为屈原的悲剧精神所激动着,我是怀着同情、愤慨和崇敬的心情完成这部《屈原论稿》的。我觉得屈原的成就是我国人民和我们民族精神、文化对他哺养、培育的结果,因此,他的产生是我国人民的骄傲,是我们民族的骄傲!

我对屈原的考察、探索工作,时间拖得比较长。在比较长的时间里,积累了一些资料,形成了自己的看法,但由于教学工作比较重,一直没有机会动笔写。一九七八年冬天,因为要给研究生讲屈原专题,才不得不挤时间撰写这部稿子。初稿完成后,自己很不满意,又经过几番修改,最后才定下来。后来承人民文学出版社编辑同志提了不少宝贵意见,帮助进一步修改,不胜感激!这部稿子从开始着手写到现在已经两三年的时间,现在终于完成了,自己也松了一口气。但回顾起来仍感到很不满足,特别是受到政治思想水平的限制,对怎样正确运用马列主义观点评价文化遗产把握不准,其中有些地方论述得不充分、不全面,有些提法不确切或有错误。这只是一种初步的探索,故称之为《论稿》。现在出版,不过是想多听取读者和专家的批评罢了!

聂石樵

一九八〇年六月十五日写于北京师大

第一章　屈原的时代

毛泽东同志曾经指出:“在中华民族的开化史上,有素称发达的农业和手工业,有许多伟大的思想家、科学家、发明家、政治家、军事家、文学家和艺术家,有丰富的文化典籍。”(《中国革命和中国共产党》)又指出:“从孔夫子到孙中山,我们应当给以总结,承继这一份珍贵的遗产。这对于指导当前的伟大的运动,是有重要的帮助的。”(《中国共产党在民族战争中的地位》)就文学家而言,屈原的辞赋,司马迁的散文,杜甫的诗歌,关汉卿的戏剧,曹雪芹的小说,都在他们各自的领域中达到一种文体的最高成就,标志着一个时代文学发展的顶峰。重点、深入地分析、批判和研究这些伟大作家,对于探讨文学发展史的某些规律,对于理解、批判、继承和古为今用,都是有重大意义的。

屈原是我国文学史上第一个伟大文学家。作为一个伟大的文学家,他的作品总是和他那个时代保持着密切的联系,并深刻地反映了那个时代。列宁在评列夫·托尔斯泰时说:“如果站在我们面前的是一位真正的伟大艺术家,那么他至少应当在自己的作品里反映出革命的某些本质的方面来。”那么,屈原这位伟大的辞赋家,他的作品中究竟反映了什么样的时代呢?他自己所处的又是怎样的时代呢?

第一节　处于转变时期的战国社会

屈原生于公元前三三九年（楚威王元年），卒于公元前二八五年（顷襄王十四年），共经过了威王、怀王、顷襄王三个王朝。怀王统治的时期共三十年，正当屈原十二岁到四十一岁的时候，屈原的政治活动和创作活动主要在这个时期。这个时期正是战国末年。

从春秋到战国是我国历史上一个大转变的时代，这一点从前研究历史的人已经看到了。王夫之在《读通鉴论》卷末《叙论》四说：

> 战国者，古今一大变革之会也。

他又在同书卷五《汉哀帝》条中说：春秋以前“其富者必其贵者也”，待到郡县制度之兴起，则富贵的情况便发生了变化。顾炎武在《日知录》卷十三《周末风俗》条中更具体地说明了春秋战国之间的变化：

> 如春秋时犹尊礼重信，而七国则绝不言礼与信矣；春秋时犹尊周王，而七国则绝不言王矣；春秋时犹严祭祀重聘享，而七国则无其事矣；春秋时犹论宗姓氏族，而七国则无一言及之矣；春秋时犹宴会赋诗，而七国则不闻矣；春秋时犹有赴告策书，而七国则无有矣。邦无定交，士无定主。此皆变于一百三十三年之间，史之阙文而后人可以意推者也。

他们虽然没有认识这一时代变化的根本原因，但他们看到这一时代的变化，却是难能可贵的。这是一种新旧制度的变化，是新旧社会的变化，是从奴隶主所有制向地主所有制、从奴隶社会向封建社会的大转变时代。但是，从整个进程来看，这种转变在春秋初期还比较缓和，越到后期越趋向剧烈，到战国中、晚期，便达到剧烈的顶端。屈原就是活动在这一历史变化的潮流中，活动在这一新旧社会交替的历史转折关头。

这个时期的历史有哪些变化，让我们先看看当时的经济情况。农业是当时生产的最重要的方面，铁制工具的出现是农业生产的一件大事。铁在春秋末年已经发明利用，但当时似乎只用作铸鼎，到战国中叶以后，被广泛用于制作农具。《管子》的作者认为必须铁制工具，"然后成为农"，"然后成为车"，"然后成为女"（《轻重乙篇》），"不尔而成事者，天下无有"（《海王篇》）。当时有位"为神农之言者"许行，主张君民并耕而食，孟子询问他的弟子陈相："许子以釜甑爨，以铁耕乎？"（《孟子·滕文公上》）可见当时中原地区已经普遍用"铁耕"，所以孟子才以此责难陈相。当时的一般农具像耜、铫、镰、耨、铚等都是铁器，这种铁制农具的出现，对大规模的垦荒和深耕易耨有很大的促进作用。

牛耕在春秋末年已经出现，从山西浑源出土的牛尊看，当时晋国的牛已经穿有鼻环，说明牛已被牵引着劳动。可能在孔子时代人耕和牛耕还并用，所以《论语·微子》篇有从事"耦耕"的长沮和桀溺，同时根据古人的名和字相连的习惯，《史记·仲尼弟子列传》里有字子牛的司马耕和字伯牛的冉耕。春秋晚年，晋国的范氏、中行氏在国内斗争中失败，逃到齐国，使子孙变为农民，晋大夫窦犨说："今其子孙将耕于齐，宗庙之牺为畎亩之勤。"（《国语·晋语九》）意谓好比养在宗庙里祭祀用的牺牲放到田地里耕作。这也说明春秋晚期牛耕已比较普遍。到了战国，牛耕的作用更被人们所认识，从而得到进一步地推广，所以《易·系辞下》说："服牛乘马，引重致远，以利天下。"

这个时期，人们也注意到了对土壤的研究，主张先分辨土性，选择适宜种植在某种土壤的农作物来播种,从而适当地改造土壤。同时讲究施肥的方法。战国时的著作《禹贡》和成书于战国时期的《周礼·地官司徒·草人》列举了各种不同的土壤。《吕氏春秋·任地》篇提出了土壤的质地、结构、含水量等方面的保养方法:

力者欲柔,柔者欲力;息者欲劳,劳者欲息;棘者欲肥,肥者欲棘;急者欲缓,缓者欲急;湿者欲燥,燥者欲湿。

从五个方面对不同土壤采取不同的改良措施。在施肥方面,《周礼·地官司徒·草人》云:

草人掌土化之法,以物地相宜而为之种。凡粪种,骍刚用牛,赤缇用羊,坟壤用麋,渴泽用鹿,咸潟用貆,勃壤用狐,埴垆用豕,强檃用蕡,轻爂用犬。

把土壤分成九类,根据土壤之不同,用九种动物骨煮成汁来拌种播种。这是当时使用骨肥的情况。又《周礼·秋官司寇·薙氏》云:

薙氏掌杀草……若欲其化也,则以水火变之。

或烧草取灰烬,或沤草使腐烂。这是当时使用草肥的情况。此外,《孟子·滕文公上》篇,《荀子》之《王制》、《富国》、《致士》诸篇以及《礼记·月令》篇都谈到粪田和粪肥田的问题。《吕氏春秋》的《上农》、《任地》、《辨土》、《审时》四篇是专讲农业生产的,其中包括使用土地、整地、做畦、灭草保墒、中耕除草等各个方面。这都说明战国时的生产技术已达到相当高的水平。

灌溉事业也有很大发展。就楚国而言,早在春秋时之楚庄王,其宰相孙叔敖即创建芍陂灌田。《水经·肥水注》云:

断神水又东北径白芍亭东,积而为湖,谓之芍陂。陂周百二十许里,在寿春县南八十里,言楚相孙叔敖所造。……陂有五门，吐纳川流。

这项水利工程是利用原有的湖泊而建成的大型蓄洪水库，而且设有水门。在还不能用人力大规模修筑水库以前，这种利用湖泊作基础兴建水库的方法，特别是设立水门以调节水量的方法，是当时水利工程中的大进步。到战国时期，水利灌溉进一步发展。《周礼·冬官考工记·匠人》记载当时灌溉农田的大小沟渠有"甽"（田间小沟）、"遂"（小沟）、"洫"（中沟）、"浍"（大沟）等名目。人们还注意水的流通和运用。《周礼·地官司徒·稻人》云：

以潴（池塘）畜水，以防止水，以沟荡水，以遂均水，以列舍水，以浍写（泻）水。

这种农田灌溉的讲求，也就发展了大规模的运河开凿工程，如魏文侯时的西门豹、魏襄王时的史起引漳水灌溉邺田，《史记·河渠书》、《汉书·沟洫志》都有记载。当时的灌溉技术也有比较大的改进，《庄子·天地》篇云：

子贡南游于楚，反于晋，过汉阴，见一丈人方将为圃畦，凿隧而入井，抱瓮而出灌，搰搰然用力甚多而见功寡。子贡曰："有械于此，一日浸百畦，用力甚寡而见功多，夫子不欲乎？"为圃者卬而视之曰："奈何？"曰："凿木为机，后重前轻，挈水若抽，数如泆汤，其名为槔。"

把两种工具的功能，作了鲜明的对比，说明当时楚地已采用桔槔灌溉，代替过去抱瓮而汲的原始方法了。这种灌溉方法的改革，可以"民逸而利多"（《淮南子·氾论训》），在很大程度上减少了劳动力而便利农耕。

和农业发展的同时，手工业也蓬勃发展起来。在官营手工业方面，战国时各诸侯国普遍设有自己的手工业作坊，以制造国君和宗室所需要的兵器、钱币和其他各种器物等。重要的手工业地点，遍及全国各地。根据已出土的兵器和铜币的铭文看，秦国有雍（今陕西凤翔县东）、栎阳（今陕西临潼县北）、咸阳（今陕西咸阳市东北）、高奴（今陕西延安县东北）和漆垣（今陕西铜川市西北）。魏国有梁（今河南开封市）、宁（今河南获嘉县）、共（今河南辉县）、阴晋（今陕西华阴县东）、宅阳（今河南郑州市北）等。赵国有邯郸（今河北邯郸市）、武平（今河北霸县北）、兹氏（今山西汾阳县东南）等。韩国有郑（今河南新郑县）、新城（今河南伊川县西南）、阳人（今河南临汝县西北）、彘（今山西霍县）等。当时手工业的发达，更表现在分工的细密上，据《周礼·冬官考工记》记载，官营手工业木工分七部，金工分六部，皮革工分五部，设色工分五部，刮磨工分五部，陶工分两部。具体到某一工种，还有更细的分工，例如做一轮车，就有轮人、舆人、辀人之分，制造技术也十分讲究。其他各工种也莫不如此。

除了官营手工业之外，民间个体经营的手工业也相当发达。早在东周末期已出现如《论语·子张》篇所谓"百工居肆"和《墨子·尚贤上》所谓"工肆之人"的个体手工业者。到了战国时代更加发展，《孟子·滕文公上》云："且一人之身，而百工之所为备。"就是说对一个人来说，各种工匠的成品都不可缺少。因此他主张工农的产品要交易，《孟子·滕文公下》说："不通功易事，以羡补不足，则农有余粟，女有余布。"如果有无相通，"则梓匠（木工）、轮舆（车工）皆得食。"又《孟子·滕文公上》说：农夫"以粟易械器"，陶冶工"以其械器易粟"，"百工之事，固不可耕且为也。"说明当时农夫和个体手工业者的相互依存的关系。特别是陶工、木工、车工、冶铁工的发展，对农业生产更重要。农夫所需要的铁器、陶器、木器、车辆，都依靠这些个体手工业供给，而个体手工业者则依靠出卖制成品给农夫以维持自己的生活。《韩非子·五蠹》篇说：

其商工之民，修治苦窳之器，聚弗靡之财，蓄积待时而侔农夫之利。

个体手工业者与农夫不但相互依存，而且制造恶劣的器械以剥削农夫。这种个体手工业者必然不少，产品也一定很多。特别是由于铁制农具的盛行，民间冶铁手工业，为了“侔农夫之利”乃成为最重要的部门。

由于农业、手工业的蓬勃发展，商业也兴盛起来。当时一般的商人和手工业者可以取得十分之二的利润，据《史记·苏秦列传》说：“周人之俗，治产业，力工商，逐什二以为务。”但富商巨贾却垄断市场、囤积居奇，《孟子·公孙丑下》说：“有贱丈夫焉，必求龙断而登之，以左右望，而罔（网）市利。”他们登高远望，左顾右盼，把市场垄断了。又《战国策·赵策三》记载希写对建信君说：“夫良商不与争买卖之价，而谨司时。时贱而买，虽贵已贱矣；时贵而卖，虽贱已贵矣。”他们经营的方法，关键在掌握时机。像楚人范蠡用计然的贸易理论，“候时转物，逐什一之利”（《史记·越王句践世家》），“十九年之中三致千金”（《史记·货殖列传》）。周人白圭讲究致富术，用“人弃我取，人取我与”（《史记·货殖列传》）的法则从中牟利。大盐商兼珠宝商猗顿也多钱善贾而富比王侯，名驰天下。这类富商巨贾的经济实力，甚至能够左右一国的兴亡。《韩非子·亡征》篇说：“羁旅侨士，重帑在外，上间谋计，下与民事。”他们依靠在国外的经济力量，上干国政，下预民事，影响别国的安危。《孟子·公孙丑上》举王天下之道五条，其中“市，廛而不征，法而不廛，则天下之商皆悦，而愿藏于其市。关，讥而不征，则天下之旅皆悦,而愿出于其路矣。”招商、通商便占了两条,可见商业发展在各国经济中所占地位之重要。商业兴盛,城市自然也发达起来。齐之临淄,楚之郢都,赵之邯郸,魏之大梁,周之洛阳等都是天下著名的都市。临淄有户七万,“车毂击,人肩摩,连衽成帏,举袂成幕,挥汗成雨。”(《战国策·齐策》)郢都的繁华也不下于临淄,“车挂毂,民摩肩,市路相交,号为朝衣新而暮衣敝。”(《北堂书钞》卷一二九,《太平御览》卷七七六引桓谭《新论》)此外,“千丈之城,万家之邑相望也。”(《战国策·赵策三》赵奢语)天下各国比比皆是。商品的流通极其畅达,《荀子·王制》篇叙述当时的情况说:

> 北海则有走马吠犬焉,然而中国得而畜使之;南海则有羽翮、齿革、曾青、丹干焉,然而中国得而财之;东海则有紫弦鱼盐焉,然而中国得而衣食之;西海则有皮革文旄焉,然而中国得而用之。……故天之所覆,地之所载,莫不尽其美,致其用。

又说:

> 通流财物粟米,无有滞留,使相归移也,四海之内若一家。

商业的流通和发达,给学术上大一统思想的形成以有力的影响。

这个时期生产的发展,主要是由于铁制工具的普遍使用所促成的。新的生产力的发展,必然导致生产关系的改变,生产关系的改变,必然导致社会结构、阶级关系的变化,必然导致一切旧制度、旧观念、旧思想的动摇。

春秋战国以前,各诸侯国家的政权都掌握在大小奴隶主手里,土地由世袭的诸侯、卿、大夫所占有。到了春秋时代,这种奴隶主占有制严重地束缚了生产力的发展,奴隶主阶级已成为社会上最反动的阶级,阻碍着历史的前进。他们搜刮民脂民膏以满足自己穷奢极欲的生活，追求声色犬马的玩好和宫室台榭的享受，根本不考虑人民的死活和国家的安危。《墨子·辞过》篇说：

> 当今之主，其为宫室……必厚作敛于百姓，暴夺民衣食之财，以为宫室台榭曲直之望，青黄刻镂之饰。……其为衣服……必厚作敛于百姓，暴夺民衣食之财，以为锦绣文采靡曼之衣，铸金以为钩，珠玉以为佩，女工作文采，男工作刻镂，以身服此，非云益暖之情也，单财劳力，毕归之于无用也。……厚作敛于百姓，以为美食刍豢蒸炙鱼鳖，大国累百器，小国累十器，前方丈，目不能遍视，手不能遍操，口不能遍味，冬则冻冰，夏则饰饐。……其为舟车……必厚作敛于百姓，以饰舟车，饰车以文采，饰舟以刻镂，女子废其纺织而修文采，故民寒，男子离其耕稼而修刻镂，故民饥。

墨子所讲的是各诸侯国的普遍情况，《孟子·梁惠王上》又谈到当时齐国的情况：

> 今也制民之产，仰不足以事父母，俯不足以畜妻子；乐岁终身苦，凶年不免于死亡。

齐国是号称有鱼盐之利的大国，人民生活尚且如此困苦，其他各国就可想而知了。《孟子·梁惠王上》还谈到魏国的情况：

> 庖有肥肉，厩有肥马，民有饥色，野有饿莩，此率兽而食人也。

《诗经·魏风》反映魏国的阶级矛盾在十五国风中已经比较突出，这时则更尖锐化了，竟至于饿莩遍野。统治阶级追求骄奢淫逸的生活，甚至像虞公那样，为了贪图晋国的“垂棘之璧”和“屈产之乘”，把自己的国家葬送了；像卫懿公那样，因为喜爱鹤，竟然用一个大夫一年的俸禄养一只鹤。而秦穆公买贤士百里奚，只用了五张羖羊皮。这说明当时一个奴隶的身份，还抵不过奴隶主一只鹤。

这些统治者为了满足自己贪得无厌的欲望，不但剥削本国人民，还掠夺别国人民。他们经常动员十几万或几十万人，发动大规模的对外战争。这一方面摧残了别国人民的生命财产，另一方面也加重了本国人民的负担，并严重地破坏了农业生产。《孙子·用间》篇说：

> 凡兴师十万，出征千里，百姓之费，公家之奉，日费千金，内外骚动，怠于道路，不得操事者七十万家。

战争给人民带来了极大的灾难，人民对之深恶痛绝。《孟子·梁惠王下》记载邹与鲁交战："有司死者三十三人，而民莫之死也。"即说明邹穆公的士卒反对这种不义之战，不肯为他们卖命。战争扩大了，徭役也日益繁重，大批奴隶因而死亡，著名的孟姜女哭长城的故事，应当就是这个时期历史现象的真实反映。

统治阶级对工人奴隶也极尽摧残之能事，《韩非子·和氏》篇记载：楚厉王、楚武王昏愦至极，以为献给他们璞玉的玉工和氏是妄骗，就把和氏的双足割掉了。这虽然是一篇寓言，却反映了当时的历史事实。又《搜神记》记载：

> 楚干将莫邪为楚王作剑，三年乃成。……王怒，即杀之。

楚王因为干将莫邪铸剑时间太长，于剑既成时，便把剑工杀了。多么残忍！又《阙子》记载：

> 宋景公使弓工为弓，九年来见，公曰："为弓亦迟。"对曰："臣不得见公矣，臣之精尽于弓矣！"献弓而归，三日而死。

为了制造一张弓，竟把全部精血都耗尽了。又《左传》宣公二年记载：

> 晋灵公不君……宰夫胹熊蹯不熟，杀之，寘诸畚，使妇人载以过朝。

晋灵公因为厨师煮熊蹯不熟，遂将厨师杀了。玉工、剑人、弓匠、厨师四种人的悲惨遭遇，正是当时工人奴隶苦难命运的写照，是奴隶主阶级残酷本质的反映。这些奴隶主榨取人民的血汗，作为自己寻欢作乐之物，把自己的欢乐建筑在人民的苦难之上。《庄子·说剑》篇记载：

> 昔赵文王喜剑，剑士夹门而客三千余人，日夜相击于前，死伤者岁百余人，好之不厌，如是三年。

人民为统治者铸剑而死，又为他们娱剑而死，可谓没有活的余地了。而奴隶主不但活着追求穷奢极欲的生活，死后还幻想继续人间的快乐享受不绝，因此要大批的奴隶殉葬。《史记·秦本纪》记载：

> 缪公卒，葬雍。从死者百七十七人，秦之良臣子舆氏三人，名曰奄息、仲行、鍼虎，亦在从死之中。

奴隶们以自己的劳动、智慧从事生产，推动了生产的发展，得到的却是残形、杀身，以至于大批的死亡。

阶级矛盾激化到如此深刻、尖锐的程度，奴隶们为求得生存不能不起来反抗。当时流行的谚语说："兽恶其网，民恶其上。"（《国语·周语中》）是说人民痛恨奴隶主犹如野兽痛恨捕捉它们的网一样。又当时的成语说："盗憎主人，民恶其上。"（《左传·成公》十五年）说明"盗"的反抗斗争出于人民对奴隶主的仇恨。阶级对立关系如此严峻，奴隶起义便此伏彼起地爆发了。首先发难在鲁国,《左传·襄公》二十一年:"鲁多盗。"其次扩展到晋国的都城,《左传·襄公》三十年:"士文伯让之曰:'敝邑以政刑之不修,寇盗充斥。'"又出现在楚国,《国语·楚语下》:"民之羸馁,日已甚矣,四境盈垒,道殣相望,盗贼司目,民无所放。"也产生于郑国,《左传·昭公》二十年:"郑国多盗,取(读作聚)人于萑苻之泽。"人民起来反抗,统治者对之进行残酷的镇压,齐国对大批起义奴隶就曾施行刖足之刑。《左传·昭公》三年:"国之诸市,屦贱踊(木制假足)贵。"国都的市场上草鞋跌价而假腿涨价。由于奴隶起义规模极大,次数众多,因而出现了著名的起义领袖如鲁国的盗跖、楚国的庄跻。《庄子·盗跖》篇记载:

> 盗跖从卒九千人,横行天下,侵暴诸侯,穴室枢户,驱人牛马,取人妇女,贪得忘亲,不顾父母兄弟,不祭先祖。所过之邑,大国守城,小国入堡,万民苦之。

庄子是站在剥削阶级立场上看问题的,但从其中也可以见出奴隶起义声势之浩大。盗跖其人,据《史记·伯夷列传》张守节"正义"说是黄帝时的"大盗",而《庄子》则说是柳下惠的弟弟,并曾见过孔子,时代相距甚远。怎样解释呢?按跖这个人物不见于战国以前的古书,而为战国时诸子书中所常见,如《孟子》、《商君书》、《荀子》、《韩非子》、《吕氏春秋》中都有记载,因此可以推断他该是春秋战国间的人物。《荀子·不苟》篇说:"盗跖吟口,名声若日月,与舜禹俱传而不息,然而君子不贵者,非礼义之中也。"因为他是奴隶起义的领袖,所以在群众中"名声若日月",又因为他反对伦理道德,所以君子看作"非礼义之中"了。盗跖概括了这一历史时期奴隶起义的特征、才智和力量,他反对奴隶主的统治和宗法伦理关系而带领广大奴隶起来争取生存。

和盗跖齐名的是楚国的庄跻。《荀子·议兵》篇说:“庄跻起,楚分为三四。”又《韩非子·喻老》篇说:“庄跻为盗于境内,而吏不能禁。”又《吕氏春秋·介立》篇说:“郑人之下𩏂也,庄跻之暴郢也,秦人之围长平也。”庄跻是什么时期的人呢?《韩非子·喻老》篇认为是楚庄王时,《吕氏春秋》高诱注认为是楚成王时,《华阳国志·南中志》认为是楚威王时,《荀子·议兵》篇又与唐昧之死并提。按楚怀王二十八年,齐、魏、韩率军攻楚之方城,唐昧率军抵御,在垂沙大败被杀。唐昧死于怀王二十八年,其年龄必不止二十八岁,其生年当在威王时代。庄跻既可与他并提,则庄跻的年代当在威王和怀王之时,可能比屈原的时代稍早些。

他的起义既然“吏不能禁”,又能使“楚分为三四”,并且震撼郢都,其影响可以和秦将白起围长平、坑其卒四十万相比,也可见楚国当时奴隶起义规模之大了。

奴隶起义动摇了奴隶社会的基础,使奴隶主政权没落,奴隶主贵族内部发生分化,使商人地主阶级崛起,成为奴隶主新的对立物。地主阶级的出现,并在一些国家逐步掌握政权,是这一历史时期有意义的重大事件。

地主阶级是由下层奴隶主、奴隶社会的自由民、工商业主和以军功得封土地的功臣构成的。他们土地的来源,是小奴隶主的少数占有,自由民的垦殖,工商业主的购买和诸侯对有战功者的赏赐。这部分人大都有才干、有知识,对奴隶主的世袭制度不满,对割据局面以及无休止的战争憎恶,特别对奴隶主那种残暴、昏庸、荒淫、腐败极为愤慨。他们虽然是剥削阶级,和劳动人民有很大的矛盾,和工商业者也有不少距离,但是他们和奴隶主的斗争,除了体现本阶级的利益之外,在一定程度上是以奴隶悲惨命运的同情者的身份出现的。屈原出身于贵族,但他已经没落了,他实际上已从贵族集团内部分化出来。《韩非子·喻老》篇说:"楚邦之法,禄臣再世而收地。"屈原的祖先虽然做过官,到他这一代封赐早已收了回去,所以在《惜诵》中有"忽忘身之贱贫"的感叹。当然,这种"贱贫"只是与奴隶主贵族相对而言,恐怕并不就等于楚国的一般平民。可是毕竟他没落了,正因为他从贵族集团分化出来,他才能看到人民的苦难和历史的潮流,从而从新的角度对他所出身的那个阶级进行激烈的批判,这与上述的代表历史潮流的地主阶级、奴隶阶级反对奴隶主的要求基本上是一致的。

地主阶级已经形成,便逐渐要求参与并夺取国家政权,要使国家的政治机构和措施能够维护自己阶级的利益,这就是当时各诸侯国家都不同程度实现过的变法运动,像郑国的子产、魏国的李悝、韩国的申不害、秦国的商鞅、楚国的吴起以及燕、赵等国都实行或倡导过的法制措施。同时为了巩固自己阶级的地位,还提出了系统的思想和理论。当时思想界出现了墨家、法家和儒家,墨家代表小手工业者的利益,法家代表新兴地主阶级的利益,儒家的后期也代表新兴地主阶级的利益。他们的出现,是当时奴隶起义的赐与。像《墨子·辞过》篇在尖锐地揭露奴隶主的奢侈腐化生活之后说:"是以其财不足以待凶饥,赈孤寡,故国贫而民难治也。"又说:"是以富贵者奢侈,孤寡者冻馁,欲无乱不可得也。"他们以奴隶的反抗来威吓奴隶主,向他们进说,迫使奴隶主让步,以便自己的阶级获得更多的利益。

这类思想家在经济上要求分散奴隶主的土地,化为地主的私产。他们提出的理论是:"今以众地者,公作则迟,有所匿其力也;分地则速,无所匿迟也。"(《吕氏春秋·审分》)也就是说,土地归地主私有,可以刺激耕作的积极性,发掘土地的潜力。这就是当时所谓的"任地"。他们要求打破奴隶主领地的"阡陌封疆",确认民间（主要是地主）对土地的所有权，主张土地自由买卖，废除奴隶主的"家量"，实行统一的度量衡制度。

他们在政治上提出"皇天无亲，唯德是辅"（《左传·僖公》三年引《周书》）和"天下非一人之天下也，天下之天下也"（《吕氏春秋·贵公》）的口号，要求"选贤任能"，使自己阶级的代表人物掌握政权。主张废除旧的世卿世袭制度，确立"论功行赏"的官僚制度。他们又以"亲民"为口号，要求把束缚在奴隶主土地上的奴隶解放为农奴。可以说，他们建立了从中央到地方的一整套政治、经济、军事结构。他们认为："乱莫大于无天子，无天子则强者胜弱，众者暴寡，以兵相刬，不得休息。"（《吕氏春秋·观世》）主张以战止战，用战争来统一天下。他们的理想政治是在一个国家内的"霸"和统一天下后的"王"。这种"霸"与"王"，孟子时是把它们尖锐地对立起来，认为是水火不能相容，到了荀子才把二者统一起来。这正反映了地主阶级在新的历史条件下的要求。

地主阶级在当时是新兴的阶级，处于上升阶段，有一定的进步作用，不同程度上代表历史发展的动向。春秋二百四十二年中，由五十多个小国兼并成十三个大国，到战国又由十三个大国兼并成七个更大的国家，正体现了这种历史动向。大国在当时的国际事务中，起着重要的作用，肩负着统一天下的责任，孟子所谓"霸必有大国"（《孟子·公孙丑上》）。《吕氏春秋·慎势》篇也说：

> 以大使小，以重使轻，以众使寡，此王者之所以家以室也（高诱注：家，室也。王者以天下为家，故所以天下为国。）故曰：以滕费则劳，以邹鲁则逸，以宋郑则犹倍日而驰也，以齐楚则举而加纲旃而已矣。所用弥大，所欲弥易。

这些看法，都道出了当时历史发展的总趋势。

那么,我们可以明了:奴隶主为了压迫和剥削的必要,残酷地掠夺和摧残奴隶,造成了规模巨大的奴隶起义;奴隶主为了压迫和剥削的必要,实行"初税亩",造成了他们的对立物地主阶级的出现,特别重要的是农奴式的农民阶级的出现;奴隶主为了压迫和剥削的必要,造成了一个特殊的"士"的阶层,这些"士"阶层的人物,不少是用自己的学说忠心为奴隶主贵族服务的。有一些则走向自己的反面,而为封建地主出谋划策,所有这些,都是奴隶主替自己造成的掘墓人。毛泽东同志说:"阶级斗争,一些阶级胜利了,一些阶级消灭了。这就是历史,这就是几千年的文明史。"(《丢掉幻想,准备斗争》)屈原就产生在这样一个尖锐、残酷的阶级斗争的时代,产生在一些新兴阶级胜利了和腐朽阶级消灭了的时代。他的作品的民主性,就深深植根于这一严酷的阶级斗争之中,植根于被压迫者反抗压迫者的思想情绪之中,和这个时代的具体内容密切联系着。

第二节　楚国的政治和文化状况

在战国七雄中,齐最富,楚最大,秦最强。当时齐威王的中兴已经过去,齐在政治上正走下坡路,"横则秦帝,纵则楚王"便是当时形势的正确概括。屈原是主张由楚来统一天下的,他的主张是由楚国的历史、现状作根据的。

春秋以前,楚在各诸侯国中还是相当落后的,国土不过荆州之地,都于云梦之西。可是,到春秋以后,它利用优厚的地理条件,东向拓土,尽有江夏诸姬四十二国,并迁都于郢,后又徙都鄢、鄀,使自己成为南方最强的国家,以与中原各国抗衡。到了战国,楚师又南征,遂据有长沙以南之地,使领土更加扩大。待到屈原时代,楚国的领土约当今天陕西之商南、商、山阳、柞水、镇安、宁陕、石泉、汉阴、紫阳东南一带；河南之淅川、内乡、南召、鲁山、襄城、临颍、扶沟、通许、太康、柘城以南地区；四川之奉节、巫山、巫溪及秀山、酉阳的一部分；湖北之全省；湖南之茶陵、攸、醴陵、湘潭、湘乡、安化、桃源、常德、华容东北一带；江西之修水、奉新、新建、丰城、进贤、波阳、浮梁以北地区；广东之阳山、英德、翁源、曲江、仁化之西北一带；广西之永福、阳朔之东北一带；安徽在江南之当涂、芜湖，江北除宿县外之全部；江苏之六合、睢宁、宿迁、泗阳、沭阳、涟水等；山东之峄、莒、沂水、日照、诸城、安丘间地。整个面积东濒海，南接越、杨越、西南夷，西界夷、秦，北临韩、魏、宋、齐。楚当时已成为战国时期最大的国家了。

楚不但国土广大，军队也比较精锐。据历史记载，楚从武王开始即讲究治军，《左传·庄公》四年："楚武王荆尸（陈兵之法），授师孑（戟也）焉。"到庄王时，"无日不讨（治也）军实（指军中的指战员）而伸儆（戒也）之于（以也）胜之不可保。"（《左传·宣公》十二年）《左传》记载春秋时可考之列国兵制，楚国是最详备的了，如《宣公》十二年云：

> 栾武子曰："楚自克庸以来……其君之戎，分为二广，广有一卒，卒偏之两。右广初驾，数及日中，左则受之，以至于昏。内官序当其夜，以待不虞，不可谓无备。"

当时楚军已有广、卒、偏、两的编制，而且白天有亲军分左右广轮番守卫，夜间由近官值班，以防意外。又有"游阙"，即在战场上巡游之车，根据需要，随时补充。到与晋战于邲之时，楚之军制更完备，他们以三军为正军，令尹孙叔敖为统帅。其调兵之法，"商、农、工、贾不败其业，卒乘辑睦，事不奸矣。"即不破坏工农商的生产,使步卒与甲士和睦,各不相犯。其行军之法,“右辕,左追蓐,前茅虑无,中权,后劲,百官象物而动,军政不戒而备。”即右军挟辕以备战,左军寻求草蓐以备宿,前锋侦察敌情,以茅旌传达信号,中军权衡一切,精兵殿后,百官都依照各种旗帜所表明的趋向而行动,不待主帅下令,士卒都有戒备。可见楚国用兵之法极为完备,是春秋诸国所不能比拟的。

到了战国时期楚已使用铁制兵器,《荀子·议兵》篇 记载:

> 楚人鲛革犀兕以为甲,鞈如金石;宛钜铁釶,惨如蜂虿,轻利僄遫,卒如飘风。

又《史记·范雎列传》记载:

> 昭王曰:“吾闻楚之铁剑利而倡优拙。夫铁剑利则士勇,倡优拙则思虑远。”

铁制兵器的使用,提高了士卒的勇气,增强了士卒的战斗力。而且楚国的兵员在战国诸国中也是最多的,《史记·楚世家》记载,顷襄王十八年射者对楚王说:

> 今楚之地方五千里,带甲百万,犹足以踊跃中野也。

射者的话谅非夸饰之词!

楚在政治传统上有比较休明的一面。早在春秋时期即开始建置郡县,据《史记·楚世家》记载,惠王八年“灭陈而县”,又惠王四十二年“楚灭蔡”,四十四年“楚灭杞”,简王元年“北伐灭莒”,虽未明言置县,依情理推之,其行郡县制无疑。到了战国时期,顷襄王二十二年“秦复拔我巫、黔中郡”,二十三年“襄王乃收东地兵,得十余万,复西取秦所拔我江旁十五邑以为郡,距秦”。这都说明楚从春秋到战国已逐渐实行郡县制。

楚远在庄王以前,就废除了贵族的世禄制度,所谓“楚邦之法,禄臣再世而收地。”(《韩非子·喻老》)可是这一措施未延续多久,就弃置了。所以,楚悼王时吴起变法,又建议把它恢复起来。据《韩非子·和氏》篇记载:

> 昔者吴起教楚悼王以楚国之俗曰:“大臣太重,封君太众。……不如使封君之子孙三世而收爵禄,绝灭百吏之禄秩,损不急之枝官,以奉选练之士。”

则吴起变法不但有革新,还有因旧,是有所继承,有所创造。当时楚国的最高统治者,为了取信于民,也往往作出一些守法的表现。《说苑·至公》篇记载:楚文王伐邓,叫他两个儿(一名革,一名灵)去采菜。这两个王子见到一个老人拿着簸箕盛着菜,便抢夺来了,楚文王听到后要杀两个王子。“大夫辞曰:‘取畚信有罪,然杀之非其罪也,君若何杀之?’……君曰:‘讨有罪而横夺,非所以禁暴也;恃力虐老,非所以教幼也;爱子弃法,非所以保国也;私二子,灭三行,非所以从政也。’”据同篇记载,他们手下的大臣如令尹子文、孙叔敖也都能罚有罪而不避亲友。又《列女传·贤明传》记载楚庄王夫人樊姬谏楚庄王之事:

> 姬曰:“王之所谓贤者何也?”曰:“虞丘子也。”……“妾闻虞丘子相楚十余年,所荐非子弟则族昆弟,未闻进贤退不肖,是蔽君而塞贤路。知贤不进,是不忠;不知其贤,是不智也。”……明日,王以姬言告虞丘子,丘子避席,不知所对,于是避舍,使人迎孙叔敖而进之。王以为令尹,治楚三季,而庄王以霸。楚史书曰:“庄主之霸,樊姬之力也。”

樊姬揭露了虞丘子朋党为私,并起用孙叔敖为相,使楚国从此强大起来,她确是有卓识远见。孙叔敖出身如何呢?据《荀子·非相》

篇说，他是“期思（楚邑名，在今河南固始西北）之鄙人”。一个草野之人能够做楚国的宰相，说明楚能从社会下层选拔人材，这是当时不可多见的现象。

楚在历史上还出现过不少有才能的政治家，据《左传·襄公》二十六年记载：

> 声子通使于晋，还，如楚，令尹子木与之语，问晋故焉。且曰：“晋大夫与楚孰贤？”对曰：“晋卿不如楚，其大夫则贤，皆卿材也。如杞梓皮革自楚往也，虽楚有材，晋实用之。”子木曰：“夫独无族姻乎？”对曰：“虽有而用楚材实多。”

襄公二十六年，即楚康王十三年，这时楚国因为“族姻”把持政权，人材大量流入晋国，正见楚国人材之多。

但是，楚国的政治还有腐朽黑暗的一面，这一面到屈原时代进一步地暴露出来，以至于把休明的一面完全破坏了。当时构成楚国统治集团的是昏庸、腐败的奴隶主贵族，他们是政治上的主要力量。例如“禄臣再世而收地”的措施，楚悼王之前已被破坏，到吴起变法时又恢复，吴起被杀之后，则又中断了。世禄制度的确立、废除、恢复与中断，标志着楚国宗室重臣的盛、衰过程。从历史材料看，楚国的军政大权很早以前即掌握在贵族宗室手中，也即掌握在屈、景、昭三姓手中。如春秋时的屈瑕曾为将，屈完曾为令尹，屈正曾为申公，屈到曾为莫敖，屈建曾为司马，屈罢曾为大夫。到了战国，据陈畅《屈子生卒年月考》的统计：“怀襄之世，屈昭景三族之知名者，昭阳、景翠皆仕至上柱国，昭常仕至大司马，昭鼠仕为宛公，昭献相韩，屈盖相秦。昭睢、景鲤、屈署皆尝为使。昭应、景阳、景痤皆尝为将。”这些人中，虽然也有一两个贤良之士，但从总的情况看，楚国的军政大权都是由贵族把持着。在屈原当时，令尹子兰是皇子，上官大夫靳尚是重臣。这些都说明楚悼王时“大臣太重，封君太众”的历史现象到怀王时也丝毫未变的真实情况。在这些贵族重臣的把持下，“谒者难得见如贵鬼，王难得见若天帝。”（《战国策·楚策三》）堵塞了进贤之路，一些贤能之士要登上政治舞台几乎是不可能的。他们穷奢极欲，盘剥人民，“好伤贤以为资，厚赋敛诸臣百姓。”因此“见疾于民”（《战国策·楚策三》）。著名的庄跻起义，就产生在这个时期。他们内部还互相倾轧，弱肉强食。远在穆王二年，就发生过太子商臣杀他父亲成王的事件。惠王十年，又发生过白公胜和惠王争夺王位的事件。当怀王被秦劫留时期，太子质于齐，大臣们又有立怀王庶子的图谋。这种贵族集团的内部倾轧，即屈原所谓“家哄”。他们十分昏庸贪婪，像怀王贪图商於六百里土地，而“外欺于张仪”（《史记·屈原列传》），结果受到很大的凌辱。他的宠妻郑袖，对内与令尹子兰、上官大夫靳尚共同专权，排斥贤能之士，对外则勾结张仪出卖国家。他们政令无常，对人民完全丧失了信义，所谓“法禁变易，号令数下”（《韩非子·亡征》）。在与敌国交战的时候，不分析敌我形势，而轻举妄动。怀王被秦诳骗，恼羞成怒时，便轻率发兵攻秦，结果大败，丧师八万，失地汉中，给人民造成极大的灾难。

怀王、襄王正是楚政权由盛转衰的时期。楚政权由盛转衰，说明楚国奴隶主集团的没落；但他们仍然把持政权而不肯进行任何改革，说明他们的反动和顽固。处在这种奴隶主集团既没落而又反动顽固不肯进行任何改变之间的就是屈原。

和楚国的政治相适应，楚国也形成了有自己特点的文化。楚文化是楚国土著民族的巫文化和中原之华夏文化汇合而产生的。楚之土著民族主要是苗族，他们世代生活在云梦、江夏、洞庭、沅、湘之间，那里土质肥沃，水源丰富，深谷广川，幽篁丛薮，自然形成了信鬼好祠、崇尚巫风的习俗。《汉书·地理志》下记载：

楚有江汉川泽山林之饶；江南地广，或火耕水耨。民食鱼稻，以渔猎山伐为业。果蓏蠃蛤，食物常足。故呰窳偷生，而亡积聚，饮食还给，不忧冻饿，亦亡千金之家。信巫鬼，重淫祀。汉中淫失(佚)枝柱，与巴蜀同俗。

这种崇尚巫风的民俗影响很广，移人很深，上自君王，下至百姓，莫不被其熏染。《左传·昭公》十二年记载，楚共王有宠子五人，不知立谁为好，乃遍祭名山大川，“请神择于五子者，使主社稷。”又王逸《楚辞章句·九歌序》云：“昔楚国南郢之邑，沅、湘之间，其俗信鬼而好祠，其祠必作歌乐鼓舞以乐诸神。”他们都相信万物有灵，祈求鬼神福佑，因而载歌载舞取悦鬼神。娱神悦鬼成为楚人的重要生活内容，以至于“民神杂糅，不可方物，夫人作享，家为巫史。”达到人、鬼无间的地步。这种民俗便形成了楚人特有的巫文化。

这种巫文化，在绘画方面我们看到长沙陈家大山出土的“凤夔人物帛画”，画中一个成年妇人，细腰垂髻，大袖长衫，向前合掌敬礼。面对着一只飞翔的凤鸟和一只独脚的龙样动物。据孙作云说，这是古代神话中的龙，因为古青铜器图案花纹中的龙都画侧面，所以只有一只脚。（见其所著《长沙战国时代楚墓出土帛画考》，一九六〇年五月《开封师院学报》）这应当是一幅描写宗教信仰的画，表现这位妇女祈求龙凤引导她升天。同样内容的绘画，也见于当时的壁画，王逸《楚辞章句·天问序》云：“楚有先王之庙及公卿祠堂，图画天地山川神灵，琦玮僪佹，及古贤圣怪物行事。”这类壁画是用作祭祀的，也与宗教风俗密切相关。

在音乐、舞蹈方面，楚国最盛行巫歌巫舞，在祭祀过程中，歌和舞相结合，巫是载歌载舞以祭神的。但是，由于文化的进步，歌舞不但用以娱神，也用来娱人了。这从大量出土的文物中可以得到证明。如湖北随县曾侯乙墓出土的乐器多达一百一十四件，有编钟、编磬、鼓、琴、瑟、笙、排箫、竹笛等，其中最壮观的是六十五件编钟，这架编钟可以由五人同时演奏，钟声雄浑深沉，再杂以竽瑟，直有《招魂》所谓"铿钟摇虡"、"竽瑟狂会"的景象。又曾侯乙墓发掘陪葬者二十一人，都是女性，年龄在十一到二十五岁之间，在主棺附近的八人，应是侍宿的婢妾，分布在西椁室的十三人，应即《招魂》所说"陈钟按鼓"的乐伎和"长发曼鬋"的舞女（参看康定心、康广志《考古释〈招魂〉》，一九八三年第一期《江汉论坛》）。可见当时音乐、舞蹈发达的情况。

在文学方面，和当时巫风密切相联系的是神话传说。这方面的代表作是《山海经》。从《山海经》中之《五藏山经》把全国分为南、西、北、东、中五部分，并把《中山经》所记之豫、荆两州西部、南部和梁州地区作为天下之"中"看，作者应是南方人，即楚人。又《中山经》记述汜水、役水同注入黄河，这是鸿沟开凿以前的情况，鸿沟开凿以后，役水不注入黄河而注入鸿沟。鸿沟是战国时陆续开凿成的，因此可以推断《五藏山经》作于战国初年，是《山海经》中写作年代较早的篇目（参看蒙文通《略论〈山海经〉的写作时代及其产生地域》，《中华文史论丛》第一辑）。它记载了各地祭祀山神的仪式、所用的祭品以及各种草、木、鸟、兽、矿物等。其中保存了丰富的神话传说。这些神话带有浓厚的巫术色彩，反映了战国时期楚国巫文化传播的情况。又《淮南子》虽是汉淮南王刘安等人所撰，但却汇集了不少先秦的资料，其中关于昆仑、悬圃、黑水、烛龙、羲和、女娲等的记述，与《天问》中的描写是一致的。淮南王刘安的都城是寿春，这里也是楚国最后一次迁都所在，《淮南子》

的记述说明这些神话传说在南楚之流行。

但是,楚文化不仅仅源于巫文化,更重要的是它吸收了大量的自中原传入的华夏文化。据历史记载,楚从熊绎开始受周成王之封,居丹阳。可以推想,他立国必遵周制。又《左传·哀公》六年记载,楚昭王救陈,病在军中,有赤云如鸟,夹日飞翔,而问周太史之事:

> 楚子使问诸周大史。周大史曰:"其当王身乎!若禜之,可移于令尹、司马。"

这说明昭王时周已遣太史入楚,教习周朝的令典。可能楚人受封之日,周即派太史去楚,然书缺有间,不可详考。《左传·昭公》二十六年记载:

> 王子朝及召氏之族、毛伯得、尹氏固、南宫嚚奉周之典籍以奔楚。

王子朝是周景王之长庶子,他与敬王争夺王位的继承权而互相残杀,最后失败而率召氏、毛氏、尹氏、南宫氏等旧宗族奔楚,他们带去了所有"周之典籍",造成了周朝文化最大一次南移。又世传有周公奔楚之说,《史记·鲁世家》云:

> 成王少时,病,周公乃自揃其蚤沉之河,以祝于神曰:"王少未有识,奸神命者乃旦也。"……成王病有瘳。及成王用事,人或谮周公,周公奔楚。

《史记·蒙恬列传》有同样记载。周公既逃到楚国,其所制订之礼、乐亦必传入楚国,是可以想见的了。孔子周游列国,入楚,为说教,楚狂接舆为之歌《凤兮》,以凤之德暗喻孔子(见《论语·微子》),说明孔子的学说已深入楚人之心。楚人自有史以来即仰慕北学，热切地学习北学，《孟子·滕文公上》记载：

陈良，楚产也，悦周公、孔子之道，北学于中国。北方之学者，未能或之先也。

陈良以楚人学习周公、孔子的学说，却是北人所不及的，可见其学习之精到了。楚人学习中原文化的风气，在统治阶级上层更盛。《国语·楚语上》记载，楚庄王让士亹做太子的老师，如何教法？申叔时对士亹说：

教之《春秋》，而为之耸善而抑恶焉，以戒劝其心；教之《世》（先王之世系），而为之昭明德而废幽昏焉，以休惧其动；教之《诗》，而为之道广显德，以耀明其志；教之《礼》，使知上下之则；教之《乐》，以疏其秽而镇其浮；教之《令》（官法时令），使访物官；教之《语》（治国之言语），使明其德而知先王之务，用明德于民也；教之《故志》（所记前世成败之书），使知废兴者而戒惧焉；教之《训典》，使知族类，行比义焉。

其所学的内容除了《书》、《诗》、《礼》、《易》、《乐》、《春秋》之外，还有先王的世系、法令和治国的良言等，包括了周王朝的全部典籍。又楚国的王公卿士在议事时经常引征《诗》、《书》，《左传》中关于楚人引《诗》征《书》的记述约数十条，其中最值得注意的是《宣公》十二年楚庄王引《诗》那一段：晋、楚邲之战，楚师大捷，潘党建议修建“京观”以炫耀武功，庄王不同意，他认为用兵的目的在于“禁暴”、“安民”，他说：

非尔所知也。夫文，止戈为武。武王克商，作《颂》曰：“载戢干戈，载橐弓矢。我求懿德，肆于时夏，允王保之。”（《周颂·清庙之什·时迈》）又作《武》，其卒章曰：“耆定尔功。"(《周颂·臣工之什·武》之末句)其三曰:"铺时绎思,我徂维求定。"(今在《周颂·闵予小子之什·赉》)其六曰:"绥万邦,屡丰年。"(今在《周颂·闵予小子之什·桓》)其武,禁暴、戢兵、保大、定功、安民、和众、丰财者也,故使子孙无忘其章。

这段文字不仅说明楚人之引《诗》、习《诗》,更重要的在说明楚地所传《诗》之次第与中原不同。楚庄王以《赉》为《武》的第三篇,以《桓》为《武》的第六篇,异于今本《诗经》。杜预注:"盖楚乐歌之次第。"说明楚人对《诗》研习之深,自有体会,所以有不同的编次。至于对《书》的征引也不少,《左传·成公》二年记载:

楚之讨陈夏氏也,庄王欲纳夏姬。申公巫臣曰:"不可。君召诸侯,以讨罪也;今纳夏姬,贪其色也。贪色为淫,淫为大罚。《周书》曰'明德慎罚',文王所以造周也。"

其中所谓的《周书》,即《尚书·康诰》。"明德慎罚"是对《康诰》原文的概括和改写。又《国语·楚语上》记载楚灵王暴虐,拒谏,大夫白公子张对他讲述殷王武丁访求傅说,"得傅说以来升以为公,而使朝夕规谏"之事。这段文字也是隐括《尚书·说命》的原文而成。这些都说明楚人对周王朝典籍运用自如,得心应手的纯熟程度。事实上楚国历代君臣多以周制为师,此皆可一一指数者。

这种中原地区的华夏文化流播于楚,与楚之巫文化相融合,便形成了楚文化。楚文化鲜明地体现了楚民族的风俗、习尚和心理状态等,但其精神、其实质仍然是华夏文化。屈原及其作品便是这种巫文化融会入华夏文化的集中产物。

屈原生活在战国这个历史的转折关头,又处在楚国由盛转衰及其巫文化与华夏文化大融会的时期。他是新、旧交替时代的人物,是楚文化培育起来的人物。他的作品既反映了这个历史的大转变过程,反映了这个转变过程中社会的矛盾和斗争,也反映了华夏文化的新成就。他的出现,正值我国奴隶制社会的终结和新的封建制社会的开端,标志着为贵族所垄断的定型化了的《雅》《颂》文学的结束和为群众所熟习比较自由的辞赋形式的创立。这就是他和他的作品在社会史上和文学史上的意义。

第二章　屈原的生平

第一节　《屈原列传》考析

探讨屈原的生平事迹,《史记·屈原列传》应该是最可靠最系统的资料。但是,今本《屈原列传》却存在不少问题,以致使屈原的生平事迹前后矛盾,从而造成研究屈原的人们对屈原什么时候被放逐,放逐几次?什么时候赋《离骚》,是怀王时、襄王时?被放逐的原因是什么,是因为子兰之怒他赋《离骚》,还是因为他"既嫉"子兰,子兰向顷襄王进谗言的结果?等等问题,争论不休,得不到一致的意见。因此在论述屈原生平事迹之先,有必要把《屈原列传》中存在的问题辨析清楚。

对《离骚》作解说的人,最早的是汉淮南王刘安。王逸在《楚辞章句叙》中说:"至于孝武帝恢廓道训,使淮南王安作《离骚经章句》,则大义粲然。""章句"就是训诂字句,也就是注释。但注释烦琐瀚漫,不便总览全篇的文义,因此古人在章句之外,又撰写一种能概括全篇大义的文章,这就是"叙"。淮南王刘安先给《离骚》作了注,后来又受汉武帝之命,给《离骚经章句》作了一篇叙。班固在《汉书·淮南王传》中说:"初安入朝,献所作内篇,新出,上爱秘之。使为《离骚传》,旦受诏,日食时上。""传",根据杨树达先生的意见,有两种解释,在西汉指解说大义之类通论性的文章,如《韩诗内外传》;在东汉则专指训诂,如马融所著诸经传及荀爽所著《易传》(见一九五一年六月九日《光明日报》"学术"专刊之《离骚与离骚赋》)。这里应指解说大义的叙,因为淮南王刘安受命写的是《离骚经章句》的叙,所以半天之内即写成呈上。可见刘安的《离骚经章句》和《离骚传》跟后来班固、王逸注《离骚》的体例是相同的,即注文之外,又有总叙。但刘安的原文早已亡佚,今天能见到的只是班固在《离骚序》中引用的残文(见宋本王逸《楚辞章句》,又《全汉文》有辑录)。班固序说:

> 昔在孝武,博览古文,淮南王安叙《离骚传》,以《国风》好色而不淫,《小雅》怨诽而不乱,若《离骚》者可谓兼之!蝉蜕浊秽之中,浮游尘埃之外,皭然泥而不滓;推此志,虽与日月争光可也!斯论似过其真。

又说:

> "五子以失家巷",谓五子胥也;及至羿、浇、少康、二姚、有娀佚女,皆各以所识,有所增损。然犹未得其正也,故博采经书传记本文,以为之解。

班固所谓"淮南王安叙离骚传",应即刘安所作的《离骚经章句》的序。"叙"序古通用。可见班固认为自"《国风》好色而不淫"至"虽与日月争光可也"一段话,是刘安《离骚经章句序》的原文。又所谓"五子以失家巷,谓五子胥也"等等,则明显的是《离骚经章句》的注释。班固是后汉人,距离武帝时代不远,应当是亲眼见到过刘安的书,所以加以引用。司马迁所采取或经后人所羼入《屈原列传》中的,就是刘安叙《离骚传》的话,也就是《离骚经章句》的序文。但是,从《屈原列传》的文气看,刘安的原文自"《离骚》者,犹离忧也"开始更合理。而且不但这段文字,下面的从"虽放流,睠顾楚国,系心怀王"到"王之不明,岂足福哉"一段,也应当是他的原文。因为这段文字也是叙述《离骚》的写作经过和内容大意的，是《离骚经章句》的序文。我们把司马迁所采取或经后人所羼入《屈原列传》中的两大段文字联系起来，把它和班固、王逸两家的《离骚序》作比较，则可以发现班、王两家之文，在内容上和叙述层次上，和刘安的原文是基本一致的。如：

(1)对《离骚》题目的解释

(刘)离骚者，犹离忧也。……

(班)离，犹遭也。骚，忧也。……

(王)离，别也。骚，愁也。……

(2)对《离骚》内容的阐述

(刘)上称帝喾，下道齐桓，中述汤武，……

(班)上陈尧舜禹汤文王之法，下言羿浇桀纣之失，……

(王)上述唐虞三后之制，下序桀纣羿浇之败，……

(3)对《离骚》写作意图及怀王不听忠谏的结果的说明

(刘)其存君兴国而欲反覆之，一篇之中三致志焉。然终无可奈何，故不可以反，卒以此见怀王之终不悟也。……身客死于秦，为天下笑。

(班)以讽怀王，终不觉悟，信反间之说，西朝于秦。秦人拘之，客死不还。

(王)冀君觉悟，反于正道而还已也。……拘留不遣，卒客死于秦。

他们的观点尽管不尽相同，但内容结构基本一致。这种基本上的一致，就说明班固、王逸的《离骚序》是袭用了刘安的《离骚传》的。将这两大段联系起来看，其叙述层次脉络相通，文章风格也十分统一，可以看到刘安《离骚传》序文的接近完整的轮廓和梗概。

《离骚传》序的梗概既已廓清，那么从《屈原列传》中剔出这一部分文字，便可以还《屈原列传》以真面目：

屈原者，名平，楚之同姓也。为楚怀王左徒。博闻强志，明于治乱，娴于辞令。入则与王图议国事，以出号令；出则接遇宾客，应对诸侯。王甚任之。

上官大夫与之同列，争宠而心害其能。怀王使屈原造为宪令，屈平属草稿未定。上官大夫见而欲夺之，屈平不与，因谗之曰："王使屈平为令，众莫不知，每一令出，平伐其功，以为'非我莫能为'也。"王怒而疏屈平。

屈平疾王听之不聪也，谗谄之蔽明也，邪曲之害公也，方正之不容也，故忧愁幽思而作《离骚》。

屈平既绌，其后秦欲伐齐，齐与楚从亲，惠王患之，乃令张仪详去秦，厚币委质事楚，曰："秦甚憎齐，齐与楚从亲，楚诚能绝齐，秦愿献商、於之地六百里。"楚怀王贪而信张仪，遂绝齐，使使如秦受地。张仪诈之曰："仪与王约六里，不闻六百里。"楚使怒去，归告怀王。怀王怒，大兴师伐秦。秦发兵击之，大破楚师于丹、淅，斩首八万，虏楚将屈匄，遂取楚之汉中地。怀王乃悉发国中兵以深入击秦，战于蓝田。魏闻之，袭楚至邓。楚兵惧，自秦归。而齐竟怒不救楚，楚大困。

明年，秦割汉中地与楚以和。楚王曰："不愿得地，愿得张仪而甘心焉。"张仪闻，乃曰："以一仪而当汉中地，臣请往如楚。"如楚，又因厚币用事者臣靳尚，而设诡辩于怀王之宠姬郑袖。怀王竟听郑袖，复释去张仪。是时屈平既疏，不复在位，使于齐，顾反，谏怀王曰："何不杀张仪？"怀王悔，追张仪不及。

其后诸侯共击楚,大破之,杀其将唐眛。时秦昭王与楚婚,欲与怀王会。怀王欲行,屈平曰:"秦虎狼之国,不可信,不如毋行。"怀王稚子子兰劝王行:"奈何绝秦欢!"怀王卒行。入武关,秦伏兵绝其后,因留怀王,以求割地。怀王怒,不听。亡走赵,赵不内。复之秦,竟死于秦而归葬。

长子顷襄王立,以其弟子兰为令尹。楚人既咎子兰以劝怀王入秦而不反也。屈平既嫉之。令尹子兰闻之大怒,卒使上官大夫短屈原于顷襄王,顷襄王怒而迁之。

屈原至于江滨,被发行吟泽畔。颜色憔悴,形容枯槁。渔父见而问之曰:"子非三闾大夫欤?何故而至此?"屈原曰:"举世混浊而我独清,众人皆醉而我独醒,是以见放。"渔父曰:"夫圣人者,不凝滞于物而能与世推移。举世混浊,何不随其流而扬其波?众人皆醉,何不餔其糟而啜其醨?何故怀瑾握瑜而自令见放为?"屈原曰:"吾闻之,新沐者必弹冠,新浴者必振衣,人又谁能以身之察察,受物之汶汶者乎!宁赴常流而葬乎江鱼腹中耳,又安能以皓皓之白而蒙世俗之温蠖乎!"乃作《怀沙》之赋。……于是怀石遂自沉汨罗以死。

这种原本之《屈原列传》,和刘向《新序·节士》篇中关于屈原的记叙大体相近,虽然详略不同,但梗概一致。其中"忧愁幽思而作《离骚》"之下,同《节士》篇一样,紧接着就是秦派张仪到楚国献地,迫使楚国绝齐。盖屈原既绌,张仪的诡计才能得逞,笔法极为严密。又在怀王客死于秦,长子顷襄王立,"屈平既嫉之"之下,也同《节士》篇一样,紧接着就是襄王听信谗言,放逐屈原。则令尹子兰之怒,明显在于屈原恼恨他劝怀王入秦并客死于秦,上下文意顺理成章。《节士》篇的史料价值仅次于《屈原列传》,虽然不能说他和司马迁所根据的是同一来源,但都是仅存的先秦古传,十分珍贵,所以他们的基本梗概大体相同。

《屈原列传》中的问题既已辨析清楚,我们再参证《楚世家》《新序》《国策》等书的记载,对屈原的生平事迹,是可以理出个条贯头绪来的。

第二节 屈原的诞生和家世

司马迁《屈原列传》云:"屈原者,名平。"那就是说屈原本名屈平,原是他的字,然而汉代之后,人们习惯用他的字,他的本名反而暧而不章了。他的名和字的得来,是和他的生辰有关系的。关于他的生辰,《离骚》中用古历干支记载着:

摄提贞于孟陬兮,惟庚寅吾以降。

这就是说,当太岁逢寅(旧星历学上称为摄提格)的那年正月(孟陬),又是庚寅那一天,我降生了。根据这个记载,清人陈玚推算他生在楚宣王二十七年(公元前三四三年)正月二十一日或二十二日(见其《屈子生卒年月考》);刘师培推算他生在楚宣王二十七年正月二十一日(见其《古历管窥》,一九一一年《国粹学报》);郭沫若先生推算他生在楚宣王三十年(公元前三四〇年)正月初七日(见其《屈原研究》);浦江清先生推算他生在楚威王元年(公元前三三九年)正月十四日(见其《屈原生年月日的推算问题》)。其中以浦江清先生的推算最为精细。因此,我们可以判定,屈原当生在公元前三三九年旧历正月十四日。

值得注意的是为什么这是个美好的生辰,并且受到他父亲的重视呢?他在《离骚》中说:

皇览揆余初度兮,肇锡余以嘉名。

名余曰“正则”兮，字余曰“灵均’。

《文选》卷三十二五臣注云：“言父观我初生时日法度，能正法则善平理。”所谓“初生时日法度”，即指出生日的天文星象，也即人们所谓的“星命”。《诗经·大雅·桑柔》云：“我生不辰。”《小雅·小弁》云：“我辰安在？”都是慨叹自己“星命”不好。因此“初度”就是“生辰”。“辰”在古代含有星象安排的意思。那么，屈原的父亲很重视他的生日，便按照历数来为他命名。可见他父亲是一个重视并具有天文星历知识的人物。屈原也以自己的生日自豪，认为是一种“内美”，《离骚》说：“纷吾既有此内美兮，又重之以修能。”什么是“内美”呢？王逸注云：“言己之生，内含天地之美气。”朱熹注云：“生得日月之良，是天赋我美质于内也。”就是说他的生日具有天地之美。那么，他之所以着重叙述自己的生日，意在表明他的擅长天文星历的家世风范和这个非凡的生日在他才德成长中的作用。

屈原的祖先据说是上古帝王颛顼氏，《离骚》开篇即说：“帝高阳之苗裔”，高阳就是颛顼兴起的地名。据《史记·楚世家》记载：

楚之先祖出自帝颛顼高阳。……高阳生称，称生卷章，卷章生重黎。重黎为帝喾高辛居火正，甚有功，能光融天下，帝喾命曰祝融。……而以其弟吴回为重黎后，复居火正，为祝融。吴回生陆终。陆终生子六人，……六曰季连，芈姓，楚其后也。……季连生附沮，附沮生穴熊。其后中微，或在中国，或在蛮夷。……周文王之时，季连之苗裔曰鬻熊。鬻熊子事文王，蚤卒。其子曰熊丽。熊丽生熊狂，熊狂生熊绎。熊绎当周成王之时，举文、武勤劳之后嗣，而封熊绎于楚蛮，封以子男之田，姓芈氏，居丹阳。

楚国的远祖颛顼高阳氏有一支六代孙,一个名叫季连,开始姓芈,楚国就是他的后代。周文王时,季连的后裔有个名叫鬻熊,他的曾孙熊绎,在周成王时,因为祖上有功,被封于楚,居丹阳,在今天湖北省秭归县境内。可见楚国本姓芈,自鬻熊之后又姓熊。到春秋初年,楚武王熊通的儿子瑕,以功被封于屈,瑕的后代便以屈为氏,屈原就是屈氏这一支的。在楚国公族中,屈氏受封最早,族人最盛,绵世最久。由春秋到战国,屈氏的子孙或为将,或为相,或为官,或为吏,都是显要人物。战国中叶以后,屈氏仍与昭、景同为楚国的“甲氏”或“著封”(见《庄子·庚桑楚》)。这里应当注意的是屈原特别提到的“高阳氏”。高阳氏曾命南正(官名)重和火正(官名)黎专门掌管天地历数,此后他们的后人从尧、舜到夏、商、周世世代代都掌管这一职事,到战国时代还使用颛顼历。可以想见,楚国的天文星历之术是很发达的,这是一种科学知识(当然其中也杂有迷信的天神思想),楚公族必然以能掌握这种发达的科学而自豪。那么屈原着重叙述自己的生日,还意在表明他是继承这个传统并认为是具有天地之美的。

这样,我们可以明了,屈原之所以认为寅年寅月寅日降生是吉辰,是在肯定楚氏族是个世代相传天文星历知识的种族,肯定他父亲继承了这种祖先的传统,然后就他父亲揆度锡名而肯定自己生辰的非凡。他是把祖先传统、家世风范和个人生辰联系起来,既确定其生辰的先天美,又确定这种先天美和后天“修能”的关系,说明这个被家族重视的生辰从幼年起即对他发生过积极作用。

屈原的父亲叫伯庸,《离骚》说:“朕皇考曰伯庸”。王逸注:“伯庸,字也。”至于名是什么,无从得知。这是唯一的关于他父亲的记载。我国古代以“伯”连称的名字很多,或表示官爵,或表示长幼次序,如伯禹、伯益、伯夷、伯禽、伯达、伯适、伯鱼、伯乐等。这里是否也表示官爵或长幼次序，已不可考了。

屈原有个姐姐，名叫女媭。《离骚》说："女媭之婵媛兮，申申其詈予。"王逸注："女媭，屈原姊也。"又《说文》："媭，女字也。《楚词》曰'女媭之婵媛'，贾侍中说'楚人谓姊为媭'。"后人多产生怀疑。我们认为在没有充分证据以前，不能轻易否定古注。郭沫若先生认为屈原作《离骚》已六十二岁，不应当还有个老姐姐跟随他过窜逐生活。可是《离骚》实际作于壮年，并非作于晚年，这个问题也就解决了。

此外，屈原是否还有别的亲属呢？据《襄阳风俗记》记载："屈原五月五日投汨罗江，其妻每投食于水以祭之。原通梦告妻，所祭食者皆为蛟龙所夺。龙畏五色丝及竹，故妻以竹（叶）为粽，以五色丝缠之。"（见《太平寰宇记》卷一四五引）。这虽然是一个传说，并不可靠，但屈原有妻子是可以肯定的。又《长沙府志》说屈原有儿子，不知所据。史迹湮没已久，无从考察了。

屈原的家乡是哪里呢？据郦道元《水经注》说是秭归，即今天湖北省西部的秭归县，秦汉时属南郡，清代为归州。《水经·江水注》引袁山松说：

> 屈原有贤姊，闻原放逐，亦来归，喻令自宽，全乡人冀其见从，因名曰秭归。

"秭"与"姊"是同音字，可以通用。这种对秭归县名的解释，完全是附会，并不准确。比较确切的解释是秭归原是古代的夔国，"夔"与"归"音相近，是一音之转，后来夔国就转变为归国。《水经·江水注》引宋忠说："归即夔，归乡，盖夔乡矣。古楚之嫡嗣有熊挚者，以废疾不立而居于夔。"归国是楚最初建国的地方，楚国的祖先和一切芈姓公族都可以算作归人。又《水经·江水注》引袁山松说：

> （秭归）县东北数十里，有屈原旧田宅，虽畦堰縻漫，犹保屈田之称也。县北一百六十里，有屈原故宅，累石为室基，名其地曰乐平里。宅之东北六十里有女媭庙，捣衣石犹存。

这虽然都是些古迹，但不能说是毫无根据的臆造。所以屈原的故乡是秭归县则没有什么疑问。

秭归是一个山水雄浑、奇特的地区，据《水经·江水注》记载：

> （丹阳）城据山跨阜，周八里二百八十步，东北两面，悉临绝涧，西带亭下溪，南枕大江，险峭壁立，信天固也。……（夔城）跨据川阜，周回一里百一十八步，西北背枕深谷，东带乡口溪，南侧大江。城内西北角有金城，东北角有圆土狱，西南角有石井，口径五尺。熊挚始治巫城，后疾移此，盖夔徙也。……（归乡县）山秀水清，故出儁异，地险流疾，故其性亦隘。……县城南面重岭，北背大江，东带乡口溪。溪源出县东南数百里，西北入县，径狗峡西峡崖龛中，石隐起有狗形，形状具足，故以狗名峡。乡口溪又西北径县下入江，谓之乡口也。

这种壮阔、旖旎的自然环境，对屈原的气质、创作必然产生影响。他的辞赋气魄的宏伟、端直而又娓婉，文辞的雄浑、奇特而又清丽，都和他故乡的景物对他的陶冶有着密切的关系。

第三节　从为官到见疏

屈原是楚国的贵族，《屈原列传》说他是“楚之同姓”。但就亲属关系说，他和楚王已经比较疏远。他幼年很“贫贱”，《惜诵》中说：“忽忘身之贱贫”。可能早年曾在郢都附近的乡村居住过，东方朔《七谏》即说:“平生于国兮长于原野”,可见他幼年萧条冷落的境遇。

不知从哪一年开始,他做了楚兰台宫的文学侍臣。据《文心雕龙·时序》篇记载:

> 唯齐楚两国,颇有文学。齐开庄衢之第,楚广兰台之宫。……邹子以谈天飞誉,驺奭以雕龙驰响,屈平联藻于日月,宋玉交彩于风云。

刘勰的说法,应该是有根据的。楚国筑兰台宫,意在广延当时文学之士,屈原是其中之一。由于自己的职位,他曾经跟随楚王游猎于云梦之泽,赋诗于洞庭之皋,并在宫廷宴会上为乐舞赋诗作歌。据《七国考》引《拾遗记》记载:

> 楚怀王之时,举群才赋诗于水湄,故潇湘洞庭之乐,听者令人忘老,虽咸池箫韶不能比焉。

按《招魂》云:“与王趋梦兮课后先,君王亲发兮惮青兕。”王逸注:“言怀王是时亲自射兽,惊青兕牛而不能制也。以言尝侍从君猎,今乃放逐,叹而自伤闵也。”可见他曾以侍臣跟随楚怀王游猎。又《招魂》云:“陈钟按鼓,造新歌些”;“结撰至思,兰芳假些;人有所极,同心赋些。”就是追述楚怀王生前宴会时他曾作歌赋诗以配乐舞的情况。

他为什么能做了文学侍臣呢?《屈原列传》记载,他“娴于辞令”,就是善于说辞。战国时期,各诸侯国的势力增强,独霸一方,所谓“越礼僭分”的活动到处表现出来。齐楚等国的“士”阶层,学习周朝献诗讽谏和春秋赋诗的习惯,以说辞为统治阶级效劳。屈原应该就是以文字写成的“辞”文学来奉侍君王,得到怀王的赏识,并成为怀王的文学侍臣的。

《屈原列传》说,屈原“为怀王左徒”。他什么时候并通过什么途径升任左徒的呢?这也与他“娴于辞令”有关系。战国时期,善于辞说的士人,往往凭着自己的辞令而身致卿相,像邹忌“以鼓琴见齐宣王,遂为宣王言琴之象政,状及霸王之事,宣王大悦,与语三日,遂拜为相。”(见《新序·杂事》),以说辞致卿相的不止邹忌一人。屈原也和他们一样,大概在楚怀王十一年以前,当楚国任六国纵长与强秦争胜负的时候,他以“明于治乱”的说辞,为怀王所重视,因而升为左徒。这一年,屈原才二十二岁。左徒这个官职是什么呢?我们可以从比屈原稍后的春申君的情形得到一些线索:春申君就是顷襄王的左徒,顷襄王死后,考烈王即位,他被升为令尹(见《史记·春申君列传》)。《史记·楚世家》更明确地记载:“考烈王以左徒为令尹,封以吴,号春申君。”令尹就是宰相,可见左徒是仅次于宰相的官。屈原由一个文学侍臣一跃而为左徒,这说明他政治才能之出众和被怀王之信任。屈原在左徒任内都做了些什么?《屈原列传》说:“入则与王图议国事以出号令,出则接遇宾客应对诸侯。”就是说在内政外交方面都发挥了重大作用。具体地讲,在内政上“造为宪令”。他曾仿效祖先创立法典的精神,草拟新的法制条文。《惜往日》中说:“奉先功以照下兮,明法度之嫌疑。”按《国语·楚语》记载:“(屈到)承楚国之政,其法刑在民心而藏在王府,上之可以比先王,下之可以训后世,虽微楚国,诸侯莫不誉。”屈原正是继承屈到的业绩来明审法令的。又《惜往日》说:

> 惜往日之曾信兮,受命诏以昭时。
>
> …………
>
> 国富强而法立兮,属贞臣而日娭。

这里表现了他受怀王信任的自豪和继承祖业确立法制的自

信。他勇于任事,敢于执法,把国家治理得井然有序,蒸蒸日上。怀王既有这样的"贞臣"执政,自己便可以无忧无虑地每天娱乐了。

楚怀王十五年,正当屈原被重用,修明法度的时候,同列上官大夫靳尚则"心害其能"。靳尚和子兰都是怀王的亲信,他们互相勾结,形成反动、腐朽的贵族集团。屈原草拟的法制条文,肯定是限制这个反动集团的利益的,所以遭到他们的仇恨和反对。屈原拟订的法令草稿还未完成,靳尚就想夺去看,屈原不给,靳尚便在怀王面前诬陷屈原,说他在楚国发布命令方面自矜功伐,目无君长。怀王听信了靳尚的话,于是"怒而疏屈平"。屈原和反动腐朽的贵族集团的斗争,是新旧两种政治势力的斗争,靳尚夺稿是这种斗争中的一个重要环节。屈原终于失败了,反动腐朽势力继续统治着楚国。所以,屈原的失败关系着整个楚国的命运。

在外交上,屈原主张联齐抗秦。《新序·节士》篇记载:"秦欲吞灭诸侯,并兼天下。屈原为楚东使于齐,以结强党。"怀王既然派他出使齐国,就说明他对战国的形势有明确的认识,说明他对联齐有坚定的主张。如果真正实行他联齐抗秦的政策,那么楚国在列国中的地位必然增强,而秦国吞灭诸侯的计谋也不那么容易得逞。秦国也看到了这一点,便想尽办法要破坏他们的联合。楚怀王十六年,秦派张仪到楚国去进行阴谋活动。据《新序·节士》篇记载:张仪到楚国之后,用重币贿赂了靳尚、令尹子兰、司马子椒及郑袖,使他们共谮屈原,从楚国内部瓦解齐楚的"纵亲"关系;还向怀王表示愿"献商於之地(今陕西商县至河南内乡县)六百里",以诱骗怀王,从而导致他与齐正式绝交。当张仪的阴谋得逞后,楚国腐朽的贵族集团都向怀王祝贺,认为是楚国外交上的一大胜利。但是真正有政治头脑的人,都会看出这是个阴谋,是个骗局。陈轸就

是这样的人,他对怀王说:

> 秦之所以重王者,以王之有齐也。今地未可得而齐交先绝,是孤楚也。……且先出地而后绝齐,则秦计不为;先绝齐而后责地,则必见欺于张仪。见欺于张仪,则王必怨之;怨之,是西起秦患,北绝齐交,则两国之兵必至。臣故吊!(《史记·楚世家》)

陈轸的分析是正确的,他看出齐楚绝交在政治上是一大错误。当时有同样认识的,陈轸之外就是屈原。大概屈原被谗见疏之后,便降职为三闾大夫。三闾之职是掌管王族屈、景、昭三姓的事。屈原由身负国家重任的左徒,一降而为一个无所作为的闲官,然而政治上的挫折并不会使他不过问国家大事,对这件事他不能不发表意见,可能是历史上失载。故当怀王被骗之后,头脑清醒过来,又急于与齐复交,而被派使齐的还是屈原。《新序·节士》篇说:"是时怀王悔不用屈原之策,……"就透露了屈原当时是坚决反对过的。

楚怀王十七年,怀王由于被张仪所骗而恼羞成怒,便兴兵伐秦。丹阳之役,楚军八万甲士被杀,大将屈匄、裨将逢侯丑等七十多人被俘,遭到彻底失败。这次战争不但损兵折将,而且造成了怀王的恐惧感,动摇了楚国的军心。怀王不但不励精图治,筹划恢复,反而笃信巫鬼,妄想借鬼神的威力降服秦军。据陆机《要览》记载:"楚怀王于国东起沉马祠,岁沉白马,名飨楚邦河神,欲崇祭祀拒秦师,卒破其国,天不佑之。"又《汉书·郊祀志下》记载:"楚怀王隆祭祀,事鬼神,欲以获福助却秦师,而兵挫地削,身辱国危。"怀王这种崇祀鬼神的愚蠢行为,当然不能得到什么上天的保佑,也不能挽救自己的灭亡,但却引起了当时巫风的盛行,促进了楚国巫术音乐的发展。《吕氏春秋·侈乐》篇所谓"楚之衰也,作为巫音。"就真实地反映了这种情况。祭鬼神,兴巫音,原是楚国贵族集团腐朽没落的表现,但其中却包含着对敌人的诅咒和对胜利的祈祷,在当时很能起激发楚国人民爱国思想的作用。屈原身为三闾大夫,掌管宗庙祭祀,便在这时写作了《九歌》中之《国殇》,以抒发自己的爱国思想,和对为国阵亡的将士的悼念。

这之后,屈原又被派出使齐国。秦最担心齐楚复交,便主动提出愿退还汉中地之一半来和楚讲和。怀王余恨未消,表示不愿要地,但愿要张仪的头才甘心。张仪果然愿意去楚。他到楚之后,利用了内奸郑袖,不但未被杀,反而被放走了。屈原恰巧从齐国回来,"谏怀王曰:'何不杀张仪?'怀王悔,追张仪不及。"(见《史记·屈原列传》)。这件事说明了楚国反动腐朽的贵族集团还控制着国家政权,也说明了屈原的"合纵"派还有微弱的势力,对楚国的外交仍能起一定的影响作用。但是怀王的主张不定,齐、楚、秦的关系也在微妙的发展,屈原的地位也随着变化。楚怀王二十五年,楚秦黄棘(今河南新野县)之盟,楚国完全投到秦国的怀抱中了。一向亲齐的屈原,这时必然受到更大的排斥,内心也更苦闷,便决心离开郢都(今湖北江陵县)去汉北。这一年屈原三十六岁。在行将远离故都的时候,忧愁幽思,开始了《离骚》的写作。《离骚》说:"余既不难夫离别兮,伤灵修之数化。"就说明是去郢之初写的。又《离骚》说:"及年岁之未晏兮,时亦犹其未央。""晏"是晚,"央"是半,也就是未过半的意思。《离骚》又说:"及余饰之方壮兮"。这都证明《离骚》是他壮年的作品。在到汉北之后,便作了《九章》中《抽思》一篇。《抽思》说:"有鸟自南兮,来集汉北。""惟郢路之遥远兮,魂一夕而九逝。"就是明证。汉北一带多楚国的古迹文物,如鄢(今湖北宜城)、北郢(今湖北安陆)都是楚国的故都。

屈原来到这里,目击楚先王庙及公卿祠堂所图画的天地山川神灵及古贤圣怪物行事,呵而问之,便写成瑰奇的《天问》,对宇宙人生历史神话等传说提出了一系列的疑难问题,表现了一种探索自然社会奥秘的精神。

屈原在汉北大约居住了五六年,这五六年间,楚国又出现了许多不幸的事件。怀王二十六年,齐、韩、魏三国兴兵伐楚。怀王二十八年,秦又与齐、韩、魏合兵击楚,楚军败于垂沙(《荀子·议兵》篇说,楚国此次战败于垂沙),楚将唐昧被杀。怀王二十九年,秦军伐楚,楚兵死亡两万多,楚将景缺被杀。怀王三十年,秦军又伐楚,陷楚八城。同年屈原回到郢都,他已经是四十一岁的人了。这一年又发生了一件大事,即秦昭王下书约楚怀王在武关(今陕西丹凤县东南)相会,楚怀王因此被拘于咸阳。《屈原列传》记载:

> 时秦昭王与楚婚,欲与怀王会。怀王欲行,屈平曰:"秦虎狼之国,不可信,不如毋行。"怀王稚子子兰劝王行:"奈何绝秦欢!"怀王卒行。入武关,秦伏兵绝其后,因留怀王,以求割地。怀王怒,不听。亡走赵,赵不内。复之秦,竟死于秦而归葬。

怀王在秦被折磨了四年,终归于死。顷襄王三年,秦把怀王的灵柩送回楚国。怀王之死,"楚人皆怜之,如悲亲戚。"(《史记·楚世家》)屈原追念尤甚,因此作《招魂》以招怀王。从此,屈原的政治生命已面临一个转折点。怀王生前,他虽然被疏,但有时还受信用,顷襄王即位,在外交上彻底投向秦国,他也就完全被抛弃了。

第四节　从放逐到沉江

自怀王死后,楚国的面目全非。屈原目睹政治的黑暗和人民

的痛苦,必然产生极大的不满,并痛恨那些劝怀王入秦的人,因此就遭到新的祸患。《屈原列传》记载:

> 长子顷襄王立,以其弟子兰为令尹。楚人既咎子兰以劝怀王入秦而不反也。屈平既嫉之。令尹子兰闻之大怒,卒使上官大夫短屈原于顷襄王,顷襄王怒而迁之。

这是在顷襄王二年,时屈原四十三岁。按顷襄王元年,"秦发兵出武关,攻楚,大败楚军,斩首五万,取析十五城。"(见《史记·楚世家》)汉水上游,襄、邓等汉北地区,备遭秦军的破坏,当地人民纷纷沿汉水南下逃亡。屈原于顷襄王二年被迁逐,仲春甲之日早晨,沉痛地与故都的国门告别,凑巧在江夏之间遇到大批东迁的难民。他与难民同流亡,从夏首东下,经过洞庭、夏浦(今汉口),最后到达陵阳(陵阳在何处不可考,蒋骥认为是安徽青阳县南六十里之陵阳,但屈原的行踪未必到达这里,所以不确切)。在陵阳住了九年,所谓"至今九年而不复",即顷襄王十一年,他已经五十二岁了,回忆起当年与人民共流亡同命运的生活,抚今追昔,不胜感慨,便写成了《哀郢》,叙述流寓中对故乡的关怀和对楚国的深忧。大概在第二年春天,他离开了久居的陵阳,而远赴西南,经过鄂渚(今武昌),入洞庭,溯沅水,至辰阳,达溆浦(辰阳、溆浦,在今湖南沅陵一带),便写了《涉江》,表达了自己老而弥笃的节操。同时写了《九歌》中《国殇》之外的其他篇章,抒发了长期放逐生活所形成的悲痛心情。顷襄王十三年,他又由溆浦下沅水,"进路北次"在江湘汇流的地方,写了《怀沙》和《惜往日》,分别流露出自己的大限已近和沉江自杀的决心。

屈原沉江自杀的事是可靠的。最早的记载是汉初贾谊的《吊屈原赋》:"仄闻屈原兮,自沉汨罗。"之后,庄忌的《哀时命》、东方朔的《七谏》也都提到他的这种结局。《楚辞》中的《渔父》一篇还记载屈原回答渔父的话："宁赴湘流，葬于江鱼之腹中。"《渔父》虽然不是屈原的作品，但至少是极了解屈原思想生活的人所作，其内容是可信的。又司马迁说，他曾亲自到长沙凭吊过屈原沉江的地方，也说明这一传说之有据。此外，我们从屈原自己的作品中也可以得到印证，如除了他的绝笔《怀沙》、《惜往日》之外，《离骚》、《抽思》、《思美人》、《悲回风》等篇，也都流露了自己的誓死之志和觅死之法。可见汉人的记载，并非凭空捏造。可能是他写《怀沙》、《惜往日》的第二年，便去长沙东北边的汨罗江，投水自尽了。至于他自杀的日期，传说是五月五日。《怀沙》说：

> 滔滔孟夏兮，草木莽莽。伤怀永哀兮，汩徂南土。

《楚辞》所用的都是夏历，孟夏是夏历四月，假使屈原四月间到达长沙，五月初自沉汨罗，是极可能的。这一年，屈原五十五岁。

屈原的坚贞不屈的悲剧性的一生，引起了人民的深切同情和追念，为了表达这种心情，人民以端午节吃粽子（角黍）的风俗来纪念他。梁吴均《续齐谐记》记载：

> 屈原以五月五日投汨罗而死，楚人哀之，每于此日以竹筒贮米，投水祭之。汉建武中，长沙欧回（一作欧曲）白日忽见一人，自云三闾大夫。谓回曰："闻君当见祭，甚善！但常年所遗，并为蛟龙所窃，今若有惠，可以楝树叶塞上，以五色丝转缚之，此物蛟龙所惮。"回依其言。今五月五日作粽，并带五色丝及楝树叶，皆汨罗遗风。

为了表达同情和怀念，人们还以端午节"竞渡"（赛龙舟）的风俗来纪念他。宗懔《荆楚岁时记》记载：

> 五月五日竞渡，俗为屈原投汨罗日，伤其死，故并命舟楫以拯之。

又《隋书·地理志》记载：

> 屈原以五月望日（望日是十五日，与诸说不同，可能是各地传说不同）赴汨罗，土人追至洞庭，不见。湖大船小，莫得济者。乃歌曰："何由得渡湖！"因尔鼓棹争归，竞会亭上。习以相传，为"竞渡"之戏。其迅楫齐驰，棹歌乱响，喧振水陆，观者如云。诸郡皆然，而南郡尤甚。

同情人民为人民的苦难而申诉的人，必然受到人民的尊敬和爱戴，并且永远为人民所怀念。

屈原的一生是斗争的一生。他参与了那个时代具有历史意义的政治斗争，代表着那个特定历史环境的进步力量。他的《九歌》、《离骚》、《天问》、《招魂》、《九章》等二十五篇赋，是他一生斗争的实录，心血的结晶，是有划时代意义的伟大篇章。

第三章　屈原的哲学思想

第一节　春秋战国时期儒、法两家思想之异同

屈原的哲学思想是属于哪个体系呢？自建国以来，人们的意见分歧很大，……大都各执一端，未窥全豹。要廓清这个问题，我们有必要从春秋战国思想界的情况谈起。

春秋战国是我国哲学思想百家争鸣的时代。在屈原生前，“世之显学”是儒、墨、道三家，这三家都已形成了系统的思想体系并著之于书而行于世。至于法家，在当时还是以政治改革实践而闻名，缺乏系统的理论著述。到屈原时代，儒、墨两家内部开始分化，形成若干流派，《韩非子·显学》所谓“故孔、墨之后，儒分为八，墨离为三”就是讲的这种情况。这是当时复杂的阶级关系和社会矛盾决定的。有多少阶级，就有多少派别。他们都是从本阶级或集团的利益出发，来探讨治国的方法和社会发展的方向的，司马谈《论六家要旨》概括为“天下一致而百虑，同归而殊涂。”（《史记·太史公自序》）由于社会的发展，阶级关系的消长，地主阶级反对奴隶主阶级的斗争成为当时社会主要矛盾的一个重要方面，反映在哲学思想上，是法家思想体系的逐渐形成和壮大。所以，到战国时期，法家便与儒、墨、道同列为四大学术流派。但是从他们的思想渊源看，儒、法两家倒很接近，法家是出于儒而又别立门户与儒家

分庭抗礼的。

屈原是生活在由儒到法的过渡时期,他的思想就反映了这种儒、法两家思想的演变。为了说明问题,我们可以把儒、法两家的思想作个简单的比较,看他们在哪些方面是相近的,又在哪些方面存在根本分歧。就他们的相近之点而言:

其一,法家学者多出于儒家。如魏国最早的法家李克,《汉书·艺文志》班固注说:"子夏弟子,为魏文侯相。"是受学于子夏,班固并根据刘歆的《七略》把李克的著作七篇编入儒家项内。又如在楚国变法的吴起,《史记·吴起列传》说他"尝学曾子"。在秦国变法的商鞅,《史记·商君列传》记载,他曾劝秦孝公应当"比德于殷周"。这都说明他们在思想上和儒家的渊源关系。

其二,儒与法都重视人民的作用,主张爱民。由于奴隶暴动的结果,他们所属的阶级对人民的力量有所认识,为了巩固统治,不得不讲究治民之术,以争取人民。《论语·雍也》篇说:"子贡曰:'如有博施于民而能济众,何如?可谓仁乎?'子曰:'何事于仁!必也圣乎!尧舜其犹病诸!'"《大学》说:"大学之道,……在亲民,……"《孟子·尽心》篇说:"民为贵,社稷次之,君为轻。"这是儒家所讲的施民、亲民、重民的观点。而《荀子·大略》篇说:"重法爱民而霸",则是肯定法家的爱民观点。他们同是重民、爱民,但具体办法却不同。儒家主张对人民施行仁义惠爱,而法家则主张赏罚严明,"法不阿贵"即对人民有利,也就是重民,爱民。

其三,儒与法都讲规矩、循绳墨,主张治理国家要遵循一定的准则。《孟子·离娄》篇说:"离娄之明,公输子之巧,不以规矩,不能成方圆。"同篇又说:"圣人既竭目力焉,继之以规矩准绳,以为方圆平直,不可胜用也。"又《孟子·告子》篇说:"大匠诲人必以规矩,学者亦必以规矩。"这是儒家所说的规矩绳墨对治国治学的重要性。而《韩非子·有度》篇说:"巧匠目意中绳,然必先以规矩为度;上智捷举中事,必以先王之法为比。故绳直而枉木斲,准夷而高科削,权衡县而重益轻,斗石设而多益少。故以法治国,举措而已矣。"韩非的时代比孟轲稍晚一些,他的话和孟轲何其相似!但其内容却不相同,孟轲所谓的规矩绳墨是指儒家的仁政,韩非则指法家的法术。

其四,儒与法都主张天下一统。春秋战国时期历史发展的总趋势是走向统一,一些有识之士莫不支持这种统一,儒、法两家并不例外。《孟子·梁惠王》篇说:梁襄王"卒然问曰:'天下恶乎定?'吾对曰:'定于一'。"可见儒家是主张天下统一的。又《吕氏春秋·谨听》篇说:"乱莫大于无天子,无天子则强者胜弱,众者暴寡,以兵相残,不得休息,今之世当之矣。"这实际上讲的是法家观点。《吕氏春秋》成书较晚,但其中采集的大都是先秦古籍,这条材料是可信的。儒、法两家都主张统一,但采取的方法则不同,儒家主张以仁德教化天下,法家则主张耕战政策。

其五,儒与法都重视"修士"在社会政治生活中的作用。他们是些什么样的人物呢?《荀子·礼论》篇说:"大夫之丧,动一国,属修士;修士之丧,动一乡,属朋友;庶人之丧,合族党,动州里。"可见他们是低于大夫(官僚),高于庶人(自耕农)的中小地主。这般修士有知识、有才能、讲修身、讲勤俭、讲廉洁,是当时社会的"新旅"(《韩非子·孤愤》)。儒、法两家都很重视他们。《荀子·君道》篇说:"今人主有六患:使贤者为之,则与不肖者规之;使智者虑之,则与愚者论之;使修士行之,则与污邪之人疑之。虽欲成功得乎哉?"认为国君治国应当任用"修士",而摈斥"污邪之人"。又《韩非子·孤愤》篇说:"人臣之欲得官者,其修士且以精洁固身,其智士且以治辩进业。"赞许"修士"不以货赂事人,而固守精洁以取得官职。但是这些“修士”用以修身的道德观念不同,儒家倡导以礼义修身,法家则主张以能法矫奸律己。

其六,儒与法都主张以德治国,反对依靠天险,认为天险不能巩固国防。《孟子·公孙丑》篇说:“域民不以封疆之界,固国不以山豁之险,……得道者多助,失道者寡助。”把是否以德政治国看作是国家成败的关键。又《史记·吴起列传》则说:“在德不在险。昔三苗氏左洞庭,右彭蠡,德义不修,禹灭之;夏桀之居,左河济,右泰华,伊阙在其南,羊肠在其北,修政不仁,汤放之;殷纣之国,左孟门,右太行,常山在其北,大河经其南,修政不德,武王杀之。”也认为只有实行德政才能永固国家,天险是不足据的。但是吴起所主张的德政的内容是指废除那些疏远贵族的世袭特权和爵禄,抚养战斗之士,与孟子主张的仁义惠爱又不同。

作为学术思想流派的儒家和法家,是在一定的历史条件下产生的,并且在一定的历史条件下发展和演变着。在法家学派产生的初期,即当它还未从儒家分化出来成为独立的学术流派之前,它并不能独立代表一个阶级的思想。随着阶级斗争形势的发展,法家别立门户之后,它才为新兴的地主阶级推行自己的政治措施制造舆论。但是,法家毕竟渊源于儒家,因此在发展过程中总是带有儒家思想的影迹,尽管具体内容表现了不同的阶级倾向,但形式概念和要求主张是极其近似或相同的。这些近似或相同,反映了由儒到法演变的痕迹,也反映了儒、法两家思想在一些方面的同一性。

我们不但要看到儒、法两家思想上的相似之处,更重要的是要探讨他们之间的差异和分歧。因为只有看到差异,才能揭露事物的本质,下面我们就探讨一下儒、法两家在思想上的分歧:

其一,儒家用以治国的是“德”和“礼”,法家用以治国的是

“刑”和“政”。《论语·为政》篇说:“道之以德,齐之以礼,有耻且格。”又《礼记·中庸》篇说:“仁者仁也,亲亲为大;义者宜也,尊贤为大。……尊贤则不惑,亲亲则诸父昆弟不怨,敬大臣则不眩。”德指仁义,礼指等级制度,即尊尊、亲亲、长长、男女有别那一套。即依靠仁义和等级制度治国。法家则相反,《史记·吴起列传》说:“相楚,明法审令,捐不急之官,废公族疏远者,以抚战斗之士。”反对亲疏长幼等宗法观念,对儒家所标榜的仁义也极力攻击。《韩非子·奸劫》篇说:“世主美仁义之名而不察其实,是以大者国亡身死,小者地削主卑。……夫施与贫困者,此世之所谓仁义;哀怜百姓不忍诛罚者,此世之所谓惠爱也。夫有施与贫困,则无功者得赏;不忍诛罚,则暴乱者不止。国有无功得赏者,则民不外务当敌斩首,内不急力田疾作,皆欲行货财,事富贵,为私善,立名誉,以取尊官厚俸。故奸私之臣愈众,而暴乱之徒愈胜,不亡何待!……吾以是明仁义爱惠之不足用,而严刑重罚之可以治国也。”主张以严刑峻法治国。

其二,儒家相信天命鬼神,法家不相信天命鬼神。《论语·八佾》篇说:“获罪于天,无所祷也。”又《尧曰》篇说:“不知命,无以为君子。”孔子对鬼神好像避免作肯定的回答,他说:“未能事人,焉能事鬼?”“未知生,焉知死?”(《论语·先进》)但他实际上是相信鬼神的,不然为什么对鬼神行那种隆重的祭礼呢?他在《为政》篇说:“非其鬼而祭之,谄也。”这不但说明他相信鬼神,而且认为鬼神有不同的等级。法家则相反,《韩非子·亡征》篇说:“用时日,事鬼神,信卜筮,而好祭祀者可亡也。”认为迷信鬼神可能招致亡国之祸。

其三,儒家主张法先王,法家主张法后王。《礼记·中庸》篇说:“祖述尧舜,宪章文武。”就是说要效法尧、舜、文王、武王治国的方法。法家则相反,如《史记·商君列传》说:“三代不同礼而王,五伯不同法而霸。智者作法,愚者制焉;贤者更礼,不肖者拘焉。”又说:“治世不一道,便国不法古。”他们主张变革,反对复古。

其四,儒家的政治理想是实现“王道”,法家的政治是推行“霸道”。《孟子·公孙丑》篇说:“以力假仁者霸,霸必有大国;以德行仁者王,王不待大,汤以七十里,文王以百里。以力服人者,非心服也,力不赡也;以德服人者,中心悦而诚服也。”就是说王者尚德,霸者尚力;王者感化人,霸者劫制人;王者行仁政,霸者行假仁假义。孟子尊王而贱霸。法家相反,《史记·商君列传》说:“吾说公以霸道,其意欲用之矣。”商鞅称这种“霸道”为“强国之术”。

其五,儒家对邻国主张用怀柔政策,而法家则鼓励耕战,主张用兵。《尚书·大禹谟》篇说:“帝乃诞敷文德,舞干羽于两阶,七旬有苗格。”是说舜用文德感化,使有苗归服。这是被儒家理想化了的王道政治。法家也与此相反,《韩非子·五蠹》篇说:“夫耕之用力也劳,而民为之者,曰:‘可得以富也。’战之为事也危,而民为之者,曰:‘可得以贵也。’……动作者归之于功,为勇者尽之于军。是故无事则国富,有事则兵强。”主张耕可以得富,战可以得贵的耕战政策。此外,儒家讲温和,“温良恭俭让以得之”(《论语·学而》),而法家尚刚猛,“必强毅而劲直”(《韩非子·孤愤》)。儒家尚贤,而法家重能,等等。这种分歧,在早期还不太显著,越到后来就越明显而尖锐化,以至于发展到在荀子的著作中尖锐地攻击法家,而在韩非子的著作中猛烈地攻击儒家。况且,儒、法两家的学说本身随着形势的发展也在变化,因此他们之间的异同更呈现出一种极其复杂的状态。不过,儒、法两家的思想和主张在屈原时代的楚国都无从实现,那么屈原在思想上无论是儒家和法家的成分,都足以促成他的悲剧。

第二节　屈原对儒、法两家思想的继承及其在战国思想界的地位

屈原处于由儒到法的发展过程中,儒、法两家思想的同一和分化的复杂状况,在他思想上明显地反映出来。就其“同”的方面讲,上述几方面在屈原思想上都存在,这正反映了从儒到法的演变。就其“异”的方面讲,屈原主要是反映了法家思想和奴隶主贵族宗臣的斗争。

春秋战国时期,由于社会变革的结果,君臣之间,一方面残存着宗法制的血统关系,如春秋时,“若立君,则有卿大夫与守龟在”(《左传·定公》元年),战国时,孟子还说:“贵戚之卿,……君有大过则谏,反覆之而不听,则易位”(《孟子·万章下》);另一方面出现了买卖关系,并且买卖关系逐渐代替了那种血统关系,《韩非子·外储说右下》说:“主卖官爵,臣卖智力。”既争于力,必重威势;既计利害,必讲法术;这是互为因果的。君臣之间这种买卖关系打破了那种氏族血统关系,其中孕育着社会变革的萌芽。屈原的时代正是这种变化了的情况。明白了这些事实,才能理解继承了春秋战国时期儒家思想的屈原何以竟会同时具有法家思想,才能理解既继承了儒、法两家思想的屈原何以又能进一步加以发展的社会根源。

屈原是主张以德政治国的,他为之殉身的美政理想的核心即德政。《离骚》中说:

> 皇天无私阿兮,览民德焉错辅。夫唯圣哲以茂行兮,苟得用此下土。

这种“有德在位”的思想，是贯穿屈原作品的重要内容。屈原劝戒怀王实行德政，以取得民心。他以德政期待于怀王，同时也以怀王不能实行德政而给以尖锐的批评：“皇天之不纯命兮，何百姓之震愆！”（《哀郢》）是否实行德政，是他衡量怀王政治好坏的标准。

这种德政思想，虽然儒、法两家都有，但就屈原在这里申述的看，是更多的含有儒家成分。儒家思想是代表没落奴隶主阶级利益的，那么屈原的德政思想是否是落后的呢？不然！如上所述，孔子所创立的儒家学说是随着历史的发展社会的变化而发展变化的。例如荀子是所谓“孙氏之儒”（《韩非子·显学》），但他发展了孔子的礼乐学说，使之成为巩固新兴地主政权的舆论工具。屈原的思想很像荀子，他比较多地继承了儒家思想，即所谓仁义，但他所关心、热爱和同情的人，已经不是孔子时的奴隶主阶级，而是广大被压迫、被奴役的人民。他在《离骚》中说：

长太息以掩涕兮，哀民生之多艰。

…………

怨灵修之浩荡兮，终不察夫民心。

又《抽思》说：

愿摇起而横奔兮，览民尤以自镇。

关心和同情人民的苦难，是屈原作品的重要主题。他不但正面地描写人民的苦难生活，即使批判统治阶级的腐朽反动的方面时，也是从关心、同情人民苦难的角度出发的，所谓“怨灵修浩荡”，正是因为他“不察民心”。

屈原很像是法先王的，他在作品中反复称道“前王”、“前圣”，力图谏戒怀王效法先王治国的经验，以修明楚国的政治。《离骚》说：

彼尧舜之耿介兮,既遵道而得路。

…………

汤禹俨而祗敬兮,周论道而莫差。

…………

吕望之鼓刀兮,遭周文而得举。

又《惜往日》说:

闻百里之为虏兮,伊尹烹于庖厨.吕望屠于朝歌兮,宁戚歌而饭牛。不逢汤武与桓缪兮,世孰云而知之。

这类例子在屈原作品中不胜枚举。值得注意的是他不但推崇儒家所尊尚的尧、舜、禹、汤、文、武等古代圣王,而且也推崇法家所尊尚的齐桓公、秦穆公等霸主。刘安在《离骚传》中说:"上称帝喾,下道齐桓,中述汤武,以刺世事。明道德之广崇,治乱之条贯,靡不毕见。"就道出了屈原所期望于怀王效法的是"王""霸"兼而有之,但更多的却是王道。那么他是否像孔子那样搞复古倒退呢?不是!他是劝谏怀王要像古先王那样修明政治,也就是借古先王的幽灵来为革新当时的政治服务,犹如荀子、韩非子之称道"先王之道"、"先王之法"、"先王之遗言"等一样,不过是为他们达到政治改革的一种手段。屈原也是以法先王为号召,在楚国推行法治。

屈原是重视修身的,特别强调修身的作用,强调砥砺自己的德行,提高自己的思想修养,以不屈服于当时的黑暗政治。如《离骚》说:

民生各有所乐兮,余独好修以为常。

…………

苟中情其好修兮,又何必用夫行媒?

又《怀沙》说：

> 重仁袭义兮，谨厚以为丰。

又《抽思》说：

> 善不由外来兮，名不可以虚作。

这和儒家“修己以安人”的道德观念大体一致。《礼记·中庸》篇里讲修身，《荀子》中则专有《修身》篇。屈原修身的内容就是儒家所谓的仁义，把人看作人就是仁，该怎么做就怎么做就是义。屈原是重民、爱民、尊崇贤能的，希望在楚国推行法治实现德政，这正是他的仁，他身体力行这种政治理想，这就是他的义。为了坚持自己的政治理想，在和楚国腐朽贵族集团作斗争的过程中，环境越艰难，就越重视修身。司马迁赞扬说：“其志洁，其行廉”“推此志也，虽与日月争光可也！”（《屈原列传》）。

屈原具有儒家“修己以安人”的道德观念，但他又发展了这种道德观念。从他的身体力行看，他之所谓“好修”，和荀况、韩非子所谓“修士”很接近。如前所述，修士是当时的中小地主，他们讲修身、勤俭、廉洁，是政治改革的一股社会力量。屈原之“好修”是源于儒家的道德观念，但又有很大发展，使自己形成为战国时期政治革新家的思想品德。

屈原是有法家思想的，具体表现为他讲“规矩”、“绳墨”、“法度”等。虽然儒家也重规矩，但屈原所讲的与法家的观点是十分一致的，如《惜往日》说：

> 乘骐骥而驰骋兮，无辔衔而自载；乘氾泭以下流兮，无舟楫而自备；背法度而心治兮，辟与此其无异。

这与《韩非子·奸劫弑臣》篇所谓“治国之有法术赏罚，犹若陆行

之有犀车良马也,水行之有轻舟便楫也,乘之者遂得其成”的观点如出一辙。又如《离骚》说:

> 固时俗之工巧兮,偭规矩而改错。背绳墨以追曲兮,竞周容以为度。

也是以法治观念衡量楚国腐朽贵族集团的言行,抨击他们违法乱纪的行为。

屈原的思想性格既有儒家仁厚的一面,也有法家刚毅的一面。《离骚》说:

> 鸷鸟之不群兮,自前世而固然;何方圆之能周兮,夫孰异道而相安。

屈原把自己比作鸷鸟,鸷鸟的特性是什么?《左传·襄公》二十五年记载:“子产始知然明,问为政焉。对曰:‘视民如子,见不仁者诛之,如鹰鹯之逐鸟雀也。”鹰鹯就是鸷鸟。然明所持的是法家观点,讲爱民,所以对残民贼民的人,主张像鹰鹯逐鸟雀那样把他赶走。鹰鹯就是法家特性的体现。《韩非子·孤愤》篇说:“能法之士,必强毅而劲直,不劲直不能矫奸。”那么,鹰鹯、鸷鸟的特性就是“强毅劲直”。而这就是屈原思想性格的重要方面。

儒、法两家思想的消长,是春秋战国时期阶级关系变化的反映,是当时社会由奴隶制向封建制转变的历史情况的反映。屈原思想上兼有儒、法两家思想及其变化,正说明屈原思想鲜明的阶级性和具体的历史性。

屈原不仅是一位伟大的诗人,而且是一位杰出的思想家。他和荀况同时,在当时思想界的地位,也相当于荀况。荀况是战国末期最大的儒家,他的学说的核心“礼”,已经演变成为维护新兴地主阶级利益并带有法制色彩的理论体系。屈原思想是由儒演变为法,他的政治理想“德政”,吸收了一些法制观念,形成为反映新兴地主阶级利益和广大被压迫、被奴役人民的某些要求的思想。荀子主张治国安民必须实行“美政”“美俗”(《儒效》),只有实行美政、美俗,国家才能富强。屈原则执着地劝谏怀王推行“美政”,以期望“国富强而法立”。荀况讲修身,著《修身》篇;屈原也重视道德修养,自谓“独好修以为常”。荀况写《天论》,论天人之分,屈原写《天问》,对天命提出了质疑。荀况写《赋篇》;屈原则是我国文学史上最伟大的辞赋家。屈原在战国思想界的地位,即他作为一个诗人,从同情人民关心人民的角度出发,揭示了当时的社会的阶级矛盾,揭露了统治集团的腐朽和反动,为坚持自己的美政理想而斗争。

第四章　屈原的美政理想

屈原是以我们民族自母系氏族公社至春秋战国时代、特别是楚国社会状况为实际内容,并以自己的美政理想为轴心,构成其诗篇的。那么,屈原的美政理想是什么?具体内容有哪些?这是研究屈原的重要课题。《离骚》结尾说:

既莫足与为美政兮,吾将从彭咸之所居。

他向世人表述,由于自己的政治主张不被采用,美政理想不能实现,宁愿以死来殉自己的理想。这种对自己的理想坚贞、执着和矢志不移的精神,激荡着千百年后人们的心弦。然而他的美政理想究竟有什么意义呢?我们应当认真地加以探讨。

首先,我们认为屈原美政理想的一个重要内容,是对大一统国家的憧憬,对天下一统的追求。这种憧憬和追求可能受抒情诗歌形式的限制,未能得到直接地表露,但是通过他所推崇的古代圣君、贤相,所批判的独夫、民贼,也曲折地反映出来。郭沫若在《屈原研究》中分析当时的历史情况说:

为统一中国起见,极力主张消弭各个氏族集团的个别的传统,特别是个别的氏族传统,而倡导出中国民族的大公祖以为统一的基点,道家捧出黄帝,儒家捧出尧舜,墨家捧出夏禹,都是这个用意。……故黄帝、尧、舜的出现,在当时也实在是革命的出现,主要的目的就是在于企图泯却各族的差别观,而在政治上求得中国的大一统。

郭沫若的见解极其精辟，他从道家、儒家、墨家之推崇黄帝、尧、舜、禹，看出历史发展的趋势。这就是为什么屈原在自己的作品中谈到历史史实和人物时，从来不举楚国而举全中国为例的原因。《离骚》说：

> 彼尧舜之耿介兮，既遵道而得路。
>
> …………
>
> 济沅湘以南征兮，就重华而陈辞。
>
> …………
>
> 汤禹俨而祗敬兮，周论道而莫差。

尧、舜、禹、汤、文王，都被他赞不绝口，而这些人物并不是楚国的，而是被作为华夏民族天下一统的政治领袖来看待的。又如他所列举的昏君贼臣，像夏启、太康、五子、羿、浇、夏桀、后辛等，也都不是楚国的，而是当时天下所公认的历史上应该引以为戒的人物。再如他所推崇的贤相，像皋繇、傅说、吕望、宁戚等，也都不是楚国的人材，而是华夏诸国共同的“理想”宰辅。不仅对人物如此，对疆域也如此。像屈原神游过的苍梧、县圃、崦嵫、白水、阆风、流沙、赤水、西海、不周山等，都是神话传说中的中国广大疆土。

屈原这种对天下一统的憧憬，是当时历史发展趋势的投影。早在春秋时期，孔子即主张从周尊王，复兴周道，以求政治上的安定统一。又《公羊传·隐公》元年说：“何言乎王正月，大一统也。”何休注：“统者始也，总系之词。王者始受命改制，布政施教于天下，自公侯至于庶人，自山川至于草木昆虫，莫不一一系于正月，故云政教之始。”又按《汉书·王吉传》说：“《春秋》所以大一统者，六合同风，九州共贯也。”这是较早的关于大一统观念的记载。至于《尚书》所记，上起《尧典》，下讫《秦誓》，初步建立起以虞、夏、商、周为重心的统一历史观。成于战国人之手的《禹贡》篇，记载禹定天下为九州，造成我国历史上政治自来是统一的、疆域自来是广大的坚强信念。当时的思想家都在探讨如何使天下一统。孔子主张以礼乐仁义统一天下；墨子主张上同于天，等待上天选择有德者为天子；老子主张以清静无为治天下；商鞅主张以耕战经营天下。他们的主张不同，但要求得政治上的大一统则是一致的。《离骚》说：

思九州之博大兮，岂唯是其有女。

屈原对天下一统的向往，正是当时历史发展趋势的反映。

其次，屈原的美政理想，还包括民本主义思想，民本主义是他理想的核心。他主张"有德在位"、"举贤授能"、"勤俭治国"、"法治观念"等等，正是这种民本思想的表现。像《离骚》说：

皇天无私阿兮，览民德焉错辅。夫唯圣哲以茂行兮，苟得用此下土。

这种思想是西周以来的一种时代思潮，古代典籍有许多记载，其中与屈原此段诗文最相似的莫如《左传·僖公》五年所载虞公和宫之奇一段对话：

公曰："吾享祀丰洁，神必据我。"对曰："臣闻之，鬼神非人实亲，唯德是依。故《周书》曰：'皇天无亲，唯德是辅。'又曰：'黍稷非馨，明德唯馨。'又曰：'民不易物，唯德繄物。'如是则非德民不和、神不享矣。神所凭依，将在德矣。"

这段话中虽然杂有一些神权观念，但是，很明显地包含着一种"德政"思想，对"民"的地位相当重视。

此外，如《尚书·皋陶谟》说：

天聪明自我民聪明,天明畏自我民明威。

同样《尚书·泰誓》说:

天视自我民视,天听自我民听。

不管皋陶和周武王是否讲过这些话,至少《皋陶谟》和《泰誓》的作者有这种思想。

又《左传·襄公》十四年,师旷对晋侯说:

天生民而立之君,使司牧之,勿使失性。……天之爱民甚矣,岂其使一人肆于民上,以从其淫,而弃天地之性?必不然矣。

《左传·襄公》二十九年,郑裨谌说:

善之代不善,天命也,其焉辟子产?

《左传·襄公》三十一年,鲁穆叔引《大誓》说:

民之所欲,天必从之。

这些都表现了一种重民的德政思想,有德者始在位,反之,天也不辅佑他。这种思想,到战国时期更盛行起来,在诸子的著作中记载得很多。这说明了当时奴隶的地位提高了,新兴的地主阶级为了夺取政权,不得不以"重民"的口号博取人民的拥护,向奴隶主进行斗争的历史现象。

在这种德政思想的指导下,既然天子诸侯应该是"有德在位",那么对他们手下的公卿大夫必然就要"选贤授能"。《离骚》说:

汤禹俨而祗敬兮,周论道而莫差。举贤而授能兮,循绳墨而不颇。

屈原这种思想也是有其历史根据的,是植根于那个时代的政治环境中的。据《尚书·说命下》记载,殷王武丁即说:

> 股肱惟人,良臣惟圣。

把国君选用贤臣比作人之有手足。又《尚书·说命中》记载殷臣傅说说:

> 惟治乱在庶官,官不及私昵,惟其能;爵罔及恶德,惟其贤。

认为国君选择官吏是否得人,关乎国家的治乱。他们对选贤任能于治国的重要性有共同的认识。武丁就是根据这种认识擢用傅说的。只有不夹杂个人的好恶,不偏私,不结党,秉公择贤,才能使国家走向平坦的道路。《尚书·洪范》说:

> 无偏无陂,遵王之义;无有作好,遵王之道;无有作恶,遵王之路;无偏无党,王道荡荡;无党无偏,王道平平;无反无侧,王道正直。

《洪范》篇是周人所作,反映了周人的思想。而屈原之"循绳墨而不颇"与这种思想是完全一致的。

"举贤授能"实质上是打破奴隶主贵族政权垄断的局面,而使新兴的地主阶级参政。从当时的情况看,奴隶主作为一个垂死的阶级已经非常昏庸、腐败、无能了,而地主作为一个新兴的阶级则还是能励精图治的。《左传·昭公》三十二年记载:"鲁君世从其失,季氏世修其勤。"就是当时代表奴隶主的诸侯和代表新兴地主的世卿的不同作风的鲜明概括。这类新兴阶级为了自身的政治利益,还部分地联系了下层人民,像奴隶、农奴、罪犯、屠夫等等,为他们谋取在政治上的出路。《离骚》说:

> 说操筑于傅岩兮,武丁用而不疑;吕望之鼓刀兮,遭周文而得举;宁戚之讴歌兮,齐桓闻以该辅。

傅说是个罪犯,吕望是个屠夫,宁戚是个商贩,而屠夫、商贩在周朝的地位和奴隶相等,他们都是社会的最低层。社会最低层的人,也可以参与国家政权,便足以说明屈原“举贤授能”思想的真正意义了。韩非对这种从社会最低层选拔人材的作用作了明确的说明,他在《韩非子·说疑》篇中说:

> 观其所举,或在山林薮泽岩穴之间,或在囹圄缧绁缠索之中,或在割烹刍牧饭牛之事。然明主不羞其卑贱也,以其能,为可以明法,便国利民,从而举之,身安名尊。

这种“不羞其卑贱”地“举贤授能”的目的,在于明法、便国、利民,即打破奴隶社会的世卿制度和血缘宗族政治的统治,建立地主阶级的封建制度。《荀子·君道》篇论述周文王任用太公一事说:

> 夫文王非无贵戚也,非无子弟也,非无便嬖也,倜然乃举太公于州人而用之,岂私之也哉?以为亲邪?则周姬姓也,而彼姜姓也;以为故邪?则彼未尝相识也;以为好丽邪?则夫人行年七十有二,齫然而齿堕矣。

这些社会的最底层,有一种勤苦的作风,《吕氏春秋·博志》篇记载宁戚居贫处贱时的情况说:

> 宁越(即宁戚)中牟之鄙人也。苦耕稼之劳,谓其友曰:“何为而可以免此苦也?”其友曰:“莫如学,学三十岁则可以达矣。”宁越曰:“请以十五岁。人将休,吾将不敢休,人将卧,吾将不敢卧。”十五岁而周威公师之。

宁戚的那种要想脱离劳动向上爬的思想是庸俗的,但是他的孜孜不倦的精神，却是社会变革时期一般有志于事业的人共有的。正因为这样，他们对时光特别看重。《荀子·强国》篇说：

> 积微，月不胜日，时不胜月，岁不胜时。凡人好敖慢小事，大事至然后兴之务之，如是则常不胜夫敦比于小事者矣。是何也？则小事之至也数，其县日也博，其为积也大。大事之至也希，其县日也浅，其为积也小。故善日者王，善时者霸，补漏者危，大荒者亡。

荀子重视做事的功效，强调抓紧时间，不可忽怠。屈原在《离骚》中也说：

> 汩余若将不及兮，恐年岁之不吾与。
>
> …………
>
> 日月忽其不淹兮，春与秋其代序。
>
> …………
>
> 不抚壮而弃秽兮，何不改乎此度也。

他们珍惜时光的目的，就是为了做一番事业，《韩非子·孤愤》说："人臣之欲得官者，其修士且以精洁固身，其智士且以治辨进业。"由于历史发展的需要，不但一些政治革新者以勤奋著称，即使一般"士"阶层，也奋勉自励。《易·乾卦·象辞》曰："天行健，君子以自强不息。"屈原同样如此，《离骚》说：

> 扈江离与辟芷兮，纫秋兰以为佩。
>
> …………
>
> 朝搴阰之木兰兮，夕揽洲之宿莽。
>
> …………
>
> 乘骐骥以驰骋兮，来吾导夫先路也！

他用艺术的手法把自己勤修苦练的形象更提高了。这些人不但讲勤修,而且讲俭约,《礼记·礼器》记载春秋末年一个政治革新家晏子的情况说:“晏平仲祀其先人,豚肩不揜豆,澣衣濯冠以朝。”和晏子同时的孔子虽然讲究饮食、衣着,但也倡导俭约,《论语·八佾》篇说:

礼,与其奢也,宁俭;丧,与其易也,宁戚。

又《泰伯》篇中对大禹的节衣缩食极为赞扬:

禹,吾无间然矣。菲饮食而致孝乎鬼神,恶衣服而致美乎黻冕,卑宫室而尽力乎沟洫。禹,吾无间然矣。

比孔子时代稍晚的墨子更崇尚节俭,《墨子·节用上》说:

圣人为政一国,一国可倍也;大之为政天下,天下可倍也。其倍之,非外取地也,因其国家,去其无用之费。

这种精神在屈原身上也有反映,《离骚》说:

进不入以离尤兮,退将复修吾初服。制芰荷以为衣兮,集芙蓉以为裳。

王逸注说:“言己进不见纳,犹复裁制芰荷,集合芙蓉以为衣裳。被服愈洁,修善益明。”此正如司马迁所称颂的“其行廉,故其称物芳。”(《史记·屈原列传》)当然,这里不止是俭约的问题,而是进一步表现了屈原的高洁品格。

此外,屈原的美政理想,还应当包括“法治观念”。这类思想是法家思想的直接表露。他们以此作为对奴隶主贵族斗争的武器。《韩非子·有度》篇说:“法不阿贵,绳不挠曲。”就直接道出法治思想对奴隶主贵族的冲击作用。屈原《惜往日》说:

君无度而弗察兮，使芳草为薮幽。

这里的“度”即法度，“无度”即没有法度。如《荀子·成相》云：“正直恶，心无度，邪枉辟回失道途。”又《韩非子·显学》云：“以仁义教人，是以智与寿说也，有度之主弗受也。”其所谓“有度”、“无度”，都指有法度和无法度而言。韩非子专有《有度》篇，论“审得失有法度之制者”，认为人主当有法度之制，以审理事件之得失。那么，屈原这两句诗是正面对楚王不以法度审理是非，致使贤臣斥逐的作风的谴责。又《离骚》说：

固时俗之工巧兮，偭规矩而改错。背绳墨以追曲兮，竞周容以为度。

所谓“规矩”、“绳墨”，先秦法家也多用以代指法度。如《商君书·定分》云：“不待法令绳墨而无不正者，千万之一也。”又《韩非子·有度》云：“巧匠目意中绳，然必先以规矩为度。”因此“偭规矩而改错”、“背绳墨以追曲”，就是对当时楚国贵族集团违法乱纪行为的指斥。《韩非子·有度》篇又说：“故审得失有法度之制者加以群臣之上，则主不可欺以诈伪；审得失有权衡之称者以听远事，则主不可欺以天下之轻重。”说明以法治国的重要性。屈原《惜往日》则说：

奉先功以照下兮，明法度之嫌疑。

…………

背法度而心治兮，辟与此其无异。

他以明法自居，并以是否执法为尺度来衡量楚王政治的得失。屈原这种法治观念，是出于春秋战国时期法家思想，则一目了然。

法家之能法矫奸，是为了爱民，爱民就必须在一定程度上和人

民"同好恶"。这在《离骚》中也有反映:

> 民好恶其不同兮,此唯党人其独异。

楚国的王公贵族、元老重臣的好恶与人民的好恶是完全不同的,而屈原在一定程度上则和人民的好恶统一起来了。

正因为他们重民,对苦难的人民表示一定的同情,所以往往以人民生活的好坏,来衡量贵族阶级政治的好坏。前面我们所引用的《墨子》的材料中,就是把皇室贵族的骄奢淫逸的生活,和广大人民的苦难联系在一起的。屈原《离骚》说:

> 长太息以掩涕兮,哀民生之多艰。
>
> …………
>
> 怨灵修之浩荡兮,终不察夫民心。
>
> …………
>
> 瞻前而顾后兮,相观民之计极。

又《哀郢》说:

> 皇天之不纯命兮,何百姓之震愆!

又《抽思》说:

> 愿摇起而横奔兮,览民尤以自镇。

这都是很明显的例子。另外还有一些在屈原征引史实以古讽今时,则表现得比较隐晦,像《离骚》说:

> 羿淫游以佚畋兮,又好射夫封狐。固乱流其鲜终兮,浞又贪夫厥家。浇身被服强圉兮,纵欲而不忍。日康娱以自忘兮,厥首用夫颠陨。

这里虽然表面上未提到人民,但他揭露统治阶级的淫逸生活却是从人民角度出发的。这段史实在《左传·襄公》四年是这样记载的：

> 昔有夏之方衰也，后羿自钼迁于穷石，因夏民以代夏政。恃其射也；不修民事，而淫于原兽。弃武罗、伯因、熊髡、尨圉，而用寒浞。寒浞，伯明氏之谗子弟也。伯明后寒弃之，夷羿收之，信而使之，以为己相。浞行媚于内，而施赂于外，愚弄其民，而虞羿于田，树之诈慝，以取其国家。外内咸服。羿犹不悛。将归自田，家众杀而亨之，以食其子。其子不忍食诸，死于穷门。靡奔有鬲氏。浞因羿室，生浇及豷，恃其谗慝诈伪，而不德于民。使浇用师，灭斟灌及斟寻氏。处浇于过，处豷于戈。靡自有鬲氏收二国之烬，以灭浇而立少康。少康灭浇于过。后杼灭豷于戈。有穷由是遂亡，失人故也。

《左传》对这段史实的评述，始则指出是“不修民事”，继而说是“不德于民”，最后总叙其失败的原因是“失人故也”。可谓一篇之中，三致意焉。可是到洪兴祖《补注》却删去大半，只录下开头的“不修民事”一段，结果使这段史实的意义暧而不彰。这就说明屈原重民的观点，不但体现在他作品中那些对人民苦难的明显同情上，即使是他对统治阶级的揭露，也都是从关心和同情人民的角度上出发的。

毛泽东同志《在延安文艺座谈会上的讲话》中说：“无产阶级对于过去时代的文学艺术作品，也必须首先检查它们对待人民的态度如何，在历史上有无进步意义，而分别采取不同的态度。”那么，我们可以说，屈原对天下一统的憧憬，对民本思想、法治观念等的坚持，是符合历史发展的趋势的，是站在历史发展的进步方面的。即使他的“德政”理想与人民所要求的政治理想有截然不同的阶级内容，但也曲折地反映了当时处于残酷的压迫、剥削、劳役、兵役之下的人民希望改革政治的要求。那么，我们还可以说，屈原的思想、言行，与当时兴起的地主阶级有许多一致的地方。他的“民本思想”就是属于这个阶级的，他是从这个阶级的利益出发去关心和同情奴隶和农奴的，并不是“站在人民立场”去为人民落泪，也不是“从自己的阶级里突破出来，同情人民，爱护人民”。我们不应当夸大他进步的一面。当然，作为文学家的屈原，和作为地主阶级的思想家的荀卿、韩非不同，他长期的流放生活，使他更接近人民，更联系着人民，特别是郢都破灭的时候，他与人民共流亡、同生活，就更了解人民，因此，使他的作品具有更丰富、更深刻的民主性。

第五章　屈原的批判精神

第一节　对楚王的批判

屈原的美政理想既如上述，而屈原以其理想为轴心所反映的楚国社会状况却更加深刻广泛。我们试以《战国策·楚策》、《中山策》、《史记·楚世家》、《吕氏春秋》、《荀子》所记与屈原作品相印证，则可以看出屈原作品的思想意旨都是针对当时的现实的，表现了一种对当时社会的批判精神。这种批判精神集中于他为了实现自己的理想而和楚国贵族集团展开的激烈的斗争中，揭露了楚国政治的黑暗，奴隶主制度的腐朽，特别是批判了楚王的昏庸、贪婪和残暴。他所批评的楚王，主要是怀王，其次是顷襄王。怀王在早年还有点想改革楚国政治、富国强兵的念头，但是后来受到群小的包围，自己又反复无常，连这点革新的念头都没有了，完全变成一个暴君。秦惠文王的《诅楚文》对他的面貌有比较深刻的揭露：

今楚王熊相（依文义时代推论，当即怀王。史载怀王名槐，有误）康回（康，有空大义；回，邪恶义；意谓空大僻邪）无道，淫失（纵也）甚乱，宣（训为宣室，引申为甚）侈竞从（读为纵），变输盟（即毁盟）剌（即今约束之本字）。内之则暴虐不辜，刑戮孕妇，幽剌亲戚，拘圉叔父，寘诸冥室椟棺之中。外之则冒改（谓乱改变）久心（谓世守盟约之心），不畏皇天上帝及不显大神巫咸之光列（即烈）威神，而兼倍（借为背）十八世之诅盟(据《史记·秦本纪》自秦穆公以下为康、共、桓、景、哀、惠、悼、厉共、躁、怀、灵、简、惠、出子、献、孝、惠文,实为十八世),率(将帅之本字)者侯(即诸侯)之兵以临加我,欲刬(读为践)伐我社稷,伐灭我百姓,求蔑法(法,废也。蔑废,谓蔑弃)皇天上帝及不显大神巫咸之卹祠(即血食祭品)、圭玉、牺牲,遂取吾边城新、郢及鄀、长、敍,吾不敢曰可。今有(即又,古代又、有互训)悉兴其众,张矜意怒(意,义为满。满怒,意谓使其士气愤懑而怒),饰甲底(致也)兵,奋士师,以逼(迫近之义)吾边竞(读为境),将欲复其凶迹。

这篇《诅楚文》一般认为作于楚怀王十七年,正是秦、楚战争最激烈的时候,秦惠文王把楚怀王当作暴君来揭露,把他描写成殷纣王、周幽王一类的人物,如"康回无道,淫失甚乱"及"内之则暴虐不辜,刑戮孕妇,幽剌亲戚,拘圉叔父"等等事实,是否因为是交战国而有点夸张呢?绝对不是。尽管楚怀王这些行迹不见于《史记·楚世家》和其他古代典籍,但以他的外交活动而论,时而联齐,时而背齐,并派人责詈齐王;时而绝秦,时而与秦合,迎妇于秦,为张仪所愚弄,听郑袖之谗言,如此这般都足以说明怀王的狂暴。然则《诅楚文》所记可补史书之缺。又《庄子·则阳》篇说:"夫楚王之为人也,形尊而严,其于罪也,无赦如虎。"更可以证明《诅楚文》所揭示的怀王的罪状,完全是事实。

楚怀王不但残暴,而且荒淫奢侈。《战国策·楚策》记载张仪到楚国与怀王一段对话说:

张子曰:"王徒不好色耳。"王曰:"何也?"张子曰:"彼郑周之女,粉白黛黑,立于衢间,非知而见之者,以为神。"楚王曰:"楚僻陋之国也,未尝见中国之女如此其美也。寡人之独何为不好色也?”乃资之以珠玉。

《荀子·天论》也说:“楚王后车千乘。”这都说明怀王之荒淫奢侈。

怀王不但荒淫奢侈,而且昏庸贪婪。《史记·楚世家》记载:

十六年,秦欲伐齐,而楚与齐从亲,秦惠王患之,乃宣言张仪免相,使张仪南见楚王,谓楚王曰:“敝邑之王所甚说者无先大王,虽仪之所甚愿为门阑之厮者亦无先大王。敝邑之王所甚憎者无先齐王,虽仪之所甚憎者亦无先齐王。而大王和之,是以敝邑之王不得事王,而令仪亦不得为门阑之厮也。王为仪闭关而绝齐,今使使者从仪西取故秦所分楚商於之地方六百里,如是则齐弱矣。是北弱齐,西德于秦,私商於以为富,此一计而三利俱至也。”怀王大悦,乃置相玺于张仪,日与置酒,宣言“吾复得吾商於之地。”群臣皆贺,而陈轸独吊。怀王曰:“何故?”陈轸对曰:“秦之所为重王者,以王之有齐也。今地未可得而齐交先绝,是楚孤也。……”楚王弗听,因使一将军西受封地。张仪至秦,详醉坠车,称病不出三月,地不可得。楚王曰:“仪以吾绝齐为尚薄邪?”乃使勇士宋遗北辱齐王。齐王大怒,折楚符而合于秦。秦齐交合,张仪乃起朝,谓楚将军曰:“子何不受地?从某至某,广袤六里。”楚将军曰:“臣之所以见命者六百里,不闻六里。”即以归报怀王。怀王大怒,……十七年春,与秦战丹阳,秦大败我军,斩甲士八万,虏我大将军屈匄、裨将军逢侯丑等七十余人,遂取汉中之郡。

这是多么愚蠢、昏庸而刚愎自用!但是,愚蠢、昏庸的言行并不止这些,在他被骗之后,还不觉悟,以至于再次受骗。《史记·楚世家》又记载:

十八年,秦使使约复与楚亲,分汉中之半以和楚。楚王曰:“愿得张仪,不愿得地。”张仪闻之,请至楚。……至,怀王不见,因而囚张仪,欲杀之。仪私于靳尚,靳尚为请怀王曰:“拘张仪,秦王必怒。天下见楚无秦,必轻王矣。”又谓夫人郑袖曰:“秦王甚爱张仪,而王欲杀之,今将以上庸之地六县赂楚,以美人聘楚王,以宫中善歌者为之媵。楚王重地,秦女必贵,而夫人必斥矣。夫人不若言而出之。”郑袖卒言张仪于王而出之。

张仪对这个昏君及其集团的心理是揣摩透了,对付这个昏君像愚弄小儿,毫不费力。

怀王当政期间,所任用的几乎全是谗佞之人。《战国策·楚策》记载:

苏子谓楚王曰:“今王之大臣父兄,好伤贤以为资,厚赋敛诸百姓,使王见疾于民。”

他们高高在上,恣意享受,根本不过问人民的疾苦。《战国策·楚策》又记载:

苏秦之楚,三日乃得见乎王,谈卒,辞而行,……曰:“楚国之食贵于玉,薪贵于桂,谒者难见如鬼,王难得见如天帝。今令臣食玉炊桂,因鬼见帝。”

这些史实都足以说明怀王是一个残暴、荒淫、奢侈、昏庸、愚蠢的独夫民贼。

顷襄王并不比怀王好些。《战国策·楚策》记载:

庄辛谓楚襄王曰:“君王左州侯,右夏侯,辇从鄢陵君与寿陵君,专淫逸侈靡,不顾国政,郢都必危矣。……君王因是以

> 左州侯、右夏侯，辇从鄢陵君与寿陵君，饭封禄之粟，而载方府之金，与之驰骋于云梦之中，而不以天下国家为事。”

庄辛所指责的情况，虽然有些是顷襄王晚年的事迹，但据历史记载，他即位之后，在外交上就忍辱投降，在内政上就荒淫误国，是一个昏愦、无能的碌碌之辈。这些现象屈原都应该是见到的。

怀王与顷襄王在位统治时期比较长。他们父子二人的行径，《史记》中着重叙述了他们的昏庸，《诅楚文》和先秦诸子文章中则着重叙述了他们的荒淫和残暴，而屈原在作品中作了比较全面的反映。这是通过他揭露大量的历史上的暴君，而显示出来的。如《离骚》说：

> 启九辩与九歌兮，夏康娱以自纵。
>
> …………
>
> 羿淫游以佚畋兮，又好射夫封狐。
>
> …………
>
> 浇身被服强圉兮，纵欲而不忍。
>
> …………
>
> 夏桀之常违兮，乃遂焉而逢殃。后辛之菹醢兮，殷宗用之不长。

这些人物虽然是屈原用以谏戒怀王或顷襄王的，但实际上是怀王和顷襄王的影子，屈原是把怀王、顷襄王比作历史上的暴君的。这样说是否牵强呢？不然！在屈原当时的诸子文章中往往以历史上的暴君来影射残暴的奴隶主。《荀子·正论》说：“王公则病不足于上，庶人则冻馁羸瘠于下，于是焉桀纣群居，而盗贼击夺以危上矣。”这里所说的桀纣，就是指当时的“王公”。屈原以启、太康、后羿、浇、夏桀、后辛比怀王、顷襄王不是很自然的吗？在怀王、顷襄王身上体现了上述暴君的不同方面,夏启、太康的纵情声色,后羿的昏愦田猎,浇的强梁黩武,夏辛、后辛的残暴凶狠等等。屈原通过对历史上暴君不同方面的评述,全面揭露了楚国的暴君——怀王和顷襄王。

要了解屈原作品对怀王和顷襄王批判的意义,还必须联系当时人们对桀、纣的看法加以评述。《孟子·梁惠王下》记载:

> 齐桓王问曰:"汤放桀,武王伐纣,有诸?"孟子对曰:"于传有之。"曰:"臣弑其君,可乎?"曰:"贼仁者谓之贼,贼义者谓之残,残贼之人谓之一夫。闻诛一夫纣矣,未闻弑君也。"

在孟子看来,桀纣是贼仁残义的独夫,他们应该被放逐、被诛戮。这种观点到荀子时代有新的发展。《荀子·正论》说:

> 世俗之为说者曰:"桀纣有天下,汤武篡而夺之。"是不然。以桀纣为常有天下之籍则然,亲有天下之籍则不然,天下谓在桀纣则不然。

荀子认为桀纣不能亲自治理天下,天下并非属于桀纣的。这就从理论上否定了桀、纣继续作帝王的理由。同样,屈原在《惜往日》中说:

> 不毕辞而赴渊兮,惜廱君之不识。

表现了与"廱君"誓不两立的态度。

第二节　对贵族重臣集团的批判

屈原不但批判了怀王和襄王,还批判了这两个廱君周围的宗室贵族、元老重臣、左右便嬖等。他们互相勾结、狼狈为奸、排斥正士、压榨人民，给国家人民造成极大的灾难。《韩非子·八奸》篇记载这类人的活动情况说：

贵夫人，爱孺子，便僻好色，此人主之所惑也。托于燕处之虞，乘醉饱之时，而求其所欲，此必听之术也。为人臣者，内事之以金玉，使惑其主，此之谓同床。……优笑侏儒，左右近习，此人主未命而唯唯，未使而诺诺，先意承旨，观貌察色以先主心者也，此皆俱进俱退，皆应皆对，一辞同轨以移主心者也。为人臣者，内事之以金玉玩好，外为之行不法，使之化其主，此之谓在旁。……侧室公子，人主之所亲爱也，大臣廷吏，人主之所与度计也，此皆尽力毕议，人主之所必听也。为人臣者，事公子侧室以音声子女，收大臣廷吏以辞言，处约言事，事成进爵益禄，以劝其心使犯其主，此之谓父兄。……人主乐美宫室台池，好饰子女狗马以娱其心，此人主之殃也。为人臣者，尽民力以美宫室台池，重赋敛以饰子女狗马，以娱其主而乱其心，从其所欲，而树私利其间，此谓养殃。

他们互相勾结、朋比为奸，同时还卖官鬻爵。《韩非子·亡征》篇说："官职可以重求，爵禄可以货得。"他们还操纵"舆论"，颠倒是非。《韩非子·八奸》篇还说：

人主者，固壅其言谈，希于听论议，易移以辩说。为人臣者，求诸侯之辩士，养国中之能说者，使之以语其私，为巧文之言，流行之辞，示之以利势，惧之以患害，施属虚辞以坏其主，此之谓流行。

他们的目的是通过这些能说善辩之士来歪曲事实，泯却是非，以巩固自己即将崩溃的统治。他们还推行暗杀恐怖政策。《韩非子·

八奸》篇又说：

> 为人臣者，聚带剑之客，养必死之士以章其威。明为己者必利，不为己者必死，以恐其群臣百姓而行其私，此之谓威强。

这种暗杀恐怖政策，主要是为了对付政治上要求改革的人。楚国的吴起，秦国的商鞅，便牺牲在他们手下。他们还出卖宗国，勾结强敌。《韩非子·八奸》篇又说：

> 君人者，国小则事大国，兵弱则畏强兵，大国之所索，小国必听，强兵之所加，弱兵必服。为人臣者，重赋敛，尽府库，虚其国以事大国，而用其威求诱其君；甚者举兵以聚边境而制敛于内，薄者数内大使以震其君，使之恐惧，此之谓四方。

他们还乞灵鬼神，作孽多端。《韩非子·亡征》篇说："用时日，事鬼神，信卜筮，而好祭祀。"又《饰邪》篇说："故恃鬼神者慢于法。"为了挽救他们垂死的命运，往往乞灵于鬼神，这是一切统治阶级的共同特征。

韩非著书的时候比屈原的文学创作要晚几十年，但是他在《八奸》、《亡征》、《饰邪》等篇所揭露的现象，正是屈原在楚国所遭遇的，不同的是屈原用文艺的形式，把这种腐朽的政治概括出来。《离骚》说：

> 唯党人之偷乐兮，路幽昧以险隘。岂余身之惮殃兮，恐皇舆之败绩。忽奔走以先后兮，及前王之踵武。荃不察余之中情兮，反信谗而齌怒。余固知謇謇之为患兮，忍而不能舍也。
>
> …………
>
> 众皆竞进以贪婪兮，凭不厌乎求索。羌内恕己以量人兮，各兴心而嫉妒。忽驰骛以追逐兮，非余心之所急。

…………

众女嫉余之蛾眉兮，谣诼谓余以善淫。固时俗之工巧兮，偭规矩而改错。背绳墨以追曲兮，竞周容以为度。

…………

屈心而抑志兮，忍尤而攘诟。伏清白以死直兮，固前圣之所厚。

作为一个文学家，屈原以敏锐的思想洞察力，在几十年前就概括出后来韩非所揭露的历史现象，这正是他的杰出之处。

当时的政治已达到了良莠不分，是非倒置的黑暗天地。影响所及，社会风尚也十分败坏。《荀子·王霸》篇说：

乱世不然，汙漫突盗以先之，权谋倾覆以示之，俳优侏儒妇女之请谒以悖之，使愚诏知，使不肖临贤，生民则致贫隘，使民则綦劳苦。是故百姓贱之如尪，恶之如鬼。

同书《正论》篇说：

上周密则下疑玄矣，上幽险则下渐诈矣，上偏曲则下比周矣。疑玄则难一，渐诈则难使，比周则难知。难一则不强，难使则不功，难知则不明，是乱之所由作也。

又同书《大略》篇说：

蔽公者谓之昧，隐良者谓之妒，奉妒昧者谓之交谲，交谲之人，妒昧之臣，国之薉孽也。

社会风尚的败坏，说明国家行将危亡，有识之士已见出端倪。《荀子·天论》说："好利多诈而危，权谋倾覆幽险而亡。"实际上，在怀王、顷襄王统治时代的楚国，表面上似乎还强大，内部却孕藏着危亡之机。如《韩非子·亡征》篇说："主多怒而好用兵，简本教而轻战攻者，可亡也。”楚怀王正是这样，他对秦国的关系及其表现，不就是多怒而轻战攻吗？《亡征》篇又说：“出君在外，而国更置，质太子未反而君易子，如是则国携（分裂），国携者可亡也。”这与怀王时代的情况，也是完全符合的。《史记·楚世家》记载：

（怀王）三十年，秦复伐楚，取八城。秦昭王遗楚王书曰：“始寡人与王约为弟兄，盟于黄棘，太子为质，至欢也。太子陵杀寡人之重臣，不谢而亡去，寡人诚不胜怒，使兵侵君王之边。今闻君王乃令太子质于齐以求平。寡人与楚接境壤界，故为婚姻，所从相亲久矣。而今秦楚不欢，则无以令诸侯。寡人愿与君王会武关，面相约，结盟而去，寡人之愿也。敢以闻下执事。”楚怀王见秦王书，患之。欲往，恐见欺；无往，恐秦怒。昭雎曰：“王毋行，而发兵自守耳。秦虎狼，不可信，有并诸侯之心。”怀王子子兰劝王行，曰：“奈何绝秦之欢心！”于是往会秦昭王。昭王诈令一将军伏兵武关，号为秦王。楚王至，则闭武关，遂与西至咸阳，朝章台，如蕃臣，不与亢礼。楚怀王大怒，悔不用昭子言。秦因留楚王，要以割巫、黔中之郡。楚王欲盟，秦欲先得地。楚王怒曰：“秦诈我而又强要我以地！”不复许秦。秦因留之。楚大臣患之，乃相与谋曰：“吾王在秦不得还，要以割地，而太子为质于齐，齐、秦合谋，则楚无国矣。”乃欲立怀王子在国者。昭雎曰：“王与太子俱困于诸侯，而今又倍王命而立其庶子，不宜。”

《战国策·中山策》末篇记载秦将白起分析楚国的情况说：

是时楚王恃其国大，不恤其政，而群臣相妒以功，谄谀用事，良臣斥疏，百姓心离，城池不修。

所以秦兵才能够深入楚境而灭郢。

从这些史实中，我们可以看到楚国社会风尚的败坏和政治制度的腐朽，而屈原也是通过艺术的形式把它深刻地揭露出来。《离骚》说：

> 薋菉葹以盈室兮，判独离而不服。
>
> …………
>
> 世并举而好朋兮，夫何茕独而不予听。
>
> …………
>
> 世溷浊而不分兮，好蔽美而嫉妒。
>
> …………
>
> 保厥美以骄傲兮，日康娱以淫游。
>
> …………
>
> 虽信美而无礼兮，来违弃而改求。
>
> …………
>
> 世幽昧以昡曜兮，孰云察余之善恶。
>
> …………
>
> 唯此党人之不谅兮，恐嫉妒而折之。时缤纷其变易兮，又何可以淹留？兰芷变而不芳兮，荃蕙化而为茅。
>
> …………
>
> 余以兰为可恃兮，羌无实而容长。委厥美以从俗兮，苟得列乎众芳。椒专佞以慢慆兮，樧又充夫佩帏。既干进而务入兮，又何芳之能祗。固时俗之从流兮，又孰能无变化。览椒兰其若兹兮，又况揭车与江离。

屈原作品所揭露的现象都有深刻的历史和时代的根源，是深深地植根于那个时代之中的。他不但揭露了楚国社会风尚的败坏

和政治的腐朽,还揭露了统治者之间的互相倾轧。《离骚》说:

不顾难以图后兮,五子用失乎家巷。

从字面看,这两句是引用了一段历史故事,实际上却具有深刻、丰富的内容,它概括了楚国历代宗室之间的斗争。《史记·楚世家》记载:

熊渠卒,子熊挚红立。挚红卒,其弟弑而代立,曰熊延。……熊霜六年,卒,三弟争立。仲雪死;叔堪亡,避难于濮;而少弟季徇立,是为熊徇。……蚡冒十七年,卒。蚡冒弟熊通弑蚡冒子而代立,是为楚武王。……庄敖五年,欲杀其弟熊恽,恽奔随,与随袭弑庄敖代立,是为成王。……初,成王将以商臣为太子,语令尹子上。子上曰:"君之齿未也,而又多内宠,绌乃乱也。楚国之举常在少者。且商臣蜂目而豺声,忍人也,不可立也。"王不听,立之。后又欲立子职而绌太子商臣。……冬十月,商臣以宫卫兵围成王。成王请食熊蹯而死,不听。丁未,成王自绞杀。商臣代立,是为穆王。……庄王九年,相若敖氏(裴骃集解:《左传》曰子越椒)。人或谗之王,恐诛,反攻王,王击灭若敖氏之族。……康王子员立,是为郏敖。康王宠弟公子围、子比、子皙、弃疾。郏敖三年,以其季父康王弟公子围为令尹,主兵事。四年,围使郑,道闻王疾而还。十二月己酉,围入问王疾,绞而弑之。……使矫公子弃疾命召公子比于晋,至蔡,与吴、越兵欲袭蔡。令公子比见弃疾,与盟于邓。遂入杀灵王太子禄,立子比为王。……夏五月癸丑,王死申亥家。……平王以诈,弑两王(子比、子皙)而自立。……平王二年,使费无忌如秦为太子建取妇。妇好,来,未至,无忌先归,说平王曰:"秦女好,可自娶,为太子更求。"平王听之,卒自娶秦女，生熊珍。……无忌无宠于太子，常谗恶太子建。建时年十五矣，其母蔡女也，无宠于王，王稍益疏外建也。……乃令司马奋扬召太子建，欲诛之。……十三年，平王卒。将军子常曰："太子珍少，且其母乃前太子建所当娶也。"欲立令尹子西。子西，平王之庶弟也，有义。子西曰："国有常法，更立则乱，……"……惠王二年，子西召故平王太子建之子胜于吴，以为巢大夫，号曰白公。白公好兵而下士，欲报仇。六年，白公请兵令尹子西伐郑。初，白公父建亡在郑，郑杀之，白公亡走吴，子西复召之，故以此怨郑，欲伐之。子西许而未为发兵。八年，晋伐郑，郑告急楚，楚使子西救郑，受赂而去。白公胜怒，乃遂与勇力死士石乞等袭杀令尹子西、子綦于朝，因劫惠王，置之高府，欲弑之。

对统治者之间这样纷繁的矛盾，就用两句诗便把它深刻地揭示出来，正见屈原笔锋之犀利和概括能力之高。又像怀王时那种"谒者难见如鬼，王难得见如天帝"的现象，屈原在《离骚》中也用两句诗把它概括出来，如：

吾令帝阍开关兮，倚阊阖而望予。

形象逼真、生动，使人物的魂魄毕现。又屈原在《离骚》篇末沉痛地感叹说：

已矣哉！国无人莫我知兮，又何怀乎故都！

这是对国家绝望的表示。为什么对国家绝望了呢？因为"国无人"。"国无人"具体指什么？王逸注："无人，谓无贤人也。"但这句话在春秋战国时期有特定的含义。如《管子・明法》篇说：

是以忠臣死于非罪，而邪臣起于非功。所死者非罪，所起

> 者非功也,然则为人臣者重私而轻公矣。十至私人之门,不一至于廷;百虑其家,不一图国。属数虽众,非以尊君也;百官虽具,非以任国也。此之谓"国无人"。国无人者,非朝臣之衰也。家与家务于相益,不务尊君也;大臣务相贵,而不任国;小臣持禄养交,不以官为事。故官失其能。

我们可以用管仲这段话阐发屈原所谓"国无人"的内容,即奸佞朋比误国,忠臣惨遭斥逐,屈原为此而愤慨悲叹!亦见屈原一句诗所批判的历史现象多么深广。

那么,我们可以看出,屈原所批判的楚国统治集团,是一个苟且偷安、骄奢逸乐、周容为度、康娱淫游的集团,是一个钻营拍马、舞文弄墨、干进务入、谗佞工巧的集团,是一个造谣生事、颠倒是非、出尔反尔的集团,是一个敲诈勒索、贪婪专权的集团,是一个互相倾轧、彼此斗争的集团。在这个集团的把持下,楚国的政治情况是乌烟瘴气、腐朽已极,一切主张革新的人都无插足的余地。《韩非子·孤愤》篇说:

> 当涂之人擅事要,则外内为之用矣。是以诸侯不因则事不应,故敌国为之讼;百官不因则业不进,故群臣为之用;郎中不因则不得近主,故左右为之匿;学士不因则养禄薄礼卑,故学士为之谈也。此四助者,邪臣之所以自饰也。……凡当涂者之于人主也,希不信爱也,又且习故。若夫即主心同乎好恶,固其所自进也。官爵贵重,朋党又众,而一国为之讼。则法术之士欲干上者,非有所信爱之亲,习故之泽也;又将以法术之言矫人主阿辟之心,是与人主相反也。处势卑贱,无党孤特。夫以疏远与近爱信争,其数不胜也;以新旅与习故争,其数不胜也;以反主意与同好争,其数不胜也;以轻贱与贵重争,

其数不胜也；以一口与一国争，其数不胜也。法术之士操五不胜之势，以岁数而又不得见；当涂之人乘五胜之资，而旦暮独说于前；故法术之士奚道得进，而人主奚时得悟乎？故资必不胜而势不两存，法术之士焉得不危？其可以罪过诬者，公法而诛之；其不可被以罪过者，以私剑而穷之。是明法术而逆主上者，不僇于吏诛，必死于私剑矣。

屈原虽然不是法术之士，却有某些法治观念，希望改革政治，即所谓“新旅”。那么，我们就可以理解屈原于被疏之后，在《离骚》中反复讲“虽九死其犹未悔”、“虽体解吾犹未变”的话的涵意。这说明以屈原为代表的改革派“新旅”和当权的顽固派“习故”的斗争的剧烈，说明这是一场生与死的斗争。在顽固派的迫害下，楚国的吴起、秦国的商鞅都牺牲了。《离骚》说：

伏清白以死直兮，固前圣之所厚。

根据《韩非子·奸劫弑臣》篇记载：

君臣之相与也，非有父子之亲也，而群臣之毁言非特一妾之口也，何怪夫贤圣之戮死哉！此商君之所以车裂于秦，而吴起之所以枝解于楚者也。

那么，我们可以知道屈原之所谓“前圣”就是指吴起和商鞅，屈原是效法他们而宁死不屈的。

屈原对怀王、襄王的批判，对这个统治集团的批判，都是极其尖锐深刻的。它的意义不但在于批判了一个国家的统治阶级，还在于同时也批判了战国末期的一段历史。屈原的批判不是站在人民的立场而是站在新兴地主阶级的立场进行的。但是，地主阶级当时还属于有进步性的阶段，它的利益是与未占统治地位的人们的利益多少联系着的，因此，屈原的批判就曲折地反映了那个时代人民的反抗和要求，他和楚王及其集团的斗争，也曲折地反映了那个时代人民和楚王及其集团的斗争。这种批判、斗争越尖锐、剧烈，他的作品的民主性就越深刻、丰富。屈原和楚王及其集团进行斗争，既然把生命都置之度外，那么他的作品的民主性的深度和广度也就可想而知了。

第六章　屈原的爱国主义

第一节　历史上的爱国主义

为了论述屈原的爱国主义,必须说明什么是国家,在历史上怎样才是爱国主义。根据马克思主义的理解,国家是阶级压迫的机构,是一个阶级压迫另一个阶级的工具。列宁在《国家与革命》一书中引恩格斯的一段话说:"国家是社会在一定发展阶段上的产物;国家是表示:这个社会陷入了不可解决的自我矛盾,分裂为不可调和的对立面而又无力摆脱这些对立面。而为了使这些对立面,这些经济利益互相冲突的阶级,不致在无谓的斗争中把自己和社会消灭,就需要有一种表面上驾于社会之上的力量,这种力量应当缓和冲突,把冲突保持在'秩序'的范围之内。这种从社会中产生但又自居于社会之上并且日益同社会脱离的力量,就是国家。"列宁指出:"这一段话已经十分清楚地表明马克思主义关于国家的历史作用及其意义的基本思想。"他揭示了国家的阶级本质。

在一般的情况下,一个民族从氏族、部落、部族而逐渐形成为民族的过程,都世代相传地居住在同一个地区。这个地区为他们所据有,他们并成为这个地区的主人。随着社会经济的发展,奴隶制产生了,一个阶级压迫另一个阶级的机构,即国家,便建立起来。部族大小不同,相应地便建立起许多大小不同的奴隶主或封建主专政的国家。当部族发展成民族的时候,分裂割据的局面便为统一的国家所代替。这样一来,世代相传的居住地区,就成为居民的祖国。

中国之名,早在西周初年,已经用来称为华夏族所居住的地区。从历史记载来看,华夏族称它的祖国为中国,如《左传·成公》七年季文子说:"中国不振旅",中国就是华夏各国的总称;秦以后,中国扩大为当时国境内各族所共称的祖国。所以中国这个名词的涵义就是祖国,朝代则是压迫者阶级在各个不同时期所建立起来的国家的称号。中国为各族压迫者阶级和被压迫阶级所共有,但以大多数劳动人民为主体,朝代则为某一族的压迫者阶级所专有,以君主和他们的朝廷为首领,朝代有兴亡、更迭,而中国本身则总是在发展、前进、永存!

那么,爱国主义具有哪些内容呢?毛泽东同志在《中国革命和中国共产党》中有这样一段话:"我们中国是世界上最大国家之一,它的领土和整个欧洲的面积差不多相等。在这个广大的领土之上,有广大的肥田沃地,给我们以衣食之源;有纵横全国的大小山脉,给我们生长了广大的森林,贮藏了丰富的矿产;有很多江河湖泽,给我们以舟楫和灌溉之利;有很长的海岸线,给我们以交通海外各民族的方便。从很早的古代起,我们中华民族的祖先就劳动、生息、繁殖在这块广大的土地之上。""中华民族不但以刻苦耐劳著称于世,同时又是酷爱自由、富于革命传统的民族。以汉族的历史为例,可以证明中国人民是不能忍受黑暗势力的统治的,他们每次都用革命的手段达到推翻和改造这种统治的目的。……中华民族的各族人民都反对外来民族的压迫,都需要用反抗的手段解除这种压迫。他们赞成平等的联合,而不赞成互相压迫。在中华民族的几千年的历史中,产生了很多的民族英雄和革命领袖。所以,中华民族又是一个有光荣的革命传统和优秀的历史遗产的民族。”从这段话中,我们可以领会到爱国主义的内容,那就是爱护我们国家广大的疆土和人民,爱护我国人民所创造的物质财富和精神财富,爱护我国人民的反对黑暗统治的革命传统和反对外族压迫的反侵略传统,等等。毛泽东同志讲的虽然是我们整个中华民族,是整个中国,但是具体到历史上那些部族所建立的诸侯国来说也是适用的。这些诸侯国是我们伟大祖国的组成部份,他们之反对黑暗统治、实行政治改革的传统,我们在第一章“屈原的时代”中已经谈过,这里着重说明周王朝抵御边区部族的侵扰和一个诸侯反对另一个诸侯入侵的情况。反映这种历史状况的作品应该远溯到西周时代。《诗经》中一部分描写周王朝平定少数部族侵扰和叛乱的诗歌,应该就是我国爱国主义文学早期的萌芽。如《小雅·采薇》是写周宣王派将领率兵出征猃狁的诗。猃狁是西周北方主要的边患,从文王到宣王不断寇掠中原地区,造成中原人民无家可归、到处流亡的景象。因此,此诗首章末四句说:

> 靡室靡家,猃狁之故。不遑启居,猃狁之故。

开宗明义即指出猃狁对中原人民和平安定生活的破坏,激起了人们强烈的愤慨。经过战斗,取得了胜利,诗中又表现了人们胜利后的喜悦心情:

> 戎车既驾,四牡业业,岂敢定居,一月三捷。

自己的队伍兵强马壮,一个月取得三次胜利。这是何等大的战绩!但是战士并未放松对敌人的警惕,因为敌人终究未被彻底制服,随时有反扑的可能,因此需要日夜戒备。诗歌又说:

> 四牡翼翼,象弭鱼服。岂不日戒,猃狁孔棘。

表现了战士们有守、有谋的战斗精神。以同样题材为内容的诗歌,还有《小雅》之《出车》《六月》等。

又《诗经·豳风·破斧》是写周公率兵平息武庚、管叔、蔡叔及徐国、奄国叛乱的诗。周朝灭殷之后,如何制服殷民是一件大事。《尚书》《诗经》都有这方面的记载。此诗是写以武力平服殷民的,其首章说:

> 既破我斧,又缺我斨。周公东征,四国是皇。哀我人斯,亦孔之将!

全诗写出了周公东征时,殷、东、徐、奄四国由恐慌到归顺的过程,写出了战士们身经百战,九死一生,得以幸存,而有"孔将、孔嘉、孔休"的喜庆心情。又《大雅·江汉》写周宣王令召虎征伐淮夷,取得胜利后的欢快情绪。《大雅·常武》写周宣王命将领率兵平服徐国的叛乱,在战斗中显示了王师的雄壮与神速。《小雅·采芑》写周朝的大臣方叔将兵伐楚,方叔施展谋略,战胜了荆蛮,擒获了很多男女战俘。这些都是写周王朝对外用兵,但在当时对安定边境人民的生活,发展生产,扩大中原地区政治、文化的影响却是有积极意义的。因此,以这种题材为内容的诗歌,也应当是有着爱国主义思想因素的。

此外,还有表现诸侯间战争的诗歌,如《鲁颂》之《泮水》和《閟宫》写鲁僖公讨伐淮夷,赞扬了僖公在战争中所显示的才略。特别应当注意的是《邶风·泉水》和《鄘风·载驰》,这两首诗是写卫宣公的女儿许穆夫人,当卫国被狄人攻破之后,她要回国吊问卫君,许人不准许,她坚决要回去,从而表现出十分悲痛的心情。《载驰》云:

> 载驰载驱,归唁卫侯。驱马悠悠,言至于漕。大夫跋涉,我心则忧。

> 既不我嘉，不能旋反。视尔不臧，我思不远。既不我嘉，不能旋济。视尔不臧，我思不闷。
>
> 陟彼阿丘，言采其虻。女子善怀，亦各有行。许人尤之，众稚且狂。
>
> 我行其野，芃芃其麦。控于大邦，谁因谁极。大夫君子，无我有尤，百尔所思，不如我所之。

这是《诗经》中爱国主义思想最强的诗篇，表现了炽烈、浓挚的家国观念。

到了春秋时期，随着社会的发展，以周王朝平定少数部族为主的战争，逐渐转变为诸侯间的剧烈兼并，国与国之间战争的频仍，促进了爱国思想的发展。如《左传·僖公》三十三年记载，秦国将伐郑，弦高设计解救郑国之危的事：

> 及滑，郑商人弦高将市于周，遇之，以乘韦先，牛十二犒师。曰："寡君闻吾子将步师出于敝邑，敢犒从者。不腆敝邑，为从者之淹，居则具一日之积，行则备一夕之卫。"且使遽告于郑。郑穆公使视客馆，则束载、厉兵、秣马矣。使皇武子辞焉，曰："吾子淹久于敝邑，唯是脯资、饩牵竭矣。为吾子之将行也，郑之有原圃，犹秦之有具囿也；吾子取其麋鹿，以间敝邑，若何？"杞子奔齐。逢孙、杨孙奔宋。孟明曰："郑有备矣，不可冀也！攻之不克，围之不继，吾其还也。"

弦高是个商人，商人一般是重利的，他却肯拿出四张熟牛皮、十二头牛，以犒师为名，保存了郑国，正见其爱国精神。

又《左传·宣公》二年记载，郑国公子归生，接受楚国的命令攻打宋国。宋派华元去抵御，在大棘和郑兵交战。结果宋师大败，华元被俘。后来，宋人要"以兵车万乘，文马百驷"去赎华元。赎礼还未送到,而华元已经逃了回来。他到宋之京城,又做了筑城的监工,对工人作威作福,工人对他进行了辛辣的讽刺,他则作了无耻的回答,这段文字如下:

城者讴曰:“睅其目,皤其腹,弃甲而复。于思于思,弃甲复来。”使其骖乘谓之曰:“牛则有皮,犀兕尚多,弃甲则那?”役人曰:“从其有皮,丹漆若何?”华元曰:“去之!其口众我寡。”

工人讽刺他瞪着大眼睛,腆着大肚皮,留着大胡须,有什么能力?就会丢盔卸甲,临阵脱逃!他却恬不知耻地说,有牛就不愁皮,何况野牛和犀牛很多,丢掉些铠甲又算什么?工人进一步嘲讽说,纵然有牛皮,油画铠甲的丹、漆又到哪里找?在工人严厉的辞锋凌逼下,他无言以答。这里表现了工人们对不顾国家尊严而丢盔卸甲归来者的愤怒和憎恶。同样的内容,在《左传·襄公》四年还记载着,邾国、莒国攻打鄫国。鲁大夫臧纥率兵救鄫,深入邾国,在狐骀大败。死亡的将士都被送回,死者的亲属和有关的官吏都身着丧服迎丧。鲁国人以此为奇耻大辱,深为不满:

国人诵之曰:“臧之狐裘,败我于狐骀,我君(指鲁襄公)小子,朱儒(臧纥矮小,故云)是使。朱儒朱儒,使我败于邾。”

他们谴责造成这次战争失败的人物臧纥,文中反复念叨“朱儒”,即表示了对他的极大怨恨,同时,也不满于鲁襄公之无能,为臧纥所左右。

城者讴、国人诵是人民的歌谣和怨辞,表现了人民的爱国精神。

此外,《礼记·檀弓下》还记载鲁哀公十一年鲁国抵抗齐国侵略的战争,在这次战争中鲁昭公的儿子公叔禺人和邻居的童子汪踦都英勇牺牲的事：

> 战于郎，公叔禺人遇负杖入保者息，曰："使之虽病也，任之虽重也，君子之不能为谋也，士弗能死也，不可！我则既言矣。"与其邻重（当为童）汪踦往，皆死焉。鲁人欲勿殇重汪踦，问于仲尼。仲尼曰："能执干戈以卫社稷，虽欲勿殇也，不亦可乎？"

其中描写了贵族公叔禺人这个具有光辉思想的人物，他同情并赞扬战士们在徭役、赋税繁重的情况下，仍然愿为保卫国家献身，谴责申斥卿、大夫、士不能为国家谋划和为国死难，自己则愿实践抗齐的诺言，坚决投入战斗。同时从侧面描写了汪踦这个未成年的童子，他虽然年幼，却能不顾危难，执干戈以保卫社稷。鲁人不用葬孩子的礼节葬他，要用公葬来葬他，即表示了对他的尊敬，孔子同意这种做法，说明对他的爱国行为的崇高评价。

又《礼记·檀弓下》记载张老的几句话：

> 张老曰："美哉轮（高大）焉！美哉奂（华美）焉！歌于斯，哭于斯，聚国族于斯。"

这几句话应该看作是张老对我们伟大祖国的歌颂。

以上是我们对战国以前爱国主义思想的初略的考察，从这个初略考察中，我们可以认识到，从西周到春秋时期，爱国主义思想有个发展过程，即从萌芽状态、不甚发展的状况到相当发达的时期，从以周天子平定小数部族侵扰为主的内容到以一个诸侯抵御另一个诸侯侵略为主的内容。尽管这种爱国主义思想局限于某个诸侯所统治的方域，但是这些地区是统一了的中国的一部分，因此他们所爱的仍然是我们的祖国。

第二节　屈原对历史上爱国传统的继承和发展

自西周至春秋时期可见于周王朝及其他诸侯各国人们的爱国思想既如上述,那么楚人的爱国思想怎样呢？初期的爱国思想表征是强烈的氏族观念。与楚人的氏族观念比中原各国为重相联系,楚人的爱国思想也比较突出。如《左传·成公》九年记载楚人钟仪被晋所俘,在严峻的生死考验之下的表现:

> 晋侯观于军府,见钟仪。问之曰:“南冠而絷者,谁也?”有司对曰:“郑人所献楚囚也。”使税之。召而吊之。再拜稽首。问其族。对曰:“泠人也。”公曰:“能乐乎?”对曰:“先父之职官也,敢有二事?”使与之琴,操南音。……公语范文子。文子曰:“楚囚,君子也！言称先职,不背本也;乐操土风,不忘旧也;……”

所谓“不背本”,“不忘旧”,即不肯抛弃自己的氏族,不肯忘掉自己的祖国。钟仪身处囹圄之中,仍然不变其初,戴南冠,操南音,以至使敌国的统治者为之感叹！又《左传·庄公》四年记载楚武王的妻子邓曼为了保存楚国而希望武王速死的事:

> 楚武王荆尸(楚国陈兵之法),授师孑(戟也)焉,以伐随。将齐(同斋,指斋戒),入告夫人邓曼曰:“余心荡。”邓曼叹曰:“王禄尽矣！盈而荡,天之道也。先君其知之矣,故临武事,将发大命,而荡王心焉。若师徒无亏,王薨于行,国之福也。”

邓曼感于武王的荒淫无道,当他出兵伐随的时候,诅咒他死在途中,以免损兵折将。又《左传·定公》四年记载吴伐楚,申包胥到秦求援的事：

> 吴入郢……申包胥如秦乞师……立，依于庭墙而哭，日夜不绝声，勺饮不入口七日。……秦师乃出。

申包胥为了挽救国家，至于舍身忘死。《庄子·则阳》篇记述达人庄周对他的国家充满了感情和热爱：

> 旧国旧都，望之畅然；虽使丘陵草木之缗，入之者十九，犹之畅然。况见见闻闻者也，以十仞之台县众间者也！

庄周认为，对故国故都，一看见就感到痛快。不但隆盛时如此，即使残破至十分之九成为废墟，十分之九没入榛莽，看了还是特别痛快。何况当看见那熟悉的面孔，听见那熟悉的乡音，徘徊于那辉煌的楼台之间呢！在这里，庄周抒发自己对祖国的感情到了淋漓酣畅的程度了。

屈原的爱国思想的形成，与战国时期的阶级斗争密切地联系着，但是更重要的是与楚国那个特定的环境密切联系着。他是继承了历史上爱国主义传统，并参与了火热的现实斗争，在火热的现实斗争中形成的。同时，他也发展了这个传统，把这个传统提到新的高度。他在《九章·涉江》开篇说：

> 余幼好此奇服兮，年既老而不衰。带长铗之陆离兮，冠切云之崔嵬。

这种"切云"冠，大概就是钟仪所戴的南冠。屈原以冠"切云"而自豪，说明他对楚人的习俗和对楚国的深厚感情。但是，更重要的是他进一步表现了在强大的恶势力面前不变节，不以穷独而灰心，显示了与当时朝秦暮楚的游说之士鲜明的不同。《离骚》说：

> 索藑茅以筳篿兮，命灵氛为余占之。曰两美其必合兮，孰

信修而慕之。思九州之博大兮,岂唯是其有女。曰勉远逝而无狐疑兮,孰求美而释女。何所独无芬草兮,尔何怀乎故宇。

灵氛的占辞说明了当时一般“士”阶层的习惯行径。像孔子本是宋人,后来流寓到鲁,在鲁不得志,才周游天下。墨子本是鲁人,却游历了楚、宋、越等国。孟子本是邹人,也游历了齐、魏、滕、宋等国。荀子本是赵人,则远走齐、楚,终老兰陵。更甚者有如《左传·襄公》二十六年记载的:“今楚多淫刑,其大夫逃死于四方,而为之谋主以害楚国。”屈原的行径与他们有本质的区别,尽管他在政治上被排挤,以至于生命危殆,却誓死不离开楚国。这一点很像鲁人柳下惠,据《论语·微子》记载:

柳下惠为士师,三黜。人曰:“子未可以出乎?”曰:“道直而事人,焉往而不三黜?枉道而事人,何必去父母之邦?”

大抵行为相同的人,他们的思想也是相同的,柳下惠的言论也足以表明屈原的心迹。他在《橘颂》中说:

受命不迁,生南国兮。深固难徙,更壹志兮。

以橘为喻,来说明自己的坚贞立场。大概当他政治失败的时候,也曾经想过离开楚国的问题。《离骚》中那段很长的关于神游的描写,应该就是他这种心理状态的反映。但是,楚国是一个物产丰富的国家,是一个文化发展较快的国家,也是一个有改革政治传统的国家。而且屈原写《离骚》的时候,楚国还十分完好,旧国旧都也并没有十之八九埋没于丘陵草木之中,而是十仞之台高耸众间,又怎能使他忍心走开呢?所以《离骚》说:

陟升皇之赫戏兮,忽临睨夫旧乡。仆夫悲余马怀兮,蜷局顾而不行。

经过一番神游,最后还是回到自己的国土上来了。即使旧国旧都破灭了,他也不能忘怀国家,相反他的悲伤痛悼的心情更深挚了。像《哀郢》说:

去故乡而就远兮,遵江夏以流亡。出国门而轸怀兮,甲之鼂吾以行。

…………

望长楸而太息兮,涕淫淫其若霰。过夏首而西浮兮,顾龙门而不见。

…………

羌灵魂之欲归兮,何须臾而忘反。背夏浦而西思兮,哀故都之日远。

…………

曾不知夏之为丘兮,孰两东门之可芜。

…………

登大坟以远望兮,聊以舒吾忧心。哀州土之平乐兮,悲江介之遗风。

其中"曾不知夏之为丘兮,孰两东门之可芜。"即庄子所谓"丘陵草木之缗,入之者十九"的意思。他逃亡得越远,就越思念故国,以至于连觉都睡不着,或者在睡梦之中回到了郢都,《抽思》说:

望孟夏之短夜兮,何晦明之若岁!唯郢都之辽远兮,魂一夕而九逝。曾不识路之曲直兮,南指月与列星。愿径逝而不得兮,魂识路之营营。

他急切地希望重返旧国旧都,立誓死也要回去,《哀郢》说:

鸟飞返故乡兮,狐死必首丘。

正如司马迁在《屈原列传》中所说，他“虽放流，睠顾楚国，系心怀王，不忘欲反。……一篇之中，三致志焉。”

屈原从希望楚国富强和对楚国的热爱出发，劝戒楚王要吸取历代君王荒淫误国的教训，不要只图眼前的享乐，而不顾其所造成的严重后果。《离骚》说：

> 启《九辩》与《九歌》兮，夏康娱以自纵。不顾难以图后兮，五子用失乎家巷。羿淫游以佚畋兮，又好射夫封狐；固乱流其鲜终兮，浞又贪夫厥家。浇身被服强圉兮，纵欲而不忍；日康娱以自忘兮，厥首用夫颠陨。

这段文字之所以不是咏古，而是讽今，可以从下一段引文得到证明，《战国策·楚策》记载庄辛对楚襄王说：“君王左州侯，右夏侯，辇从鄢陵君与寿陵君，专淫逸侈靡，不顾国政，郢都必危矣。……王独不见夫蜻蛉乎？六足四翼，飞翔乎天地之间，俛啄蚊虻而食之，仰承甘露而饮之，自以为无患，与人无争也；不知夫五尺童子，方将调饴胶丝，加己乎四仞之上，而下为蝼蚁食也。……夫黄鹄，其小者也，蔡灵侯之事因是以。南游乎高陂，北陵乎巫山，饮茹溪之流，食湘波之鱼，左抱幼妾，右拥嬖女，与之驰骋乎高蔡之中，而不以国家为事；不知夫子发方受命乎灵王，系己以朱丝而见之也。蔡灵侯之事其小者也，君王之事因是以。左州侯，右夏侯，辇从鄢陵君与寿陵君，饭封禄之粟，而载方府之金，与之驰骋乎云梦之中，而不以天下国家为事；不知夫穰侯方受命乎秦王，填黾塞之内，而投己乎黾塞之外。”庄辛规劝襄王贪图无厌的享乐，会造成无穷的后患，应该以国家为重，不要“专淫逸侈靡”。庄辛的言论可以用来阐明屈原这几句诗的意旨，即“不顾难以图后”，国家就会覆亡。讥讽所向，皆在楚王。

为了楚国的富强，屈原积极推行政治改革，是推行政治改革的“新旅”。据《九章·惜往日》说：

> 惜往日之曾信兮，受命诏以昭时。奉先功以照下兮，明法度之嫌疑。国富强而法立兮，属贞臣而日娭。

他很可能是要利用自己的职位，培养出一部分新的人材，以便推行其改革主张。屈原在楚国的官职，一般认为是两个，即三闾大夫和左徒。关于三闾大夫，《渔父》王逸注说：“掌王族三姓曰屈、昭、景，序其谱属，率其贤良，以厉国士。”据《九章·橘颂》：“年岁虽少，可师长兮。行比伯夷，置以为像兮。”则可以证明王逸的解释是正确的。至于左徒，好像比令尹略低一些，春申君就曾从左徒升为令尹。令尹是宰相，左徒大概是相当于《周礼》中司徒的职务。如果这个推断不错，《周礼·地官·司徒》是这样记载的：“乃立地官司徒，使帅其属，而掌邦教，以佐王安扰邦国。”又同篇“乡大夫之职”说：“以岁时登其夫家之众寡，辨其可任者，国中自七尺以及六十，野自六尺以及六十有五，皆征之。其舍者，国中贵者、贤者、能者、服公事者、老者、疾者，皆舍，以岁时入其书。”屈原既然任这两种官职，就可以通过自己的职守，对“国中”和“野”的“贤”、“能”者辈给以培育。《离骚》说：

> 余既滋兰之九畹兮，又树蕙之百亩。畦留夷与揭车兮，杂杜衡与芳芷。冀枝叶之峻茂兮，愿竢时乎吾将刈。

但是，屈原的计划失败了，他所培育的一些人，在强大的黑暗势力面前变了节。他在《离骚》中沉痛地说：

> 兰芷变而不芳兮，荃蕙化而为茅。何昔日之芳草兮，今直为此萧艾也。

…………

椒专佞以慢慆兮,榝又欲充夫佩帏。既干进而务入兮,又何芳之能祇。

…………

览椒兰其若兹兮,又况揭车与江离。

屈原所痛心的,就是他们不能为国家出力,自己改革政治的理想从而不能实现。在这种情况下,他怎么样呢?他始终不屈服,洁身自好,独立特行,在《离骚》中反复说:

謇吾法夫前修兮,非世俗之所服。

…………

进不入以离尤兮,退将复修吾初服。

…………

民生各有所乐兮,余独好修以为常。

…………

芳菲菲而难亏兮,芬至今犹未沫。

屈原是爱国的,为了复兴楚国,他可以置生死于度外。他希望楚国强大起来,目的在于统一中国。他的着眼点在全中国。这从他所推崇的圣王贤相,所批判的昏君佞臣,都是中国正史上所褒贬的人物可以看出来,从他所神游的山川,都是中国的疆域也可以看出来。因此他所爱的不仅是楚国,而是全中国,是我们伟大的祖国。

屈原的爱国与人民有一致的一面,那就是他主张改革政治,希望天下统一,以减轻对人民的剥削等。但是屈原的爱国与人民又有根本不同的方面,那就是他是为了巩固新兴地主阶级的统治,不是彻底地铲除对人民的压迫和剥削,只是在承认新制度之下,对人民的剥削相对的缓和而已。因此,他总是把自己的国家和国君联系起来,把爱国与忠君联系起来。这是为屈原的阶级地位和历史条件所决定的。在封建社会,生产资料归地主所有,王侯就是最大的地主。这种生产关系决定屈原的思想认识不能超出他自己的阶级的范畴,决定他的爱国必须通过忠君来体现,通过君来实现反抗强敌的政策,通过君来实行政治改革,通过君来减轻人民的负担。所以,在屈原看来,爱国和忠君是统一的。

屈原企图富国强兵的政治改革理想是破灭了,但是,他那种爱国精神,那种为国家而坚贞不屈的斗争品格,却感召着后来的人们。秦、楚之战,最后以楚国的失败告终,可是产生过屈原的楚国并未屈服,《韩非子·初见秦》记载,楚失败之后的情况说:"令荆人得收亡国,聚散民,立社稷,主置宗庙,令率天下西面以与秦为难。"就说明楚国人民坚韧不拔的反抗精神,屈原《九歌·国殇》也就描写了楚国人民刚强勇武的爱国意志。秦把楚灭亡之后,楚国南公又说:"楚虽三户,亡秦必楚。"这反映了楚国人民的反抗呼声。结果,楚亡后不过十几年,以陈涉为首的楚地的农民起义,便把秦王朝推翻了。

第七章　屈原对天、天神的探索、怀疑和否定

屈原笔下的"天",一般说包括两方面内容,一指自然界、宇宙,一指天命、天神等。这两个方面是有区别的,同时又互相联系着,密不可分。在屈原的作品中记载了一些可贵的自然史资料,这些自然史资料是他作为寻求、探索宇宙、天体的产生和变化而提出来的,表现了他的求实的唯物主义精神。他在作品中还描写了不少天命鬼神等,他描写这些的作用,在于表明自己的思想是不能为它们所局限,在它们的思想中找不到对现实问题的答案、找不到自己的出路,从而最后否定了这些天命鬼神。当然,我们不是说屈原一点天命观念没有,如《离骚》说:"皇天无私阿兮,览民德焉错辅。"也不是说他一点也不相信鬼神,如《九歌》中对各种鬼神的追求等,但是,他思想中有价值的东西则是对天命鬼神的怀疑精神。

第一节　对天、天神的探索和责难

屈原在《天问》的开篇对"天"、对宇宙的形成,发出了一系列的质问。这些问题的提出,不是没有根据的,而是有当时的历史条件的。"天"是怎样开辟的?战国时期阴阳家的代表人物驺衍,曾"称引天地剖判以来",为天地的形成作了一番构想。《史记·孟子荀卿列传》即记载这位阴阳家"因其禨祥度制,推而远之,至天地未生,窈冥不可考而原也。"可是驺衍的著作《终始》、《大圣》诸

篇都已亡佚,《史记·孟子荀卿列传》和《汉书·艺文志》中都没有记载,我们只能从西汉刘安的《淮南子》中探讨其大概。《淮南子》一书,是淮南王刘安招致天下阴阳方术之士所作,其中《精神》、《天文》、《俶真》等篇有不少关于天地开辟的记载。《俶真训》云:

> 天地未剖,阴阳未判,四时未分,万物未生,汪然平静,寂然清澄,莫见其形。若光耀之间于无有,退而自失也。

又《天文训》云:

> 天地未形,冯冯翼翼,洞洞灟灟,故曰大昭。道始于虚霩,虚霩生宇宙,宇宙生气,气有汉垠,……

又《精神训》云:

> 古未有天地之时,惟象无形,窈窈冥冥,芒芠漠闵,澒濛鸿洞,莫知其门。有二神混生,经天营地,孔乎莫知其所终极,滔乎莫知其所止息,于是乃别为阴阳,离为八极,刚柔相成,万物乃形。

这些阴阳方术之士对自然现象的解释,应当是和驺衍一脉相承的。从他们的解释中,可以推断驺衍关于天地形成的看法。当然,驺衍这些观点也不是偶然产生的,而是有所承传。春秋时老子即提出:“道之为物,唯恍唯忽,忽兮恍兮,其中有像。恍兮忽兮,其中有物。窈兮冥兮,其中有精。其精甚真,其中有信。”(《老子》第二十一章)作为阴阳家的驺衍是把“道”的学说和阴阳学说结合起来了。屈原和驺衍同时,又曾多次出使齐国。齐国稷下学派的大宗即以驺衍为首的阴阳家,这一派的学说在当时很受各国诸侯的重视,影响极大。可以推测也必然为屈原所深切关注。屈原对“天”提出的质问,应当就是针对着阴阳家的。他说:

> 遂古之初，谁传道之？上下未形，何由考之？冥昭瞢闇，谁能极之？冯翼惟像，何以识之？明明闇闇，惟时何为？阴阳三合，何本何化？

屈原这里所提的问题，都是针对上面引用的《俶真》、《天文》、《精神》诸段文字而发的。远古开天辟地的传说，是谁传下来的，根据什么去考察？幽明不分，浑沌一片，只有蒸腾的大气，谁能识别清楚？昼夜交替，阴阳参合，什么是宇宙的本原？屈原的本意在于探索自然界的奥秘，寻究其本原并希望得到验证。

阴阳家的思想是一种科学与神巫的混合体。为了说明问题，他们往往借助于传说中的神。如关于天体结构的解释，《淮南子·天文训》云：

> 共工与颛顼争为帝，怒而触不周之山，天柱折，地维绝。天倾西北，故日月星辰移焉。地不满东南，故水潦尘埃归焉。

对此，被认为是稷下"学士"们的著作总集《管子》采取完全肯定的态度，其《白心》篇说：

> 天或维之，地或载之。天莫之维，则天以坠矣。地莫之载，则地以沉矣。

屈原则不同，他作为问题提出来：

> 斡维焉系？天极焉加？八柱何当？东南何亏？

系天的绳索拴在哪里？天的边际放在什么上面？撑天的八根柱子放在什么地方？东南方为什么缺损？既然作为疑难提出来，即说明他对天极天中和地缺东南的说法不以为然。同样，《庄子·天运》也提问说："天其运乎！……孰主张是？孰维纲是？……意者其有机缄而不得已邪？意者其运转而不能自止邪？"可见战国时代提出了如何对天体进行解释的新课题,与庄子意想中有人主宰天体的运行不同,屈原则抛开任何主宰而发出无法置辩的问难,这就是他思想上超过同时代人的地方。

《淮南子·天文训》又云:

> 天有九野,九千九百九十九隅,去地五亿万里。五星八风,二十八宿,五官六府,紫宫太微,轩辕咸池,四守天阿。……太阴在四仲,则岁星行三宿。太阴在四钩,则岁星行二宿。二八十六,三四十二,故十二岁而行二十八宿。日行十二分度之一,岁行三十度十六分度之七,十二岁而周。……日入于虞渊之汜,曙于蒙谷之浦,行九州七舍,有五亿万七千三百九里。

针对这些解释,屈原质问说:

> 九天之际,安放安属?隅隈多有,谁知其数?天何所沓?十二焉分?日月安属?列星安陈?出自汤谷,次于蒙汜。自明及晦,所行几里?

九天之间有什么连属?天的弯曲角度有多少,谁能知道?天与地在什么地方接合?十二辰怎样划分?日月星辰都寄托在什么上面?太阳从汤谷到蒙汜,一天经过多少路程?这些穷根究底的寻问,可以证明阴阳家说法之不足信。他进而质问说:

> 何阖而晦?何开而明?角宿未旦,曜灵安藏?……四方之门,其谁从焉?西北辟启,何气通焉?日安不到,烛龙何照?羲和之未扬,若华何光?

天上的门哪个关上就黑,哪个开开就亮?天门未开的时候,太阳藏在哪里?天的四周有门,谁从这里进出?这西北之门敞开,是什么气从此通过？太阳没有照不到的地方，为什么还需要烛龙来照？太阳还未出来，为什么若木花能放光？这是责难“天倾西北，日月星辰移焉”的说法之不合理，与天象的变化不符。我们若把屈原在《天问》中提出的关于天地开辟的质问，和《淮南子·天文训》和《地形训》的记载联系起来看，就可以发现屈原好像按图索骥似的从头到尾都是针对阴阳家而发的。屈原这里所提出的许多问题，明显地在批判阴阳家那种“其语闳大不经”（《史记·孟子荀卿列传》）的说法。

屈原对“天”提出这些怀疑和责难，也见于战国时期其他思想家的言论中。如《庄子·天下》篇记载施惠赞叹：“天地其壮乎！”然后记述说：

> 南方有倚人焉曰黄缭，问天地所以不坠不陷，风雨雷霆之故。施惠不辞而应，不虑而对，遍为万物说，说而不休，多而无已，犹以为寡，益之以怪。

黄缭住在南方，与屈原同为楚人。他针对施惠的万物说所提出的问题已经失传，无从考查，但他对自然界、宇宙的探索精神与屈原是相似的。从屈原所提的具体问题看，他对“天”的认识，反映了战国时期先进思想家的认识水平。

屈原不但探索、质询自然的天，而且也批评、指责有意志的天，即天神、天帝等。殷周奴隶主阶级的统治，是借助于天神的力量的。他们把自己的权力看作是神的意志的体现，因此特别强调神的作用，神似乎占支配一切的地位。屈原一反这种传统观念，在《天问》中对天神表现了大不敬。如他指责天帝对鲧处分的不公平：

> 顺欲成功，帝何刑焉？永遏在羽山，夫何三年不施？

据《山海经·海内经》记载:“洪水滔天,鲧窃帝之息壤以堙洪水,不待帝命;帝令祝融杀鲧于羽郊。”同样的记载又见于《尚书·洪范》。鲧本来是想要治水成功的,天帝为什么长期把他禁闭在羽山不放,并对他加以诛罚,岂不是太无情了吗?又如指责天帝对后羿态度之无理:

冯珧利决,封豨是䠶。何献蒸肉之膏,而后帝不若?

据《随巢子》记载:“天赐玉玦于羿宫。”又据《左传·昭公》二十八年记载:“昔有仍氏生女,鬒黑,而甚美,光可以鉴,名曰玄妻。乐正后夔取之,生伯封,实有豕心,贪惏无餍,忿纇无期,谓之封豕。有穷后羿灭之。”意谓天神赐给羿宝弓和利箭,让他擒射封豨以为民除害。现在羿既将封豨射杀,并且把它的肉祭献给天神,天神为什么又不高兴?何其反复无常!他还指责天帝为贪图口腹而营私舞弊:

彭铿斟雉,帝何飨?受寿永多,夫何久长?

据《庄子·大宗师》云:“彭祖得之,上及有虞,下及五伯。”刘向《列仙传》云:“彭祖历夏至殷末八百余岁。”传说彭祖之所以能活八百岁,是因为他调制的野鸡汤为天帝所喜爱,天帝喝了他的野鸡汤,才赐他长寿的。那么,天帝岂不是徇私情?

不但如此,在屈原笔下整个天界都是污浊黑暗的。在《离骚》中,他通过自己一段神游,认识了全部天神世界:

吾令帝阍开关兮,倚阊阖而望予。时暧暧其将罢兮,结幽兰而延伫。

…………

吾令丰隆乘云兮,求宓妃之所在。解佩纕以结言兮,吾令謇修以为理。纷总总其离合兮,忽纬繣其难迁。

…………

望瑶台之偃蹇兮,见有娀之佚女。吾令鸩为媒兮,鸩告予以不好。

可悲的是“哀高丘之无女”,天神世界没有一个好人。他以实践证明天国“溷浊不分”,最终否定了天神世界。

第二节　对天命、巫祝的怀疑和否定

殷周奴隶主阶级总是用天命观念解释历史现象。他们认为帝王是天帝的儿子,他们的权力、地位和意志是“受命于天”。这种观念到了西周末年至于东周时期,随着奴隶主政权开始动摇,也受到人们的谴责和怨恨了。当时人们怨天疾命的思想普遍产生,古代典籍中记载很多,见于诗歌中的,如《诗经》在不少篇章中咏叹之间抒发对天命的不满和咒骂。像《大雅》:

疾威上帝,其命多辟。天生烝民,其命匪谌。(《荡》)
倬彼昊天,宁不我矜。(《桑柔》)
昊天上帝,则不我遗。(《云汉》)
瞻卬昊天,则不我惠。孔填不宁,降此大厉。(《瞻卬》)
旻天疾威,天笃降丧。瘨我饥馑,民卒流亡。(《召旻》)

又《小雅》:

昊天不佣,降此鞠讻!昊天不惠,降此大戾!(《节南山》)

民今方殆,视天梦梦。既克有定,靡人弗胜。有皇上帝,伊谁云憎?(《正月》)

天命不彻,我不敢傚我友自逸。(《十月之交》)

浩浩昊天,不骏其德。降丧饥馑,斩伐四国。(《雨无正》)

旻天疾威,敷于下土。谋犹回遹,何日斯沮?(《小旻》)

何辜于天,我罪伊何?(《小弁》)

昊天已威,予慎无罪。昊天泰怃,予慎无辜。(《巧言》)

其中或怨恨,或诅咒,或责骂,对天命表现了大不敬。这种以诗歌的形式抒发对天命的愤慨情绪,必然给屈原的创作以极大影响。屈原在《天问》中从夏殷之际、殷周之间的历史变化中,也发现了用天命观念无法解决的许多矛盾,因此提出了许多问题,揭发了这些矛盾,从而证明了天命观念为无稽之谈。例如他从总体上结合历史的兴亡、治乱,提出一个问题:

皇天集命,惟何戒之?受礼天下,又使至代之?

上天既然把天下授给某个皇帝,就应该告诫他按自己的意志办事,但为什么又让另一位皇帝取代他的地位呢?因而指斥说:

天命反侧,何罚何佑?

天命反复无常,赏罚没有个标准。天命既不可信,那么一个朝代的兴亡,便在人而不在天。他进而从具体的历史事件中提出了一系列的问题,如商之代夏,他问:

汤出重泉,夫何罪尤?不胜心伐帝,夫谁使挑之?

《史记·夏本纪》记载:"乃召汤而囚之夏台,已而释之。"成汤被夏桀囚禁于重泉,后来才释放,到底犯了什么罪?他抑制不住愤怒而讨伐夏桀,究竟是谁挑动他干的?这说明夏桀之亡是咎由自取,而不是天命。他又问:

帝乃降观，下逢伊挚。何条放致罚，而黎服大悦？

《尚书·汤誓》记载："伊尹相汤伐桀，升自陑，遂与桀战于鸣条之野。"又《尚书·仲虺之诰》记载："成汤放桀于南巢。"意谓成汤灭夏，鸣条一战取得了胜利，把夏桀放逐到南巢，人民为什么高兴？是因为成汤考察民情，遇到了伊尹，举以为相，才完成了灭夏的事业。

关于周之代殷，他同样强调人的作用而否定天命。如他问：

迁藏就岐，何能依？殷有惑妇，何所讥？

《史记·周本纪》记载："古公亶父复修后稷、公刘之业，积德行义，国人皆戴之。……乃与私属遂去豳，度漆、沮，逾梁山，止于岐下。豳人举国扶老携弱，尽复归古公于岐下。及他旁国闻古公仁，亦多归之。"又《史记·殷本纪》记载："帝纣……好酒淫乐，嬖于妇人。爱妲己，妲己之言是从。于是使师涓作新淫声，北里之舞，靡靡之乐。……百姓怨望而诸侯有畔者。"屈原意谓人民为什么能带着财物跟随古公亶父由邠迁到岐山？殷纣王宠爱妲己有什么可劝谏的？周之兴，殷之亡，都是他们自己的行为促成的，并不是其他什么原因！他又问：

师望在肆，昌何识？鼓刀扬声，后何喜？

王逸注："言吕望鼓刀在列肆，文王亲往问之。吕望对曰：'下屠屠牛，上屠屠国。'文王喜，载与俱归也。"吕望本是操刀屠牛的屠夫，文王怎样便发现了他的才干？难道不是他善于举贤授能？他进而问：

会鼂争盟，何践吾期？苍鸟群飞，孰使萃之？

《史记·周本纪》记载："是时，诸侯不期而会盟津者八百诸侯。诸侯皆曰:'纣可伐矣。'……于是武王遍告诸侯曰:'殷有重罪,不可以不毕伐。'……十一年十二月戊午,师毕渡盟津,诸侯咸会。曰:'孳孳无怠!'武王乃作《太誓》。"屈原意谓为什么八百诸侯都能实践武王的期约,于清晨赶到盟津会师?为什么武王能把勇猛的将帅都召集起来?自然是由于武王伐纣的行为深得民心。从一系列的史实看,屈原认为夏、商、周兴亡的原因,都不在天命而在人事。述古所以鉴今,他总结了这一段历史经验之后,面对楚国的现实,提出了一个十分尖锐的问题:

厥严不奉,帝何求?

不保持自己的威严,祈求上帝又有什么用?据历史记载,楚国在与秦国几次交战之后,丧师折将,一败涂地,处于危亡的关头,但怀王却不励精图治,反而"隆祭祀,事鬼神,欲以获福助,却秦师。"(《汉书·郊祀志下》)然而天命岂足为福?最后还是国亡身死,为天下笑,成为后人信天命不重人事的历史教训。这一点,屈原早已预见到了。

屈原对天命之"福善祸淫"那一套是怀疑的,不相信的。它不但不能用来解释历史上朝代兴亡的原因,也不能用来解释人们伦理道德好坏所得到的不同结果。他在《天问》中质问说:

舜服厥弟,终然为害;何肆犬豕,而厥身不危败?

《孟子·万章上》记载:"万章曰:'父母使舜完廪,捐阶,瞽瞍焚廪。使浚井,出,从而掩之。象曰:谟盖都君咸我绩,牛羊父母,仓廪父母,干戈朕,琴朕,弤朕,二嫂使治朕栖。象往入舜宫,舜在床琴。象曰:郁陶思君尔。忸怩。舜曰:惟兹臣庶,汝其于予治。不识舜不知象之将杀己与?'"舜在历史上以孝闻名,对弟弟象很顺从,而象却要谋害他,象这种恶如猪狗的坏人,反而平安无事,这不是上天不公平吗？同样的问题，司马迁在《伯夷列传》中也提出过："或曰天道无亲，常与善人。……余甚惑焉，傥所谓天道，是邪非邪？"屈子以诗，史迁以文，他们都提出同样的问题，有异曲同工之妙。屈原在《大司命》中深有感慨地说：

固人命兮有当，孰离合兮可为？

人的寿命各有短长，离合悲欢全靠自己，神灵岂足为凭！对天命观念给以坚决的否定。

和他对天命观念之否定相一致，他对主卜筮、降神的巫祝也表示了摈弃的态度。本来古代楚国巫风是很盛的，《国语·楚语》记载观射父答楚昭王说："及少皞之衰也，九黎乱德，民神杂糅，不可方物，夫人作享，家为巫史。"九黎就是楚国的部族。《晏子春秋》还记载有谏齐景公信楚巫一章，可见楚国巫风影响之大。这种巫风在屈原作品中也有明显的反映，可贵的是屈原并不相信这些迷信风习，而是采取批判的立场。他在《离骚》中，对灵氛、巫咸的"吉占"，表示"心犹豫而狐疑"，并最后完全不能接受。在《九章·惜诵》中，对厉神的占辞，也大不以为然。在《天问》中他提出：

化为黄熊，巫何活焉？

《左传·昭公》七年："昔尧殛鲧于羽山，其神化为黄熊。"而巫师能使他复活的说法，他以为不可信！《招魂》开篇几句实际上说明卜筮之不灵：

帝告巫阳曰："有人在下，我欲辅之。魂魄离散，汝筮予之！"巫阳对曰："掌瘳？上帝命其难从；若必筮予之，恐后之谢，不能复用。"

这掌梦人的魂魄是寻找不到的，若一定要寻找，恐怕最后也是徒劳

无益的。意思是卜筮有什么用?《卜居》的太卜郑詹尹则正面申明:

> 夫尺有所短,寸有所长;物有所不足,智有所不明;数有所不逮,神有所不通。用君之心,行君之意,龟策诚不能知此事。

尽管《卜居》不是屈原的作品,但也应当是深知屈原生活思想的人所作,因此是研究屈原思想的重要资料。郑詹尹的话说明:尺寸是衡量长短的标志,但不一定完全准确。智者、卦数、神明也都有不能了解的道理。总之,卜筮是不准确的,不能解决任何疑难。这就从根本上否定了卜筮的作用。正如郭沫若所说:"本篇表明了屈原是一位不信上帝,不信卜筮的理性主义者。"(《屈原赋今译·卜居》注文)

屈原既不信巫祝,那么他对巫祝根据现实社会阶级生活所构想出来的天堂地狱自然也加以诋毁。在他笔下,天堂并非幸福的乐园而是险恶的深渊,地狱则更是恐怖的陷阱,那里都是吸人血甘人肉的虎豹豺狼和九头怪物。如《招魂》中写道:

> 魂兮归来!君无上天些!虎豹九关,啄害下人些。一夫九首,拔木九千些。豺狼从目,往来侁侁些;悬人以娭,投之深渊些;致命于帝,然后得瞑些。……
>
> 魂兮归来!君无下此幽都些!土伯九约,其角觺觺些。敦脄血拇,逐人駓駓些。参目虎首,其身若牛些。此皆甘人,归来归来!恐自遗灾些!

这两段文字是我国最早的描写天堂地狱的文献。天堂到底什么样子?地狱又是什么样子?上古时代没有记载,《尚书·尧典》中虽然有"申命和叔,宅朔方曰幽都"的记载,但很不具体。屈原则具体地把它勾画出来。原来天堂地狱不过是当时社会中奴隶主的阶级统治的投影。屈原对这种险恶环境勾勒的本身即含有浓厚的批判意义，同时他还招唤怀王的魂魄舍弃那险恶的环境而回到人间，人间才是真正的幸福乐园，这又以人间否定了天堂地狱，进而表现了他重人事而轻鬼神的思想。屈原这种批判巫祝鬼神的思想，和稍后的荀况反对“不遂大道而营于巫祝”的精神是一致的，是那个时代进步思潮的反映。

天命、鬼神、巫祝等的产生，是有一定的历史条件的，它是伴随着奴隶制的出现而产生的。奴隶主阶级为了强化自己的统治，把自己的权力、意志说成是天命，天命的表现是鬼神的启示。奴隶主每事必卜，表示自己的行为都是符合天命神意的。到奴隶制后期——春秋战国时期，由于奴隶暴动的结果，统治阶级对庶民的力量有所认识，为了保持自己的地位，不得不讲究治民之术，因此天命、鬼神、巫祝的地位发生了动摇，并退居次要的地位，而人的作用被重视起来。屈原对天命、鬼神、巫祝等的怀疑、责难、批评和否定，正反映了这一历史情况的变化。

第八章　屈原“求女”的意义

屈原在《离骚》中有一段十分形象、生动的描述，即求宓妃、见简狄、留二姚，所谓“求女”也。这完全是屈原的一种精神活动。对屈原这种精神活动，对“求女”的意义，历代学者却众说纷纭，以致成为屈原研究中的一大难题。对这个问题究竟怎样认识，值得我们进一步探讨。为了说明问题，把原文抄录如下：

朝吾将济于白水兮，登阆风而绁马，忽反顾以流涕兮，哀高丘之无女。溘吾游此春宫兮，折琼枝以继佩。及荣华之未落兮，相下女之可诒。吾令丰隆乘云兮，求宓妃之所在。解佩纕以结言兮，吾令蹇修以为理。纷总总其离合兮，忽纬繣其难迁。夕归次于穷石兮，朝濯发乎洧盘。保厥美以骄傲兮，日康娱以淫游；虽信美而无礼兮，来违弃而改求。览相观于四极兮，周流乎天余乃下。望瑶台之偃蹇兮，见有娀之佚女。吾令鸩为媒兮，鸩告余以不好；雄鸠之鸣逝兮，余犹恶其佻巧。心犹豫而狐疑兮，欲自适而不可。凤凰既受诒兮，恐高辛之先我。欲远集而无所止兮，聊浮游以逍遥。及少康之未家兮，留有虞之二姚。理弱而媒拙兮，恐导言之不固。世溷浊而嫉贤兮，好蔽美而称恶。闺中既以邃远兮，哲王又不寤。

对这一段关于“求女”的描写，历代有以下几种解释。王逸《楚辞章句》云：

楚有高丘之山。女以喻臣。言己虽去，意不能已，犹复顾念楚国无有贤臣,心为之悲而流涕也。或云:高丘,阆风山上也。无女,喻无与己同心也。旧说:高丘,楚地名也。

王逸的解释实际上包含着两种意见,其一是他自己的以女喻贤臣说,其二是"或人"的以女喻与自己同心的人。这两种说法可以互为表里。王逸的说法到后代得到了反响,唐五臣吕向《文选》注说:

高丘,楚山名;女,神女,喻忠臣也。

到了宋朝洪兴祖的《楚辞补注》,不同意吕向的女即神女说,但对以女比忠臣和贤臣,似无异议:

《离骚》多以女喻臣,不必指神女。

又钱杲之《离骚集传》也同意以女比贤臣说:

高丘,指楚山也。女喻贤臣,可配君者。哀楚无贤臣,将浮游而求之。

以上几家说法,基本上都属于王逸一系,即认为屈原是以女喻贤臣。但是,宋朝另一位研究《楚辞》的大家朱熹,则抛弃了这种说法,认为屈原是以女喻贤君。他的《楚辞集注》说:

女,神女,盖以比贤君也。于此又无所遇,故下章欲游春宫,求宓妃,见佚女,留二姚,皆求贤君之意也。

到了明朝,陈与郊响应之,并作了进一步的发挥,他在《文选章句》中说:

哀女,哀无君也。今日反顾楚焉则可,可云哀楚之无臣乎?且无臣亦何至流涕焉?况灵氛之指女,巫咸之指行媒,叔师固谓君矣。

同样,汪瑗在《楚辞集解》中也说:

> 女,神女,盖以比贤君也。

后来的李陈玉也主张此说,他的《楚辞笺注》说:

> 言求女者,求贤君之譬也。自此以下,皆求女之事。初求伏羲氏之女,皇风也。再求高辛氏之女,帝风也。又求少康之二姚,王风也。如商鞅之三变其说,所求愈下,所遇愈难,故其情愈苦。

以上几家说法,基本上都属于朱熹一系,即认为屈原是以女喻贤君。

到了明末清初,钱澄之作《屈诂》,开始把女比作贤后,他说:

> 反顾,南顾楚也。反顾流涕,无端哀高丘之无女,是时楚宫南后郑袖并宠于王,袖与靳尚辈表里惑君,后不之问,谗与嬖比,此王所以终不悟也。故思得贤女,正位宫中,以废嬖而沮谗也。高丘,楚地,疑襄王前即有阳台神女之说,故以寓言。

清人林云铭作《楚辞灯》,同样主张这一说法:

> 阆风山上,无神女可求,故哀之。因求见帝而不得,意谓知我之人,竟无可求索矣;然岂无类我之人,可取以相配,免我为茕独乎?故有求女一着。且是时郑袖专宠,缘君不明,其德相配,故以古贤后为感讽之微词。《史记》称其好色而不淫,指立言之体如此,非谓有是事也。旧注比求贤臣,已属无谓,或又比求贤君,是以君反为臣之配,且侮亵古贤后,岂不冤杀。

这种说法,到乾隆年间屈复作《楚辞新注》和嘉庆年间陈本礼作《屈辞精义》都得到继承,而陈本礼陈述得更具体:

> 无女,无窈窕之淑女也。中宫正位无人,以致高唐云雨,充斥坤维,不得不亟为吾君作《关雎》想求女之根,远从美人迟暮章发脉,至此一现黄河之水天上来,令人莫测。

以上诸家说法,皆属钱澄之、林云铭一系,认为屈原以女比贤后。还有一种说法,即"淑女比贤士"说,戴震《屈原赋注》主之:

> 淑女以比贤士,自视孤特,哀无贤士与己为侣,此原求女之意也。

戴震的说法,实际上是王逸所引"或说"的引申。

此外,又有不主故常,随文生训的说法,清人龚景瀚的《离骚笺》和王树枏的《离骚注》皆属之,但两家的提法又不同。龚景瀚《离骚笺》说:

> 白水阆风,皆昆仑之别馆,迟迟恋阙之意也。反顾流涕,宗社将墟矣,而高丘无女,则朝廷之上无一人也。春宫以喻东宫,指嗣君也。折琼枝以继佩,及荣华之未落,犹美人迟暮之意也。前欲君之及时致治,此欲嗣君之及时得人也。下女者,或沉沦于末秩,或伏处于田间,相而诒之,将收之以为用也。宓妃以喻贤之有名望者,故令丰隆乘云以求之,解佩纕以结言,令蹇修以为理,其劝驾也至矣。乃总总离合,始犹有欲出之心;而纬繣难迁,继已有终隐之志;夕次穷石,朝濯洧盘,入山惟恐不深也。保厥美以骄傲,日康娱以淫游,独乐其身而已,君国之忧无有也。信美无礼,所谓洁身乱伦也。是以殷然而来,又复违之而去,而别求也。相观四极,周流乎天,无微之不搜也。瑶台偃蹇,而有娀佚女在焉,是犹有用世之心者,非宓妃比也,而惜其无媒也。谗者如鸩,既险毒而无常;佞者如鸠,又佻巧而难信;计惟有自适之而已,而于礼不可也。犹豫

狐疑之间,已为他邦所得矣。凤凰受高辛诒而先我,彼有荐贤之人,此无进贤之力也。夫宓妃昔之所知也,既不轻于一出;有娀今之所见也,又已得于他人;楚国其终无人矣。

王树枬的《离骚注》,虽然论述方法与龚景瀚相同,但具体看法则不同,如他解"高丘之无女"说:

是时怀王入秦不反,故言无女,女以喻君也。

解"溘吾游此春宫",引《初学记》说:

青宫,一曰春宫,太子宫也。

解"相下女之可诒"说:

下女,以喻庶子。

解"求宓妃之所在"和"见有娀之佚女"说:

宓妃、有娀,皆喻怀王之庶子;庶子不一,故屈子两喻之。

这种随文生训的方法,在以上诸说中可谓独树一帜,非同凡响。

此外,还有近人游国恩的说法。他在《楚辞论文集》下卷"楚辞女性中心说"中论道:

《离骚》第二大段之末,有求女一节。他在登阆风,反顾流涕,哀高丘之无女以后,又想求宓妃,见有娀,留二姚。而三次求女,都归失败。这一节的真正意义,从来注家都不了解。有的说,求女比求君;有的说,求女比求贤;又有的说,求女比求隐士;更有的说,求女比求贤诸侯;或者竟又以为真是求女人。越讲越胡涂,越支离,令人堕入云雾。这是《离骚》中一大难题。其实,屈原之所谓求女者,不过是想求一个可以通君侧的人罢了。因为他既自比弃妇,所以想要重返夫家,非有一个能在夫主面前说得到话的人不可。又因他既自比女子,所以通话的人当然不能是男人,这是显然的道理,所以他所想求的女子,可以看作使女婢妾等人的身分,并无别的意义。可是君门九重,传言不易;兼之世人嫉妒者多,都不愿为他说话,结果只是枉费心思。所以他接着又总结这段话说:"世溷浊而嫉贤兮,好蔽美而称恶。"又说:"闺中既已邃远兮,哲王又不寤。"然后屈子至此,回到君侧的企图也真绝望了。正如妇人被弃以后,想再回到夫家的闺中已是不可能的了。

综合以上的陈述,关于屈原"求女"的涵义,有以比贤臣、比贤君、比贤后、比贤士以及随文生训等说法。这些说法都是有道理、有根据的,但同时又是有缺欠的,即他们或者把问题简单化,将"求女"固挚为一说,或者作机械的比附,认为"女"单指某某等。他们不了解作家的创作过程,即是对社会生活和作为这种社会生活的反映的作家思想的概括和提炼的过程,文学作品是作家对社会生活和作家思想概括和提炼而成的。对寓言体的作品来说,更是如此。屈原的"求女",是一种寓言性质的描写,它概括了屈原自己极其丰富的精神活动,包含了以上各家的多种说法。试条分理析之:

王逸、吕向等以女喻贤臣说,即是很有道理的。屈原"哀高丘之无女",即哀楚国朝廷之无贤臣,因为朝廷无贤臣,所以到处求访,上征天庭,叩帝阍,然后离开天庭,济于白水,"登阆风而緤马"。"天庭"是昆仑山的最高一级,是天帝之所居,实则喻楚王的深宫;"阆风"是仅次于天庭的一级,自然是喻楚群臣之所居了。屈原"阆风緤马",就是想于群臣中寻求贤者。"世溷浊而嫉贤兮,好蔽美而称恶。"即点明贤臣遭嫉,奸佞当道,因此"闺中既以邃远兮，哲王又不寤。”“哲王”明显是指怀王，那么把屈原的“求女”解释为为了使怀王醒悟，到处求贤臣，不是很合理的吗？从屈原的政治主张看，他是强调“举贤授能”的，他认识到是否任用贤能关乎国家的命运。这一点，《荀子·君子》篇也说：“尊圣者王，贵贤者霸，敬贤者存，慢贤者亡，古今一也。”屈原在《离骚》中列举了许多古代帝王任用贤能的例子以讽谏怀王，如汤、禹躬亲求合，伊尹、皋陶才得为用；武丁举用不疑，傅说才就相位；周文王四方访贤，吕望乃欣然受命；齐桓公闻饭牛讴歌，宁戚卒为客卿。可见，说“求女”是“喻贤臣可配君者”，和屈原的政治思想是完全一致的。

又朱熹、汪瑗等以女喻贤君说，也是有道理的。君与太子是相通的，屈原所求之女，有时我们可以理解为君，有时可以理解为太子，是二而一、一而二的问题。如春宫的宓妃，若认为是比贤臣，就不如说比作太子好些。理由之一，“青宫”是太子居住的地方，这古代已有成说。理由之二，“保厥美以骄傲，日康娱以淫游。”其形象很像《战国策·楚策》中庄辛谏诤楚襄王时指责顷襄王的行径。此外，我们还可以结合《荀子·尧问》篇所记周公告诫伯禽的话来看，周公说：“戒之哉！女以鲁国骄人，幾矣！”周公虽然封地在鲁，但他并未到鲁国去，实任鲁诸侯始于他的儿子伯禽。以伯禽的身份，比顷襄王之为太子，是合乎情理的。况且以国骄人，也只有诸侯王和太子才当得起。如果宓妃确是影喻顷襄王，则太子和嗣王的身份，他是一身兼而有之的。至于有娀佚女，屈原也很想见她，但苦于鸩、鸠的拨弄和从中作梗，使他裹足不前，这也不像臣与臣的关系，而仍像是君臣关系。《韩非子·亡征》篇说：“听以爵不以众言参验，用一人为门户者，可亡也。”有娀佚女与鸩、鸠的关系，即“用一人为门户者”的写照，有娀佚女俨然是一个国君的形象。

至于钱澄之、林云铭等以求女为求贤后，乍看起来似乎近于荒唐,仔细玩味也不是没有根据的。因为坏的后妃专权乱政,是历史上常见的现象,战国时期也不例外。这给当时人留下深刻的教训。《韩非子·备内》篇即说:"为人主而大信其妻,则奸臣得乘于妻以成其私。"结合楚国的情况,间谍张仪即是通过南后郑袖左右楚国的政治形势的。那么,屈原希望楚王有个像邓曼那样爱国、像樊姬那样坚决反对朋党的贤后,以为内助,也就是情理中的事了。

至于戴震之以女比贤士说,也是可以成立的。因为贤者是国家机构的基本成员,他们有知识、有文化、有才能,并关心国家的兴亡、社会的治乱,他们是社会和国家发达的希望所在。因此,荀子在写《君道》、《臣道》两篇之外,又特别写《致士》一篇,说明处理好贤士在国家中的地位,是国家成败的关键。他说:"君子也者,道法之总要也,不可少顷旷也。得之则治,失之则乱;得之则安,失之则危;得之则存,失之则亡。"并感叹说:"人主之患,不在乎不言用贤,而在乎不诚必用贤!"屈原是尊贤、重贤的,并认识到贤者对治国的重要性。戴震认为屈原求女是求贤士,也是领会到屈原的思想意图的。

从以上的分析,我们可以得出这样的认识,即屈原"求女"的涵义,包括了历代各家的说法。历代诸家自执一端,各是其所是,非其所非,难免片面。只有把它们综合起来考查,才能睹古人之全貌,得出一个全面的认识。

屈原"求女"意念的产生,是有其"理想"与"现实"作根据的。就"理想"而言,如前文所叙,儒法两家对封建制度的建立,从政治、思想到伦理、道德,从诸侯王、太子、后妃到卿、大夫、士,提出了一整套体系。有圣君,还要有贤臣;有外德(男),还要有内助;有哲王,还要有良嗣。只强调其一,而遗漏其余,必然不该不备。屈原的"求女",即是以此为图景的。就"现实"而言,当时的楚国则有怀王、襄王、子兰、子椒、上官大夫靳尚、南后郑袖等，其中就包括国王、王子、贵族、权臣、后妃。这些人构成了楚国庞大的统治集团。我们也不能只强调其一，而遗漏其他。而这些正是屈原“求女”产生的基础。再从儒家的政治实践看，孟子一方面主张王道，鼓励齐宣王“保民而王，莫之能御也。”（《孟子·梁惠王》上）另一方面主张“不得罪于巨室（权臣和贵族）。巨室之所慕，一国慕之。”（《孟子·离娄》上）同时他求贤的愿望也极其迫切：“不用贤则亡，削何可得与？”（《孟子·告子》下）他是把君、臣、卿、士作为一套完整的体系来要求的。

无论从“理想”与“现实”来看，对屈原“求女”的意义，都不应当简单化，它包括了全部封建制度初建立时的新的理念。他的这种追求，既不是纯理想的，也不是纯现实的，而是介乎理想与现实之间、希望与失望之间的一种精神活动。这种精神活动，是和他初次见疏，在政治上有苦闷，但还没有绝望时的心境是一致的。马克思在《黑格尔法哲学批判·导言》里有一段话，可以用来阐发屈原“求女”的意义，他说：

> 一个人，如果想在天国的幻想的现实性中寻找一种超人的存在物，而他找到的却只是自己本身的反映。（《马克思恩格斯选集》1972年人民出版社版）

这是马克思对宗教的批判，认为天国是人们从自己现实经验中幻想出来的。我们可以用这一观点看待屈原的求女。屈原迫切地幻想在天国中寻找一种超人的存在物，但找到的却是自己本身。他在天国的幻想中所追求的是他自己于封建制度初期形成的新的理念，这是他自己全部新的封建伦理道德观念的反映，是他自己整个精神世界的再现。

第九章　屈原赋所反映的古代社会习俗

屈原的作品浓重地体现着我国古代社会的习俗,体现着我国古代人民的风俗习惯、宗教信仰、生活方式等,形成了我国古代的一幅广阔的社会风俗图,为我们提供了认识自己祖先的历史和文化创造的珍贵资料。

我国古代人民的风俗习惯,与原始宗教有密切关系。如果我们不把古人的生活习尚与原始宗教结合起来考察,便不能对古代的社会生活有真正的认识,也就不能真正理解屈原的作品。巫风是我国最原始的宗教,巫的宗教仪式主要是跳神,跳神时有歌有舞有表演,它与古代文化艺术的关系至为密切。王逸《离骚序》说:"《离骚》之文,依《诗》取兴,引类譬喻。……灵修美人以媲于君。"屈原为什么以"灵修"、"美人"比君?这个问题,我们也要从古代巫风中来探讨。据《离骚》和《九歌》中的记述,"灵修"是巫的尊神,"灵保"次之。楚受九黎的影响,是巫风最盛的国家。《国语·楚语》下云:

> 昭王问于观射父,曰:"《周书》所谓重黎实使天地不通者,何也?若无然,民将能登天乎?"对曰:"非此之谓也。古者民神不杂,民之精爽不携贰者,而又能齐肃衷正,其知能上下比义,其圣能光远宣朗,其明能光照之,其聪能听彻之,如是则明神降之,在男曰觋,在女曰巫。……及少皞之衰也,九黎乱德,民神杂糅,不可方物,夫人作享,家为巫史。……颛顼受

之,乃命南正重司天以属神,命火正黎司地以属民,使复旧常,无相侵渎,是谓绝天地通。

这段记载说明,巫风在楚国风靡一时,颛顼虽然想消灭巫觋,但没有达到目的,只是把他们的活动限制在一定范围之内,即禁止"民神杂糅","是谓绝天地通"。屈原虽然以颛顼的后裔自豪,也不相信巫觋,但在当时强大的巫风影响下,在他的抒情诗中摄取一些原始宗教的词汇和引用一些神话故事也是很自然的。屈原称国君为"灵修",我想就是以巫的尊神称楚君,犹如我国自佛教输入之后,臣民称皇帝为"佛爷"的情况相同。

至于屈原以美人比君的问题,这可能与原始社会史有关。在社会发展史中,氏族社会前期,是以母系为中心的,当时的人民只知有母而不知有父。到了氏族社会末期,政权转移到男子手中,然而政治首领的一些称谓,还保存着一些母系社会的残余。正因为如此,皇帝的"帝"字才从花的胚蕾取义,帝后(非皇后之后)的"后"字才与"毓"字同源,像女人诞育之形。联系到楚国,《方言》卷七记载南楚"母谓之媓",联系到《离骚》中之西皇,实即西王母的简称。这都是母系社会遗留的痕迹,说明以美人比君,反映了母系社会的风习。

此外,屈原还把花草鸟兽人格化,描写土木山川都有神灵。这也与原始的拜物教有关,是原始的拜物教在屈原作品中的投影。原始人迷信,认为许多自然物都是有灵性的,并赋予神秘的、超自然的性质,因此便成了自己崇拜的对象。这种原始的拜物教,在我国可能就包括在巫觋之中。据上文所引《国语·楚语》中观射父的说法,巫觋"其知能上下比义",又说:"于是乎有天地神民类物之官,谓之五官。"可见他们之所行使,很近于原始的拜物教。其遗说还残存在《国语》《庄子》和《山海经》诸书之中。如《国语·鲁语》下记载：

季桓子穿井，获如土缶，其中有羊焉，使问之仲尼曰："吾穿井而获狗，何也？"对曰："以丘之所闻，羊也。丘闻之，木石之怪曰夔、蝄蜽，水之怪曰龙、罔象，土之怪曰坟羊。"

季桓子凿井，所得土如瓦缶，其中有生羊，而以狗问于孔子，是想测验孔子的博学，孔子则答以物各有神怪。又《庄子·达生》篇记载：

桓公曰："然则有鬼乎？"曰："有。沈（沟泥也）有履，灶有髻。户内之烦壤（烦攘处也），雷霆处之；东北方之下者，倍阿鲑蛮跃之；西北方之下者，则泆阳处之。水有罔象，丘有峷，山有夔，野有彷徨，泽有委蛇。"

齐桓公受惊吓而生病，问齐之贤人皇子告敖是否有鬼，皇子告敖告诉他诸物都有神灵。圣人、贤者都认为土木山川有神怪、有灵性。可见这种拜物教遗说影响之深远。同时还有人与动植物互相转变的说法。如《左传·庄公》八年记载：

冬十二月，齐侯游于姑棼，遂田于贝丘。见大豕。从者曰："公子彭生也。"公怒，曰："彭生敢见！"射之。豕人立而啼。公惧，队于车。伤足，丧屦。

齐襄公曾命公子彭生杀鲁桓公于车中，其后又归罪彭生，杀彭生以谢鲁人。彭生死后变成猪，于襄公田猎时，作人直立形，以惊吓襄公。又《山海经·中山经》记载：

姑媱之山，帝女死焉。其名曰女尸。化为䔄草，其叶胥成（叶相重也），其华黄，其实如菟丘，服之媚于人。

天帝之女死后化䔄草,为人所爱。又《山海经·北山经》记载:

> 发鸠之山,其上多柘木,有鸟焉,其状如乌,文首白喙赤足,名曰精卫。其鸣自詨,是炎帝之少女,名曰女娃。女娃游于东海,溺而不返,故为精卫。常衔西山之木石,以堙(塞也)于东海。

炎帝之少女溺死于东海,化为鸟,常怀恨衔石以填东海.这些都是人死变成猪、化为草、转为鸟的事例。此外《西山经》还记载有“钦䲹化为大鹗”、“鼓亦化为鵕鸟”的事,《中山经》记载有禹父化为驾鸟的事,常璩《华阳国志·蜀志》记载有蜀望帝化为杜鹃的事,等等,不胜枚举。

这种原始的拜物教遗说对屈原的影响极大,例如《左传·昭公》七年记载:“昔尧殛鲧于羽山,其神化为黄熊,以入于羽渊。”屈原在《天问》中记载说:

> 化为黄熊,巫何活焉?

又王逸《楚辞章句》引《列仙传》云:“崔文子取王子乔之尸,置之室中,覆之以币筐,须臾则化为大鸟而鸣,开而视之,翻飞而去。”屈原《天问》则记载说:

> 大鸟何鸣,夫焉丧厥体?

又《汉书·武帝纪》颜师古注:“启,夏禹子也。其母涂山氏女也。禹治鸿水,通轘辕山,化为熊,谓涂山氏曰:‘欲饷,闻鼓声乃来。’禹跳石,误中鼓,涂山氏往,见禹方作熊,惭而去,至嵩高山下化为石。方生启,禹曰:‘归我子!’石破北方,而启生。”屈原《天问》则说:

> 何勤子屠母,而死分竟地?

又《吕氏春秋·本味》篇记载:“有侁氏女子采桑,得婴儿于空桑之中,献之其君。其君令烰人养之,察其所以然。曰:‘其母居伊水之上,孕,梦有神告之曰:臼出水而东走毋顾。明日视臼出水,告其邻,东走十里而顾,其邑尽为水,身因化为空桑,故命之曰伊尹。”屈原《天问》则说:

> 水滨之木,得彼小子。

这些记载,或者人化为猪,化为䔄草,化为精卫、大鹗、鵕鸟、驾鸟、杜鹃等,或者如禹化为黄熊,启母化为石头,伊尹母化为空桑树等。这些说法,今天看来未免荒唐,但却反映了我国古代的民俗,反映了原始人共有的心理。原始人缺乏科学知识,对形形色色变化无穷的自然现象不能理解,普遍存在着对超自然力的信仰,认为万物有灵,因而万物成为崇拜的对象。这是一种拜物教的遗风。

此外,庄子对万物抱有“与我为一”的观点(见《齐物论》),认为人是由动植物演变而来。其《至乐》篇云:

> 种有幾(指物种中一种极微小的生物)?得水则为㡭(指断续如丝的继草),得水土之际则为蛙蠙之衣(青苔),生于陵屯(高地也)则为陵舄(车前草),陵舄得郁栖(粪壤也)则为乌足(草名),乌足之根为蛴螬(金龟子的幼虫),其叶为胡蝶。胡蝶胥也(同须臾)化而为虫,生于灶下,其状若脱(借为蜕,蜕化了的皮),其名为鸲掇(虫名)。鸲掇千日为鸟,其名为乾余骨。乾余骨之沫(口中唾沫)为斯弥(虫名),斯弥为食醯(酒瓮中之蠛蠓)。颐辂(虫名)生乎食醯,黄軦(虫名)生乎九猷(虫名),瞀芮(即蝨蜹)生乎腐蠸(萤火虫)。羊奚(草名)比乎不箰,久竹(长久不长笋的竹子)生青宁(虫名);青宁生程(赤虫),程生马,马生人,人又反入于机(天机,即自然)。

万物皆出于机，皆入于机。

依照庄子的看法，则人与动植物之间没有不可逾越的鸿沟。从这一观点出发，赋予一切草木鸟兽以人格，便是顺理成章的事了。如屈原作品中的椒、兰、蕙、留夷、揭车、杜衡、芳芷、申椒、菌桂、蕙茝、橘树、鸷鸟等等，都是被人格化的动植物，便与这种古哲学观点有密切关系，它反映了屈原所具有的古代哲学家民胞物与的怀抱和精神。

在屈原笔下，人与神是相通的。他描写的神具有人的思想、人的感情，因而也有爱情，有人的性格特点等。这也与原始宗教密切相关。据《吕氏春秋·侈乐》篇记载：

楚之衰也，作为巫音。

按楚国之衰，应当在楚灵王时代，桓谭《新论》即说：

楚灵王骄逸轻下，简贤务鬼，信巫祝之道，斋戒洁鲜，以祀上帝；礼群神，躬执羽绂，起舞坛前，吴人来攻，其国人告急，而灵王鼓舞自若，顾应之曰："寡人方祭上帝，乐明神，当蒙福祐焉。"不敢赴救，而吴兵遂至，俘其太子及后姬以下，甚可伤。

桓谭的记载是可信的，可以想见楚国当时巫风之盛。其祭祀上帝之事，与《国语·楚语》所记观射父的说法是一致的，这说明春秋时代楚国已经郊祀天地了。到战国时期，楚之巫风更炽，陆机《要览》说：

楚怀王于国东起白马祠，岁沉白马，名飨楚邦河神，欲崇祭祀拒秦师。

这应当是屈原所亲见的。当时祭祀的情况，据《周礼·春官·宗伯》记载："女巫掌岁时祓除衅浴，……凡邦之大烖，歌哭而请。"郑

注："有歌者，有哭者，冀以悲哀感神灵也。"即以歌、哭感动神灵。巫是沟通人与神之间的人物，既可以为神灵，也可以为平民。原始时代，人民尚朴质，男女之大防不严，亵渎之观念未萌，则巫与神对舞，人与神相恋，所以娱神，亦所以乐诸围观的人。"民神杂糅"是初民风俗习尚的真实写照。又《墨子·非乐》上说：

先王之书，汤之官刑有之，曰其恒舞于宫，是谓巫风，其刑，君子出丝二卫。

这说明巫风之盛不限于楚国。然而楚国地处南方，与中原文化传统不同，自古以来尤尚巫风，确是事实。因而楚朝廷郊祀之典和民间祭祀之礼仍保留着浓厚的原始社会的风习是很自然的了。其中鬼神飘渺之像，人神相恋之情，正是屈原写《九歌》的依据。屈原所写《九歌》中天神之高尚圣洁，日神之造福人类，云神之仁惠九州，湘水神之相互倾慕，大司命之严肃，少司命之温柔，河伯之端庄，山鬼意态之闲雅，阵亡将士气概之英勇等，他们与娱神者的相互追求、爱悦，都具人情。这些描写都是原始社会人民自然崇拜的习俗在屈原作品中留下的影迹。

屈原还把龙、凤作为美的象征，并对它们表现了一种崇敬、赞美之情。王逸《离骚序》说："虬龙、鸾凤以托君子。"刘勰《文心雕龙·辨骚》重申王说："虬龙以喻君子。"便是对屈原这一表现手法的恰当概括。为什么屈原以龙、凤作为美的象征呢？我认为这也是原始社会民俗的残余，是一种初民图腾的遗义。当然，楚国并不以龙、凤为图腾。据历史记载，楚姓芈，应该以羊为图腾。自鬻熊之后，又以熊为名号，则或者以熊为图腾。以龙为图腾者是夏氏族，夏氏族的开创人物禹，其"禹"字从虫从九，即后来虬之本字。"九"象龙纠绕之形，说明夏人是以龙虬为图腾的。以凤为图腾者是商氏族。《离骚》说:“凤皇既受诒。”《礼记·月令》孔《疏》引《郑志》说:“娀简狄吞凤子(卵)……”谓简狄吞凤皇卵而生契。《天问》则说:“玄鸟致贻。”《思美人》也说:“遭玄鸟而致诒。”《诗·商颂·玄鸟》更说:“天命玄鸟,降而生商。”又谓简狄吞玄鸟卵而生契。闻一多在其《离骚解诂》中根据《尔雅·释鸟》谓“鶠、凤,其雌皇”的解释,认为古代典籍“宴”“燕”同声通用,金文“匽”“燕”同声借用,认为“凤皇即玄鸟”,“玄鸟即凤皇”(见《闻一多全集》)。那么可以确认商是以凤皇为图腾的。夏、商两代,自周朝以后即被认为是我们华夏族最早的起源,因而对其所崇拜的龙、凤便尊奉为自己的宗神而典祀之。古籍中有关于御神龙的记载,即表明了对这一神圣物的敬仰。如《山海经·海外南经》说:

> 南方祝融,兽身人面乘龙。

又《海外西经》说:

> 大乐之野,夏后启于此儛九代,乘两龙。

祝融是楚之始祖,启是夏代开国之君,他们都托神龙以遨游,以见其以龙族自豪。《左传·昭公》二十九年记载古国有豢龙氏、御龙氏,都由于善于养龙、御龙而得名,可见御龙之说由来已久。又古代有以龙比德君子的说法,《周易》爻辞:“潜龙勿用”、“见龙在田”、“飞龙在天”、“亢龙有悔”、“见群龙无首”、“龙战于野”等,或以比君子之在上位,或以比在下位,或比进取,或比退隐等。《庄子·天运》篇记载,孔子见老子说:

> 吾乃今于是乎见龙!龙,合而成体,散而成章,乘云气而养乎阴阳。

孔子比老子为龙,以喻老子之神妙莫测。

至于凤凰，自古以来便被视为神鸟。《说文》：

凤，神鸟也。

《山海经·南山经》说：

南禺之山……有凤皇鹓鶵。

又《海外西经》说：

轩辕之国……诸夭之野，鸾鸟自歌，凤鸟自舞。

《礼记·礼运》篇说：

麟凤龟龙，谓之四灵。

这都说明凤凰是神鸟，是祥瑞的象征。又《逸周书·王会解》说：

凤鸟者戴仁抱义掖信归有德。

则凤鸟不仅是神鸟，而且具有仁义的品德，因而后人以其比人之美德。《论语·微子》篇记载楚狂接舆歌而过孔子曰：

凤兮凤兮，何德之衰！

即以凤鸟比孔子，喻孔子道德之高尚。

这种把龙、凤神化，把龙看作神兽，把凤看作神鸟，以至于后来将它们比德君子，作为美的象征等，给屈原的创作以很大影响。屈原在作品中也描写了因崇奉龙而御龙，并尊称他所乘的舟车为龙。《离骚》说："驷玉虬以乘鹥兮，溘埃风余上征。""为余驾飞龙兮，杂瑶象以为车。""驾八龙之婉婉兮，载云旗之委蛇。"《涉江》说："驾青虬兮骖白螭，吾与重华游兮瑶之圃。"《湘君》说："驾飞龙兮北征，邅吾道兮洞庭。"也描写了以凤凰为先导，并以凤凰比德君子、贤者等。《离骚》说:“鸾皇为余先戒兮,雷师告余以未具。”“吾令凤鸟飞腾兮,继之以日夜。”“凤皇翼其承旂兮,高翱翔之翼翼。”《涉江》说:“鸾鸟凤皇,日以夜兮。”《怀沙》说:“凤皇在笯兮,鸡鹜翔舞。”这种对龙、凤的景仰和赞扬,都是原始社会华夏族以龙、凤为宗神的遗俗。虽然楚氏族的宗神应当是芈、熊,但中原文化对楚的影响既久且远,而屈原对夏、商的历史也极其熟悉(《天问》中所记夏、商两代的历史独详,便是明证),因此,他在作品中表现崇拜华夏族宗神龙、凤的遗风便是很自然的了。

屈原在描写神话传说和男女恋情中,也反映了古代社会的婚俗。其内容大体可分为两类,即初民的群婚制和春秋战国时期的偶婚制。在群婚制方面,《天问》中记述了古圣贤的私通和无夫生子的现象:

> 女歧无合,夫焉取九子?
>
> 禹之力献功,降省下土四方。焉得彼嵞山女,而通之于台桑?
>
> 稷维元子,帝何竺之?投之于冰上,鸟何燠之?

女歧无夫而生九子,禹在台桑与涂山氏女私通,都是初民群婚的情况。至于帝喾毒害后稷之事,好像与婚姻无关,实质上也反映了原始时代的婚俗。刘盼遂先生《天问校笺》说:

> 古者夫妇制度未确定时,其妻生首子时,则夫往往疑其子挟他种而来,娼嫉实甚,故有杀首子之风。《史记·夏本纪》:“禹曰:‘予辛壬娶涂山氏,癸甲生启,予不子。’”此不以启为子也。《汉书·元后传》:“王章上封事云:‘羌胡尚杀首子,以荡肠正世。’”颜师古曰:“言妇初来,所生之子或它姓。”墨子亦云:“越东有轸沐之国,食其长子,谓之宜弟。”知古代于元

子所最毒视，不知周世之重嫡长子也。屈子生于战代，故以后稷陋巷、平林、寒冰之置为怪问矣。

刘先生从现象看到本质，从初民杀首子的事，揭示出原始社会乱婚的史实。屈原在《天问》中还记述弟弟淫佚长嫂的现象：

惟浇在户，何求于嫂？……女歧缝裳，而馆同爰止！
昏微遵迹，有狄不宁。何繁鸟萃棘，负子肆情？
眩弟并淫，危害厥兄。

浇淫乱其嫂，上甲微纵情妇女，也与其弟共淫长嫂。这也是古代群婚的遗俗。这种被后人看来是乱伦的婚姻关系，《左传》中记载很多。顾颉刚作《由"烝"、"报"等婚姻方式看社会制度的变迁》（见《文史》第十四、十五辑）一文，专题论述这一问题的产生与社会变革的关系。屈原作品反映了这种现象，正是这一变革着的社会的投影。屈原在其作品中又记述了一夫多妻的婚姻状况，如《天问》说：

舜闵在家，父何以鱞？尧不姚告，二女何亲？

又《离骚》说：

少康之未家兮，留有虞之二姚。

上例是叙说尧以二女嫁给舜的事，下例是叙说姚以二女嫁给少康的事，情节相同。又《九歌》中之《湘君》、《湘夫人》更具体地描写了男神湘君和两个女神湘夫人互相爱慕的事。可见那时一个男子娶两个女子为妻是极平常的事。这些都是原始社会群婚制的残迹。

屈原不但记载了原始社会群婚制的遗俗，而且描写了春秋战国时期偶婚制的情况。这种偶婚制也分两类，一类是重视媒妁之言，一类是要求自由交往。偶婚制产生的重要标志是媒妁的出现，屈原在其作品中提到媒妁的不下十余处。例如《离骚》中有三次求女的描写，这三次求女都是通过媒妁之言：

吾令丰隆乘云兮，求宓妃之所在。

吾令鸩为媒兮，鸩告余以不好。

理弱而媒拙兮，恐导言之不固。

又《离骚》记述巫咸劝勉屈原时也提到行媒：

苟中情其好修兮，又何必用夫行媒？

又《九章·抽思》中屈原自叹秉性正直，而无媒达于上听：

何灵魂之信直兮，人之心不与吾心同！理弱而媒不通兮，尚不知余之从容。

又《九歌·湘君》怨望湘君恩爱不深使媒人徒劳：

心不同兮媒劳，恩不甚兮轻绝。

尽管这些描写是托男女之情，以寓自己政治上的追求和失望，但却隐约地反映出媒妁在男女婚姻中的重要性。虽然这是自遣媒妁，并有时对媒妁的撮合又予以回绝，也不能认为楚国当时不重媒妁。实质上媒妁既受派遣，即说明其在婚姻中的特殊地位。这种情况早在《诗经》中便明显地表现出来，如《诗·齐风·南山》说：

娶妻如之何？匪媒不得。

又《诗·卫风·氓》说：

匪我愆期，子无良媒。

《周礼·地官·司徒》有关于“媒氏掌万民之判”的记载，“判”

即指婚姻。屈原时代的楚国经济已相当发达,随着小生产的出现,个体家庭的形成,媒妁在对偶婚中的地位便突出出来了。

在偶婚制中,屈原还描写了男女在相爱的过程中互赠礼物以传情的习俗。这种以礼物为媒介的表情达意方式,在个体婚制比较稳固的社会里,是媒妁之言以外的个人性爱的形式。如《离骚》说:

解佩纕以结言兮,吾令蹇修以为理。

《九歌·湘君》说:

捐余玦兮江中,遗余佩兮醴浦。采芳洲兮杜若,将以遗兮下女。

《九歌·湘夫人》说:

捐余袂兮江中,遗余褋兮醴浦。搴汀洲兮杜若,将以遗兮远者。

《九歌·大司命》说:

折疏麻兮瑶华,将以遗兮离居。

《九歌·山鬼》说:

被石兰兮带杜衡,折芳馨兮遗所思。

其中的纕、玦、佩、袂、褋、杜若、瑶华、芳馨等,都是用以寄托情意的礼物,用以表示自己对婚姻的态度。这种情况,早在《诗经》中也存在着,如《诗·邶风·静女》说:

静女其娈,贻我彤管。彤管有炜,说怿女美。
自牧归荑,洵美且异。匪女之为美,美人之贻。

又《诗·郑风·溱洧》说：

> 溱与洧，方涣涣兮。士与女，方秉蕑兮。……维士与女，伊其相谑，赠之以勺药。

他们互相戏谑，互相馈赠，其情况正反映了《周礼·地官·司徒》下记载之“中春三月，令会男女，于是时也，奔者不禁”的婚俗。不过从屈原《九歌》所写的物候看，不限于仲春，而包括了春、夏、秋三季，则或者当时楚国的青年在媒妁以外的个人性爱的活动范围比中原地区更广泛些吧。

屈原在其作品中所反映的古代社会习俗是广阔、多方面的，但是，我们并不是单纯地为探讨古代社会的习俗而研究屈原的作品，相反是为了探讨古代社会习俗对屈原的作品在表现手法上和文学创作上产生了哪些影响，形成了哪些特点。这里我们只是就几个主要方面进行了分析，然而从这几个方面也可以看出屈原作品和古代社会习俗的血缘关系，它深深地植根于古代社会习俗之中，并反映了这种习俗。对文学作品来说，描写自然景物固然重要，但更重要的是描写风俗景物，因为风俗景物是社会生活的重要侧面，它更具有真实感。屈原作品所反映的社会习俗即古代社会人民生活的直接表现，因而就更有价值和意义。

第十章　屈原的辞赋

《汉书·艺文志》“诗赋略”记载屈原赋二十五篇，但班固的原目已经见不到了。王逸是距离班固时代很近的人，他的标目可能比较接近班固的原目。他在《楚辞章句》中明确标明为屈原所作的，有《离骚》、《九歌》（十一篇）、《天问》、《九章》（九篇）、《远游》、《卜居》共二十四篇。对《渔父》，他一则认为是屈原，一则认为是楚人所记述。对《大招》，他也一面说是屈原，一面说是景差，“疑不能明”。可见，王逸对班固的原目也不十分确切了。后人对这二十五篇多所考证，意见纷纭。我们认为王逸的目也有明显的错处，例如《招魂》，司马迁在《屈原列传》中明确地说是屈原的作品，而王逸却认为是宋玉所作，不知何据？又《大招》很明显是对《招魂》的摹拟，不是屈原的作品。《远游》是否屈原所作，历来争论很大，疑莫能明。《卜居》、《渔父》都应当是后人根据某些关于屈原的传说敷衍而成的。那么，现在保存的真正屈原的作品，根据王逸的标目，除掉《远游》、《卜居》、《渔父》、《大招》，再加上《招魂》，总共是二十三篇。这二十三篇奠定了屈原在文学史上的崇高地位。

第一节　《离骚》

《离骚》是屈原的代表作，是他自叙生平的一首长篇抒情诗，共三百七十多句，近二千五百字。那么《离骚》这个名词怎样解释呢？古今来说法很分歧，但大体上可分为四种：

第一种，认为是遭遇忧患。如司马迁《史记·屈原列传》说：“《离骚》者，犹离忧也。”又班固《离骚赞序》说：“离，犹遭也；骚，忧也，明己遭忧作辞也。”

第二种，认为是离别的忧愁。如王逸《楚辞章句》说：“离，别也，骚，愁也，经，径也。言已放逐离别，中心愁思，犹依道径以讽谏君也。”

第三种，认为是牢骚。据《汉书·扬雄传》记载，扬雄曾摹仿《离骚》做了一篇《反离骚》，又摹仿《九章》各篇作了《畔牢愁》。“畔'与“叛”通用，“牢愁”即“牢骚”。所以《畔牢愁》也即《反离骚》，也就是自我宽解，不要牢骚不平之意。

第四种，认为是歌曲的名称。如游国恩《楚辞概论》说：“按《大招》云：‘楚劳商只’。王逸曰，‘曲名也’。按‘劳商’与‘离骚’为双声字，古音劳在‘宵’部，商在‘阳’部，离在‘歌’部，骚在‘幽’部，‘宵’‘歌’‘阳’‘幽’，并以旁纽通转，故‘劳’即‘离’，‘商’即‘骚’，然则‘劳商’与‘离骚’原来是一物而异其名罢了。‘离骚’之为楚曲，犹后世‘齐讴’‘吴趋’之类。”

在这四种说法中，我认为第一种是最可信的。因为司马迁上距屈原的时代不过百年，语言的变化不会很大，对屈原的语言是完全理解的。他是按照自己对屈原语言的理解加以解释的。司马迁这种解释，在屈原作品中，可以找到其他旁证。像《离骚》中之“进不入以离尤兮”，《九歌·山鬼》中之“思公子兮徒离忧”，《九章·思美人》中之“独历年而离愍兮”等等。这些“离尤”“离忧”“离愍”等在原句中都不能解释为“别愁”、“牢骚”和楚国的歌曲，如果那样解释，岂不面目全非！其实，司马迁在《屈原列传》中已经讲得很清楚：“屈平疾王听之不聪也，谗谄之蔽明也，邪曲之害公也，方正之不容也,故忧愁幽思而作《离骚》。”可见《离骚》即“忧愁幽思”的意思。另外从语言结构上看,上动下名,构成诗的题目,在屈原作品中也不乏其例,像《九章》中的《惜诵》、《抽思》等。这都证明司马迁的说法是正确的。

《离骚》的名称,自王逸之后,经常被用作楚辞的代名词。王逸在《楚辞章句》中把自己认为是屈原的作品都题为《离骚》,如题《九章》为《离骚 · 九章》,把凡是摹拟屈原的作品都题为《续离骚》,如题《九辩》为《续离骚 · 九辩》等。到了后代,刘勰《文心雕龙》就以《辨骚》名篇,与《诠赋》并列,《文选》则把《骚》《赋》分成两种体裁。《新唐书 · 柳宗元传》有所谓“仿《离骚》数十篇”,《宋史 · 晁补之传》有所谓“论集屈宋以来赋咏,为《变离骚》等三篇。”《宋史 · 艺文志》有黄伯思的《翼骚》等,都是以“骚”代称楚辞。

《离骚》是什么时候作的?历代学者说法纷纭。据《史记 · 屈原列传》记载:“怀王使屈原造为宪令,屈平属草藁未定,上官大夫见而欲夺之,屈平不与,因谗之……王怒而疏屈平。”屈原因此“忧愁幽思而作《离骚》。”这之后,刘向在《新序 · 节士》篇中说:“屈原者,名平,楚之同姓大夫。有博通之知,清洁之行,怀王用之。……上及令尹子兰、司马子椒,内赂夫人郑袖,共谗屈原。屈原遂放于外,乃作《离骚》。”这两段最早的记载,在内容上详略不同,但都认为《离骚》作于怀王时代。这就排除了那种认为是顷襄王时屈原放逐江南时所作的说法。那么,《离骚》应作于哪一年呢?要廓清这个问题,首先要考察屈原是什么时候被疏的。众所周知屈原在外交上是主张联齐抗秦的,他之被疏,必然当怀王与秦的关系最密切的时候。按秦在惠文王时期与楚国交恶,连年征战不已。秦武王时,虽然与楚国未发生什么战争,但也并不交好。秦武王死,其异母弟秦昭襄王即位,秦楚长期的敌对关系才开始好转。《史记 ·

甘茂列传》有这样一段记载：

> 楚怀王怨前秦败楚于丹阳而韩不救，乃以兵围韩雍氏（今河南禹县）。韩使公仲侈告急于秦。秦昭王新立，太后楚人，不肯救。

秦为什么不肯抗楚救韩？主要因为秦昭襄王的母亲宣太后是楚人，昭襄王是楚国的外甥。这种姻戚关系促使秦对楚的态度的转变。宣太后在对秦与楚关系的转变过程中起着重要作用，又其“外族”向寿，大约是昭襄王的表兄弟，在秦国也是亲楚的，如《史记·甘茂列传》记载苏代对向寿说：

> 公孙奭党于韩，而甘茂党于魏，故王（指秦昭襄王）不信也。今秦楚争强而公党于楚，是与公孙奭、甘茂同道也，公何以异之？

苏代的话说明向寿与公孙奭、甘茂各亲一国，而向寿是亲楚的。正因为向寿是楚人，又亲楚，所以楚怀王遣使向秦王推荐向寿为秦相。《史记·甘茂列传》记载：

> 楚王问于范蜎曰：“寡人欲置相于秦，孰可？对曰：“臣不足以识之。……然则王若欲置相于秦，则莫若向寿者可。夫向寿之于秦王，亲也，少与之同衣，长与之同车，以听事。王必相向寿于秦，则楚国之利也。”于是使使请秦相向寿于秦。秦卒相向寿。

向寿少时与秦昭襄王同衣，年长与秦昭襄王同车，与昭襄王的关系情同手足。他做秦相，对秦楚关系的促进是可以想见的。这是秦昭襄王二年、楚怀王二十四年的事。同年，秦楚便结成婚姻。《史记·楚世家》记载：

二十四年(指怀王),倍齐而合秦。秦昭王初立,乃厚赂于楚。楚往迎妇。

这段文字不但记载了秦楚合婚,而且说明了秦嫁女给楚的政治目的在于昭襄王初即位,王权不稳固,为了巩固王权,而争取楚国的支持。《史记·甘茂列传》也记载:

楚怀王新与秦合婚而欢。

这种亲密关系进一步发展,到怀王二十五年便出现了“黄棘之盟”。《史记·楚世家》记载:

二十五年,怀王入与秦昭王盟,约于黄棘。秦复与楚上庸。

又《史记·秦本纪》记载:

三年(指昭襄王),王冠。与楚王会黄棘,与楚上庸。

上庸是古庸国地,即今天湖北竹山县,当楚北、汉南之间,是兵家必争的险要地区。这次盟会,秦国答应将其归还楚国,说明秦昭襄王为了自身的稳固,对楚作出了多么大的让步,亦所谓“厚赂于楚”。

秦楚和好,必然引起合纵国的疑忌,因此第二年,即怀王二十六年,齐、韩、魏三国便共同伐楚。楚求救于秦,将太子入质于秦。秦出兵救楚。《史记·楚世家》记载这一段史事说:

二十六年,齐、韩、魏为楚负其从亲而合于秦,三国共伐楚。楚使太子入质于秦而请救。秦乃遣客卿通将兵救楚,三国引兵去。

在秦楚关系史上,怀王二十五年黄棘之会和二十六年楚太子入质于秦,是最好的时期。这之后,便是二十七年楚太子杀秦大夫而逃归;二十八年秦与齐、韩、魏共同攻楚,杀楚将唐昧;二十九年秦又攻楚,大破楚,杀楚将景缺;三十年秦又伐楚,取楚八城。秦楚关系急剧恶化起来。那么,屈原的被疏,必然在怀王二十五年。孙作云先生把这年定为屈原被放逐的年代(见其《屈原在楚怀王时被放逐的年代》,《光明日报》一九五三年十月三日《史学》副刊),我则认为是屈原被疏的年代。屈原为什么被疏呢?《九章·悲回风》中有几句值得注意:

借光景以往来兮,施黄棘之枉策;求介子之所存兮,见伯夷之放迹。

洪兴祖《补注》云:“言己所以假延日月,往来天地之间无以自处者,以其君施黄棘之枉策故也。”意谓屈原是由于反对黄棘之盟而被疏的,他自比介子推、伯夷而远离故都。这是屈原的自白,是可信的。这都足以说明屈原于怀王二十五年去汉北,同年开始《离骚》的写作。从作品的具体内容看,《离骚》中所叙述的个人遭遇、思想的变化、感情的忧愤深广等,都是政治上屡经挫折的表现。《离骚》中说:“初既与余成言兮,后悔遁而有他。余既不难夫离别兮,伤灵修之数化。”这应当指的是怀王十一年为纵约长、曾率五国士兵攻秦;十六年贪图秦地而绝齐,后来悔悟被张仪所欺骗,在十七年又两次攻秦;在不断失利后,十八年又在张仪的愚弄下,叛纵亲而和秦;此后,二十年又联齐,二十五年又与秦结黄棘之盟,怀王完全投到秦国的怀抱中了。屈原只有经过这一段历史变革之后,才能说出“伤灵修之数化”的沉痛的话来。而且“九死未悔”、“体解未变”等语言,也只有是久经挫折之后,才能发出的誓词。再从《离骚》中反复申诉的年岁看:“及年岁之未晏兮,时亦犹其未央”,

“及余饰之方壮兮，周流观乎上下”，“老冉冉其将至兮，恐修名之不立”，总是在将老未老之际。从《离骚》中所反映的楚国政治形势看：“唯党人之偷乐兮，路幽昧以险隘，岂余身之惮殃兮，恐皇舆之败绩。”又是将败未败之时。这个时期我认为也应该在怀王二十五年，屈原三十六岁。屈原经过了一段政治变革之后，看到怀王终于完全倒向秦国一边，心情极其悲痛，便离开郢都去汉北，在远离郢都时，便开始了《离骚》的写作，到汉北完成了全部诗稿。

《离骚》是一篇具有强烈政治倾向性的诗歌。它反映了屈原和楚国贵族腐朽集团激烈的矛盾和冲突，也反映了屈原在严峻的环境中和自己脆弱一面的斗争。通过这两方面的斗争，完成了他那种坚贞不屈、崇高纯洁的悲剧性格。为了摸清屈原思想感情的脉络，我们可以把《离骚》分成若干章节来分析。

《离骚》全篇可分为七章。自“帝高阳之苗裔兮”至“来吾导夫先路”为第一章。叙说自己家族的世系，表明与楚王是同宗；详记生年、月、日和命名的经过，表示自己天赋的非凡；感叹光阴流逝，时不我待，应及时培养德能，以求政治上有所作为，并愿为楚王从事政治改革的先驱。

自“昔三后之纯粹兮”至“愿依彭咸之遗则”为第二章。是以古代圣王和暴君治国之不同警戒今王，表示自己不顾奸臣当道，愿为楚王效力。尽管楚王听信谗言，反复无常，自己培植的人才也都变节从俗，贪婪求索，追名逐利，自己仍以前贤为榜样，砥砺德行，宁死不屈。

自“长太息以掩涕兮”至“岂余心之可惩”为第三章。指责楚王昏庸糊涂，是非莫辨，助长了群小投机取巧、嫉贤妒能的歪风。自己不愿与他们同道，决心隐退，然而这与自己的思想志向相违背，因而陷入徘徊、苦闷、追求的矛盾之中。最后仍矢志坚持理想，表示纵使形体受摧残,精神却不可侮。

自“女媭之婵媛兮”至“霑余襟之浪浪”为第四章。记述女媭对她的劝告,指出婞直能够亡身,现在朝廷中谗佞当权,结党营私,应当明哲保身。屈原则列举丰富的历史事实,说明残民的暴君必然灭亡,重民的圣哲行仁政,国家才能昌盛。他关心的正是国家的兴亡,怎能不顾国家的命运而明哲保身呢?

自“跪敷衽以陈辞兮”至“余焉能忍与此终古”为第五章。叙说在现实中找不到出路,便到幻想中去追求。他访帝女,求宓妃,见简狄,留二姚,得到的回答却是虚幻、渺茫和失望。自己陷入更深沉的忧伤,苦闷之中。

自“索藑茅以筳篿兮”至“周流观乎上下”为第六章。记述他问卜于灵氛,取决于巫咸,灵氛勉励他远游另有所求,巫咸规劝他上下求索。他考虑到处在楚国当时的政治环境中,他的政治理想是不能实现的,所以暂时听从灵氛的话,而周流上下,又到幻想中去追求。

自“灵氛既告余以吉占兮”至“吾将从彭咸之所居”为第七章。记述他驱使龙凤,挥斥云霓,遨游于广阔无垠的幻境之中。他的精神超脱了现实的羁绊,离开了人间苦痛的深渊。但当他忽然俯临故乡的时候,感情又发生剧烈的变化,刹那间美妙的幻境立刻毁灭了,便又回到现实中来。他既不可去,又不可留,矛盾得不到解决,最后以死表示对楚国险恶环境的不屈服。

从章次的划分看,《离骚》所表现的感情脉络是很清楚的,它反映了屈原对楚国黑暗、腐朽政治的愤慨、不满,和他热爱楚国、愿为之效力而不可得,又不肯离开楚国的悲痛心情。他内心的感情强烈的燃烧着,以至于使他的苦闷、哀伤不可遏止的更番迸发,从而形成他诗歌形式上的回旋复沓。这种回旋复沓,乍看起来好像无章次文理可寻,其实正是他思想感情有规律的反映。女媭、灵氛、巫咸的出现,是他思想矛盾的表露,然而其中也是有感情规律可寻的。这三个人物都是同情屈原的,但是由于地位、身份不同,他们劝戒屈原的口吻也不同,观点也有差异。女媭是屈原最亲近的人,她告戒屈原处在是非混淆、黑白颠倒的社会里,如果不改变他那种耿介刚直的作风,不但不能见容于世,而且会遭到杀身之祸。她是从关心体贴的角度出发,劝屈原明哲保身。屈原便借"就重华陈辞"从理论上加以否定。他引用了许多史实,以古鉴今,来说明任何政治昏愦的朝代终归要覆亡,只有"举贤才"、"循绳墨"实行美政,才能富国强兵。他是不能放弃自己的操守而同于流俗的。灵氛对占辞的回答,是从屈原的政治前途着眼的,他劝屈原离开楚国,到其他地方去寻求自己理想的实现。巫咸则劝屈原迁就现实,以求政治上的同道。屈原对楚国的现实和自己的处境作了深入的分析,认识到整个的环境在日益恶化,即使自己能坚持理想,但希望又在哪里？因此发生了动摇,要"周流上下","浮游求女"。可是他的爱国热忱又使他恋眷楚国,不忍离开楚国,他最终以自己的行动完成了坚贞崇高的品格。对这三个人的谈话,屈原都没有作正面的回答,而是以具体的行动予以拒绝。这种极尽变化和逐步深入的描写,更突出和深化了主题。

这首诗是屈原自叙生平之作,但是屈原的一生是和楚国的政治斗争紧密联系着的,因此在屈原自叙生平之时,也反映了当时楚国的政治环境和他对这种黑暗的政治环境的不屈服精神。对楚国黑暗政治的不屈服,是贯彻于《离骚》中的屈原的基本精神。尽管随着楚国政治形势的不断变化,屈原的思想态度也在发展、变化,但这种精神却一以贯之、始终不变。如他反复表示:

岂余身之惮殃兮,恐皇舆之败绩。

…………

余固知謇謇之为患兮,忍而不能舍也!

…………

苟余情其信姱以练要兮,长顑颔亦何伤。

…………

虽不周于今之人兮,愿依彭咸之遗则。

…………

亦余心之所善兮,虽九死其犹未悔。

…………

宁溘死以流亡兮,余不忍为此态也!

…………

伏清白以死直兮,固前圣之所厚。

…………

虽体解吾犹未变兮,岂余心之可惩!

…………

怀朕情而不发兮,余焉能忍与此终古!

…………

既莫足与为美政兮,吾将从彭咸之所居。

这是《离骚》中主要的感情脉络,是贯穿于全篇的一条主线。只有掌握这条主线,才能领会《离骚》的基本精神。屈原的一生是由对立和矛盾着的诸社会现象交织而成的,严峻、冷酷的现实斗争伴随着他的一生。斗争导致失败是经常的,但他始终不甘心;斗争使他心灵不能平静,困挠不安,但他仍去寻求政治上的同道,探索美的政治理想。他的创作激情,他本身的遭遇,他的悲剧性的死亡,融铸成了一个崇高的人格,为我们民族的人民树立了一个楷模。屈原在政治上失败了,但他的不屈服精神和高尚思想却光辉闪耀,取得了胜利,这种胜利是在战国时期人民的苦难和斗争的基础上获得的。苏联汉学家 H·T·费德林在其《论屈原诗歌的独特性与全人类性》一文中说:“对于屈原,写作《离骚》是他揭示真理的时刻,是表现他的高尚的人格、表达他对事物的真实面貌予以诗的揭示这一伟大意义的时刻。”(见马茂元主编《楚辞资料海外编》)尽管他的评语有个别词的含义不清,如“真理”具体指什么?但从总的方面看,可以帮助我们从另一个角度认识并理解《离骚》的价值。

《离骚》在艺术手法上是把现实的叙述和幻想的驰骋结合起来描写。开始是对现实的叙述,接着是对现实问题加以详尽的分析和说明,为的是探索一条政治出路。事实上在当时黑暗的现实中是找不到出路的,因此他那种对丑恶的憎恨和对光明的追求的心灵,就使他进入一个虚无缥渺的幻想境界。《离骚》的绝大部分篇幅是描写幻想的境界,即屈原的神游天国和求女。这种幻想的境界是以丰富的神话题材为基础的。我国古代关于升天神游的神话很早就出现了,据《山海经·大荒西经》记载:

> 西南海之外,赤水之南,流沙之西,有人珥两青蛇,乘两龙,名曰夏后开。开上三嫔于天。

夏启三次登天做天帝的宾客,并乘飞龙珥青蛇。他不但能上达天庭,而且能驭使自然万物。这种现象在古代神话中是很普遍的,如“南方祝融,兽身人面,乘两龙。”(《海外南经》)“蚩尤请风伯雨师,纵大风雨。”(《大荒北经》)“西王母梯几而戴胜杖,其南有三青鸟,为西王母取食。”(《海内北经》)等等,不胜枚举。又《淮南子·俶真训》有这样一段记载:

> 若夫真人则动溶于至虚,而游于灭亡之野,骑蜚廉(兽名,

长毛有翼)而从敦圄(兽名,似虎而小),驰于方外,休乎宇内,烛十日而使风雨,臣雷公,役夸父,妾宓妃,妻织女。天地之间何足以留其志。

这段记述表现了神仙家求仙遁世的思想,然就其内容之超脱现实一方面看,与屈原的神游天界相似,而且在表现手法上与《离骚》也完全一致。很显然,这两者应当是源于同一神话题材。《韩非子·十过》也有一段记载:

昔者黄帝合鬼神于泰山之上,驾象车而六蛟龙,毕方并辖,蚩尤居前,风伯进扫,雨师洒道,虎狼在前,鬼神在后,腾蛇伏地,凤皇覆上,大合鬼神,作为清角。

这是师旷回答晋平公关于如何才能奏“清角”之乐时讲的一段话,其所叙述与《离骚》中屈原神游一段描写又何其相似!而时代当在《离骚》之前,或者为屈原写作的凭借。

《离骚》中集中表现屈原驭使自然万物而神游天地之间者,莫如就重华陈辞之后上下求索一段和听灵氛的吉占之后离开楚国、遨游天界一段。其上下求索一段云:

跪敷衽以陈辞兮,耿吾既得此中正。驷玉虬以乘鹥兮,溘埃风余上征。朝发轫于苍梧兮,夕余至乎县圃。欲少留此灵琐兮,日忽忽其将暮。吾令羲和弭节兮,望崦嵫而勿迫。路曼曼其修远兮,吾将上下而求索。饮余马于咸池兮,总余辔乎扶桑。折若木以拂日兮,聊逍遥以相羊。前望舒使先驱兮,后飞廉使奔属。鸾皇为余先戒兮,雷师告余以未具。吾令凤鸟飞腾兮,继之以日夜。飘风屯其相离兮,帅云霓而来御。纷总总其离合兮,斑陆离其上下。

其听灵氛之吉占,遨游天界一段:

> 灵氛既告余以吉占兮,历吉日乎吾将行。折琼枝以为羞兮,精琼靡以为粻。为余驾飞龙兮,杂瑶象以为车。何离心之可同兮,吾将远逝以自疏。邅吾道夫昆仑兮,路修远以周流。扬云霓之晻蔼兮,鸣玉鸾之啾啾。朝发轫于天津兮,夕余至乎西极。凤皇翼其承旂兮,高翱翔之翼翼。忽吾行此流沙兮,遵赤水而容与。麾蛟龙使梁津兮,诏西皇使涉予。路修远以多艰兮,腾众车使径待。路不周以左转兮,指西海以为期。屯余车其千乘兮,齐玉轪而并驰。驾八龙之婉婉兮,载云旗之委蛇。抑志而弭节兮,神高驰之邈邈。奏《九歌》而舞《韶》兮,聊假日以偷乐。

《山海经》所记都是极其远古的材料,应为屈原写作所摄取,《淮南子》所记与屈原所写当出于同一个来源,《韩非子》所录可能是屈原写作的直接依傍。可见屈原是在综合、分析、提炼这些神话素材的基础上完成自己的创作的。

《离骚》中所描写的一系列幻想的境界,以及屈原在幻境中的一切感受,都是“溷浊不分,蔽美称恶”的黑暗现实的反映,它与现实密切地融合在一起,因此也可以说是现实的一部分。这种幻境使我们能从另一个方面更清晰、更深刻地观察现实,其中各种神奇的人和物,都是以怪诞的形式出现的,是把现实理想化了,所以《离骚》的表现方法是现实与理想的结合。

第二节　《天问》《招魂》

《天问》是我国文学史上罕见的一篇奇文,它以一个“曰”字领

起,从头至尾共提出了一百七十多个关于天地万物的问题。《天问》的名字最早见于《史记·屈原列传》中太史公的“赞”语:

余读《离骚》《天问》《招魂》《哀郢》,悲其志。

这不但说明《天问》是屈原所作,而且表示了司马迁对屈原在《天问》中所提出的看法和思想产生了共鸣。那么什么叫《天问》呢?王逸《楚辞章句》解释说:

何不言问天?天尊不可问,故曰“天问”也。

洪兴祖《楚辞补注》则进一步发挥了这一说法。这种说法完全是望文生义,出于自己的揣测,毫无意义。又王夫之《楚辞通释》说:

原以造化变迁,人事得失,莫非天理之昭著;故举天之不测不爽者,以问憯不畏明之庸主具臣,是为“天问’,而非问天。

他的说法与王逸等不同,但仍拘泥于注家讽谏之义,与《天问》的题旨不合。《天问》中有些诗句固然有讽谏意义,有些则与讽谏无关,所以他的说法不全面。戴震在《屈原赋注》中解释得好,他说:

问,难也。天地之大,有非恒情所可测者,设难疑之。

这种说法比较确切而接近事实。所谓“天问”是举凡历史和自然界一切现象的不可理解者以为问,是探求宇宙一切事物变化的原理。其中有关于天象的,像对天地未辟、阴阳变化之理的探索;也有关于人事的,像对往古朝代理乱兴衰之故的寻求。把一切人事纷纭错综而无端绪和天体天象的变幻无常等不可思议的现象,都一同提出来问难,这就是《天问》。屈原一生的遭遇是不幸的,他热心为国，反而被谗受谤，他“正道直行，竭忠尽智”，反而被排挤打击，所谓“天道”是否公平？他产生了怀疑。《史记·屈原列传》说：

> 夫天者，人之始也；父母者，人之本也。人穷则反本，故劳苦倦极，未尝不呼天也；疾痛惨怛，未尝不呼父母也。

这就明确地把屈原作《天问》的动机揭示出来。

《天问》的写作时代，据王逸《楚辞章句》说：

> 屈原放逐，忧心愁悴；彷徨山泽，经历陵陆；嗟号昊旻，仰天叹息。见楚有先王之庙，及公卿祠堂，图画天地、山川、神灵，琦玮僪佹，及古贤圣怪物行事，周流罢倦，休息其下，仰见图画，图书其壁，呵而问之，以渫愤懑，舒泻愁思。

这个说法可能是有根据的，西汉时还有《天问》中那种壁画，如《汉书·成帝纪》记载：“元帝在太子宫生甲观画堂”，应劭注：“画堂画九子母。”又《汉书·叙传》记载：“时乘舆幄坐张画屏风，画纣醉踞妲己作长夜之乐。”这与《天问》中之“女歧九子”、“王纣之躬”两条是一致的，可见这类壁画在西汉以前比较普遍。至于写作年代，王逸、朱熹都认为是放逐之后所作。仔细玩味，其中并没有放逐的痕迹，只是抒发了一些愤懑和失意的情绪。我推测可能是屈原被谗去职后，到汉北所做。《天问》后半篇所叙述的以历史为鉴戒的内容，和《离骚》陈辞的用意相同，估计它们的写作时间可能距离不远。林庚先生在其《天问论笺》中对《天问》的写作时间作了如下的推论：“这个说法（指王逸认为屈原见楚先王之庙，图画天地、山川、神灵，呵而问之之事）之所以不为无因，是因为屈原自郢都出走后（也就是写了《离骚》之后），曾徘徊在汉北一带，汉水上的宜城也即春秋时楚昭王的鄀都，而《天问》中所问的历史传说就正好是到楚昭王时代为止。这些巧合,至少可以为‘仰观图画’于‘先王之庙’的说法提供一个依据。”所论极当,可以和我的看法互相参证。

《天问》是一篇内容极其丰富的诗歌,它保存了大量的古代神话传说,是我们研究古代社会史的重要资料。它提出的问题,从天地开辟一直到他自己,包括对自然和社会的各种各样的疑难。鲁迅在《摩罗诗力说》中说:“怀疑自遂古之初,直至百物之琐末,放言无惮,为前人所不敢言。”问题虽多,但大体上可以归纳成关于自然现象和社会现象两部分内容。自“遂古之初,谁传道之”至“羿焉弹日,乌焉解羽”这一部分是问天地的形成,即关于大自然的传说;自“禹之力献功,降省下土四方”至“何试上自予,忠名弥彰”这一部分是问人事的兴衰,即关于社会历史的传说。为了说明问题,我们又可将这两大部分中之各部分分为若干小段落。如自“遂古之初,谁传道之”至“角宿未旦,曜灵安藏”二十二句问天象,即天体的形成过程。自“不任汩鸿,师何以尚之”至“羿焉弹日,乌焉解羽”三十四句问地形,即大地的形成过程。自“禹之力献功,降省下土四方”至“何由并投,而鲧疾修盈”二十句问夏朝的史事。自“白蜺婴茀,胡为此堂”至“释舟陵行,何以迁之”八句问物类的各种神异现象。因为上文有鲧神化为黄熊之问,这里连类而及之。自“惟浇在户,何求于嫂”至“何条放致罚,而黎服大说”二十二句仍问夏朝史事,兼及商、周史事。自“会鼂争盟,何践吾期”至“齐桓九合,卒然身杀”十六句问周朝史事,而春秋五霸齐桓公最强,故特志之。自“彼王纣之躬,孰使乱惑”至“何卒官汤,尊食宗绪”二十六句又问商,周兴衰的原因。自“勋阖梦生,少离散亡”至“易之以百两,卒无禄”十句仍杂问商、周史事,并春秋时吴王阖庐和秦景公之事。夏、商之间,商、周之际,治乱兴衰最为突出,篇中屡见,故三致意焉。自“薄暮雷电，归何忧”至“何试上自予，忠名弥彰”十句，都是就楚国的历史和时事发问，希望楚王改过，痛悼楚王弃贤，哀伤楚王信谗多忌，正寓屈原“举贤授能”的政治理想。可见全篇的章节、文义是清楚的，先问天地的形成，次问人事的兴衰，最后归结到楚国的现实政治，乃顺理成章，并不像王逸所谓“文义不次序”云云。林云铭在其《楚辞灯》中评论说：

> 看来只是一气到底，序次甚明，未尝重复，亦未尝倒置，……其从天地未形之先说起，以有天地方有人，有人方成得世界，自此后，茫茫终古，治乱纷纭，皆非人意计所能及，恐无时问得尽也。

可谓深有体味之论。其中虽然由于错简，并非“未尝倒置”，而是难免有个别前后倒置的现象，但其文理、层次基本上是清晰、分明的。我们从其分明的层次和清晰的文理中，可以把握、领会并得出《天问》的主题。那么，我们从对《天问》文理、层次的分析中，就能得出《天问》的主题，即探讨历史上朝代兴亡的答案。这一点，前人已经见到了。蒋骥在其《山带阁注楚辞》中即说：

> 其意念所结，每于国运兴废，贤才去留，谗臣女戎之构祸，感激徘徊，太息而不能自已。

他的看法可以说抓住问题的关键。王夫之在其《楚辞通释》中也说：

> 篇内言虽旁薄，而要归之旨，则以有道而兴，无道则丧。黩武忌谏，耽乐淫色，疑贤信奸，为废兴存亡之本。

他们都持相同的见解。可见我们认为《天问》的中心思想是探讨历史上朝代兴亡的原因这个结论是可以得到印证的，是可以确立的。更进一步,我们可以认识到《天问》所表现的这种思想集中在对夏、商、周三代史事的问难上。作品中问难夏、商、周史事的诗句占大部分篇幅,而且开篇对天地开辟的问难,是和其余对社会历史的问难联系着的,最后并归结到夏、商、周三代的兴衰。所以,问难夏、商、周三代的兴衰,是全篇的基干,是全篇的中心。林云铭在其《楚辞灯》中也说:

> 兹细味其立言之意,以三代之兴亡作骨,其所以兴在贤臣,所以亡在惑妇;惟其有惑妇,所以贤臣被斥,谗谄益张,全为自己抒胸中不平之恨耳。

屈原对历史兴亡的"不平之恨",或隐或显地流露于对史事问难的字里行间,蒋骥所谓"盖寓意在若有若无之际,而文体结撰,在可知不可知之间。"(《山带阁注楚辞》)我们不应当用寻章摘句的方法来论证他的兴亡之恨,而应当从全诗所体现的感情脉络中去把握。从全诗的感情脉络中去体会,则这种兴亡之恨是弥漫全篇的。那么,屈原所寻求的历史兴亡的答案是什么?简单地说,选任贤能则兴,听信谗谄则亡;重民纳谏则兴,忌谏淫色则亡;行仁政则兴,施暴行则亡。这就是他所得出的结论,也就是他对朝代之所以兴或亡、历史之所以前进或倒退的认识。他认为这是客观规律,天命岂能奈何?因此他指控说:

> 天命反侧,何罚何佑?
>
> …………
>
> 皇天集命,惟何戒之?受礼天下,又使至代之?

天命反复无常,赏罚没有个标准!上天既赐天命与殷,殷应当有所警惕来保持天下,为什么又让它被周所取代呢?屈原认为朝代的兴亡不在天命而在人事。司马迁读《天问》而"悲其志",我认为应当即指屈原从历史上探求朝代所以兴亡的答案不在天命而在人事的苦心孤诣。这与司马迁在历史观方面反天道重人事的观点是一致的。司马迁之“悲其志”,一方面是对屈原的深切同情和理解,另一方面也是自悲,是他自己感情的倾泻,和屈原产生了共鸣。

《天问》是问话体的诗歌,夏大霖《屈骚心印》也说:“《天问》之文,今策问之式也。”以这种形式赋诗言志,在文学史上是首创。而且其包举天地万物,囊括古今历史的气概,其所记述的琦玮僪佹之事,惊世绝俗之论,及其探索宇宙和社会人生本原的精神,也都是前无古人的。这充分体现了屈原博闻强识之学和娴于辞令之才。谭介甫先生认为《天问》与《庄子·天运》篇取义相同,他说;“《庄子》有《天运》篇,共分七章,首末二章言天地现象的变化,中间五章皆言人事,其取义颇和《天问》相同。”谭先生的《屈赋新编》在《楚辞》研究方面打破了传统的模式和框框,自成体系,颇多创见,使人耳目为之一新。《天问》与《天运》确多相似之处。尽管《天运》中间五章所言人事的内容与《天问》大不相同,然而其为人事则一。不过谭先生“疑《天问》本作《天运》”,则未必然。《天问》自有其体制,自有其内容,自有其构思,与《天运》的基本精神不同。它不是齐都稷下道家者流散漫无绪之作,而是屈原独具匠心的创造。

《天问》的句式基本上以四言为主,四句为一组,每组为一韵,也有极少数两句为一韵的,全篇没有用一个语气辞“兮”字,然而并不板滞,而是问得参差错落,奇矫活突,可以说惊为神工。贺贻孙《骚筏》说:“然自是宇宙间一种奇文。”这样一篇奇文,历代人却很少注意,到唐代柳宗元作了一篇《天对》,对屈原所提出的问题,逐一作了解答,从而继承和发展了屈原反天道的思想。

《招魂》是楚辞中另一篇奇文。关于它的作者,最早司马迁在

《屈原列传》中认为是屈原，而王逸在《楚辞章句》中却认为是宋玉。王逸说：

> 《招魂》者，宋玉之所作也。……宋玉怜哀屈原忠而斥弃，愁懑山泽，魂魄放佚，厥命将落，故作《招魂》，欲以复其精神，延其年寿。外陈四方之恶，内崇楚国之美，以讽谏怀王，冀其觉悟而还之也。

王逸的说法流行了一千多年，直到明朝黄文焕的《楚辞听直》才发生怀疑，给以批驳，赞成司马迁的意见，认为是屈原所作。清人林云铭在他的《楚辞灯》中对黄文焕的说法加以阐发，他认为王逸之所以称《招魂》是宋玉所作，与后人之所以信王逸是一个道理，即都把《招魂》看作是出于他人之口，而不知是自招。他并且引朱熹的话补充说，后人不但招死人的魂，同时也招生人的魂，杜甫《彭衙行》云："煖汤濯我足，剪纸招我魂。"便是证明。他还认为《招魂》篇首自序和篇末乱辞中的"朕""吾"，都是屈原自称，而不应该说是宋玉代屈原作辞。蒋骥则继承了林云铭的说法，并参看《招魂》《大招》加以引申说：

> 参之二《招》本文，皆条畅惬适，初无强前人以附己意之病。然则《大招》所以招君，故其辞简重尔雅；《招魂》所以自招，则悲愤发为谐谩；不妨穷工极态，故为不检之言以自嘲。

《大招》是否屈原所作，是另一个问题，姑且不谈。但他认为《招魂》是自招并且有自嘲语，那就从另一方面说明《招魂》是屈原作的。这些意见都从不同的角度可以证明《招魂》是屈原所作，证明司马迁的看法是正确的。我们再从《招魂》本身看，那瑰丽丰富的辞藻，饶有故事性的情节，感情的充沛，想像力的奔放，对天堂地狱的探求等，在不同程度上和《离骚》《天问》《九歌》是一致的，在当时是舍屈原莫能为的。

《招魂》究竟是招谁呢？是自招吗？当然不是。因为《招魂》所反映的是先秦的习俗，这种习俗产生之初叫做“复”，意谓“升屋呼魂以复于魄”，即使死者还魂于魄，死而复生。日久之后，这种仪式便成为举行丧礼时对死者表示哀伤的一种活动。如《礼记·礼运》篇记载：

及其死也，升屋而号，告曰“皋某复”！

据《仪礼·士丧礼》郑玄注，“皋，长声也。某，死者之名也。”至于“升屋而号”，《礼记·丧大记》有更具体的记载：

复，有林麓，则虞人设阶；无林麓，则狄人设阶。……升自东荣，中屋履危，北面三号；卷衣投于前，司服受之，降自西北荣。

据郑玄注：“阶，梯也。”“荣，屋翼。”意谓这种“复”的仪式是令人设梯子从屋子东檐上升，到达屋子的中央，再踏上屋栋，上升到屋子的最高处，向北方长声呼喊死者之名三遍，然后卷起所复的衣服，从屋前投给司服的人，最后从屋子西北檐下来。这是古代“复”的仪式，也是“招魂”的仪式。据《礼记·檀弓》“正义”，古代所谓“复”，到屈原才名之为“招魂”。可见先秦的习俗是生人招死人之魂。至于后代演变为招生人之魂，或自我招魂，那是后代的习俗，不能以今证古。《招魂》既不是屈原自招，是招死者，最合理的解释是招怀王。郭沫若在《屈原研究》中说：“文辞中所叙的宫殿居处之美，饭食服御之奢，乐舞游艺之盛，不是一个君主是不能够相称的。”他的看法是完全正确的。《招魂》开篇云：

朕幼清以廉洁兮，身服义而未沬。主此盛德兮，牵于俗而芜秽。上无所考此盛德兮,长离殃而愁苦。

这里的“朕”是屈原自称,“主”应照朱熹的解释:“言己之所行,虽常以此盛德为主。”“上”指怀王。至于“牵于俗而芜秽”的主语,仍应是上文的“朕”。这句的意思是屈原指他自己因受世俗的牵累,被怀王看成了“芜秽”,所以,接着说怀王“无所考此盛德”。又《招魂》中有“与王趋梦兮课后先,君王亲发兮惮青兕”之句。王逸注云:“言怀王是时亲自射兽,惊青兕牛而不能制也。以言尝侍从君猎,今乃放逐,叹而自伤闵也。”是屈原回忆曾与怀王生前同游梦泽的事。郭沫若解《招魂》的方法,很受林云铭解《大招》的启示。林云铭在《楚辞灯》中说:

> 原自放流以后,系心怀王,不忘欲反,则当归葬之时,升屋而皋。自有不能已者,特谓之大,所以别于自招,乃尊君之辞也。篇中所言饮食音乐女色宫室之乐,皆怀王向所固有,其中亦各有制,与《招魂》大不相同。

可见郭沫若认为《招魂》是招怀王的理由,正是林云铭认为《大招》是招怀王的理由。此外,根据楚辞研究者们的考证,《大招》完全是模仿《招魂》之作,那么《大招》既然是招怀王的,《招魂》之为招怀王也就很清楚了。

关于《招魂》的写作时间,郭沫若把它和《橘颂》《九歌》同列为第一期,并且说:“《招魂》作于楚怀王死时,是襄王三年,屈原四十六岁时做的。”是怀王卒于秦,秦人归其丧时所作。这个说法可取。怀王死后,楚国的政治形势每况愈下,屈原鉴于楚国命运的危殆,也就更加怀念怀王,忠于怀王,因此作赋以招怀王。招怀王的魂,实际上也是招楚国的魂,因为屈原是把怀王和楚国的命运联系在一起的。

这篇作品由三部分组成，即开头有引言，结尾有“乱辞”，中间是招魂正文。在引言里叙述了他和怀王的关系，他“离殃愁苦”的原因和经过，以及他是在什么情况下和以什么样的心情写这篇文章的。然后是叙述上帝命巫阳招魂的过程：

帝告巫阳曰：“有人在下，我欲辅之。魂魄离散，汝筮予之！”巫阳对曰：“掌寐！上帝命其难从！”“若必筮予之，恐后之谢，不能复用。”巫阳焉乃下招曰：魂兮归来，去君之恒干，何为四方些？舍君之乐处，而离彼不祥些。

招魂须先占卜魂在哪里，然而这却是掌寐者主管的事，但怕延误时间，使死者不得还魂，巫阳也就既占卜又招魂了。极写招魂之迫不及待。在正文中分“外陈四方之恶”和“内崇楚国之美”两方面来陈述。其陈述“四方之恶”云：

魂兮归来！东方不可以托些。长人千仞，惟魂是索些。十日代出，流金铄石些。彼皆习之，魂往必释些。归来归来！不可以托些。

魂兮归来！南方不可以止些。雕题黑齿，得人肉以祀，以其骨为醢些。蝮蛇蓁蓁，封狐千里些。雄虺九首，往来倏忽，吞人以益其心些。归来归来！不可以久淫些。

魂兮归来！西方之害，流沙千里些。旋入雷渊，爢散而不可止些。幸而得脱，其外旷宇些。赤蚁若象，玄蠭若壶些。五谷不生，藂菅是食些。其土烂人，求水无所得些。彷徉无所倚，广大无所极些。归来归来！恐自遗贼些。

魂兮归来！北方不可以止些。增冰峨峨，飞雪千里些。归来归来！不可以久些。

魂兮归来！君无上天些。虎豹九关，啄害下人些。一夫九首,拔木九千些。豺狼从目,往来侁侁些。悬人以娭,投之深渊些。致命于帝,然后得瞑些。归来归来!往恐危身些。

魂兮归来!君无下此幽都些。土伯九约,其角觺觺些。敦脄血拇,逐人駓駓些。参目虎首,其身若牛些。此皆甘人。归来归来!恐自遗灾些。

描写上下四方环境之险恶,如东方有专爱吃人灵魂的千仞长人,南方有杀人以祭鬼的雕题黑齿,西方有能埋没人的千里流沙,北方有可以冻死人的峨峨层冰,天上有啄害人的虎豹,幽都有血拇逐人的土伯,等等,总之"天地四方,多贼奸些。"其陈述"楚国之美"云:

魂兮归来!入修门些。……像设君室,静闲安些。高堂邃宇,槛层轩些。层台累榭,临高山些。网户朱缀,刻方连些。冬有突厦,夏室寒些。川谷径复,流潺湲些。光风转蕙,氾崇兰些。经堂入奥,朱尘筵些。砥室翠翘,挂曲琼些。翡翠珠被,烂齐光些。蒻阿拂壁,罗帱张些。纂组绮缟,结琦璜些。室中之观,多珍怪些。兰膏明烛,华容备些。二八侍宿,射递代些。九侯淑女,多迅众些。盛鬋不同制,实满宫些。……魂兮归来,何远为些。

室家遂宗,食多方些。稻粢穱麦,挐黄粱些。大苦醎酸,辛甘行些。肥牛之腱,臑若芳些。和酸若苦,陈吴羹些。胹鳖炮羔,有柘浆些。鹄酸臇凫,煎鸿鸧些。露鸡臛蠵,厉而不爽些。粔籹蜜饵,有餦餭些。瑶浆蜜勺,实羽觞些。挫糟冻饮,酎清凉些。华酌既陈,有琼浆些。归反故室,敬而无妨些。

肴羞未通,女乐罗些。陈钟按鼓,造新歌些。涉江采菱,发扬荷些。美人既醉,朱颜酡些。娭光眇视,目曾波些。被文

> 服纤，丽而不奇些。长发曼鬋，艳陆离些。二八齐容，起郑舞些。衽若交竿，抚案下些。竽瑟狂会，搷鸣鼓些。宫庭震惊，发激楚些。吴歈蔡讴，奏大吕些。士女杂坐，乱而不分些。放陈组缨，班其相纷些。郑卫妖玩，来杂陈些。激楚之结，独秀先些。……魂兮归来！反故居些。

描写楚国生活之美，有层台临山、高堂邃宇的宫殿，砥室翠翘、翡翠曲琼的陈设，华容美貌的侍妾，高贵闲雅的淑女。还有米麦黄粱糁杂做成的美食，胹鳖炮羊的佳肴，清凉醇厚的春酒。更有造新歌的女乐，衽若交竿的郑舞，奏大吕的吴蔡之歌，等等，总之“酎饮尽欢，乐先故些”。楚国的生活不但生人尽欢，祖先的灵魂也得到享乐。

一方面是“四方之恶”，另一方面是“楚国之美”，两方面对比，在于招唤亡灵不要留滞异乡，而应及早返回楚国。其中也反映了当时宫廷生活的奢侈和腐化，刘勰所谓杂有“荒淫之意”。作者这样写，是含有一种内心的隐痛，可以发人深省。在“乱辞”里，屈原叙述自己浪迹南征的情景：

> 献岁发春兮，汩吾南征。菉蘋齐叶兮，白芷生。路贯庐江兮，左长薄。倚沼畦瀛兮，遥望博。青骊结驷兮，齐千乘。悬火延起兮，玄颜烝。步及骤处兮，诱骋先。抑骛若通兮，引车右还。与王趋梦兮，课后先。君王亲发兮，惮青兕。朱明承夜兮，时不可以淹。皋兰被径兮，斯路渐。湛湛江水兮，上有枫。目极千里兮，伤春心。魂兮归来，哀江南！

他经过菉蘋白芷、“沼畦瀛”的地区，纵目远望，回想起当年怀王在云梦泽狩猎时的情况，其车骑之盛，侍卫之强，君王之勇，今日留下的只有一片荒芜。抚今追昔，不胜感慨。死者已矣，希望归来的，只有流散在异乡的魂魄。“哀”，动词，依也。是招唤亡魂归依江南。蒋骥云:“卒章魂兮归来依江南,乃作文本旨,余皆幻设耳。”(《山带阁注楚辞》)可谓一语破的。全文就是这样在引言里说明作文的原因,然后是正式招魂,最后归结为通篇的用意所在,点明主题。

引言是叙事,间杂散行句式。“乱辞’的句尾用“兮”字,和屈原其他作品的句式相似。正文的句尾用“些”字,是古代楚国“巫音”的残存。整个形式应是屈原采用民间流行的招魂词而写成的。

这篇作品在手法上主要是着重铺张,它从各方面描写楚国本土生活的富庶和欢乐,也从各方面描写异乡环境的恶劣和恐怖。这种铺叙的作风对后来文学影响很大。《大招》的写作方法便是以它为模式的。汉赋铺张扬厉的特点,也是他的文风的进一步发展。

第三节 《九章》

《九章》是和《离骚》内容相似的作品,叙述屈原的身世和遭遇,共九篇。《九章》的篇义是什么?据王逸《楚辞章句》说:

> 章者,著也,明也。言己所陈忠信之道甚著明也。

这完全是一种望文生义、故神其说的解释。朱熹《楚辞集注》则说:

> 屈原既放,思君念国,随事感触,辄形于声。后人辑之,得其九章,合为一卷,非必出于一时之言也。

从《九章》各篇的内容来看,他的说法是符合实际的。《九章》并不像《九歌》《九辩》那样是个专名词,而是九篇诗歌的总称。这从《九章》之名后出可以看出来。司马迁在《屈原列传》中录《怀沙》

全文,称作《怀沙》之赋,同时在赞语里把《哀郢》和《离骚》《天问》《招魂》并列。《怀沙》《哀郢》都是《九章》中的篇名,司马迁不称《九章》,而单称篇名,可见当时还没有《九章》的名称。《九章》之名,最早见于西汉末年刘向的《九叹》,其中之《忧苦》有云:

> 叹《离骚》以扬意兮,犹未殚于《九章》。

刘向是《楚辞》最初的编辑者,《九章》之名应该就是他加上的。或者当时流行不广,还未被学术界所认可,所以稍后的扬雄,并不用此名。《汉书·扬雄传》记载:

> (雄)又旁《惜诵》以下至《怀沙》一卷,名曰"畔牢愁"。

其中还是当散行的篇章看待的,并不说扬雄"旁《九章》"。到了东汉初年,王逸作《楚辞章句》,沿用刘向旧题,加上自己的解释,才把这个名称固定下来。

这样,就产生了一个问题,即今本《九章》的编次,《怀沙》以下还有《思美人》《惜往日》《橘颂》《悲回风》四篇,这四篇是否屈原所作呢?对此,历代争论纷纭。其中有代表性的如清吴汝纶在《古文辞类纂点勘记》中说:

> 《九章》自《怀沙》以下,不似屈子之辞。子云《畔牢愁》所仿,自《惜诵》至《怀沙》而止。盖《怀沙》乃投汨罗时绝笔,以后不得有作。

近人刘永济在其《屈赋通笺》中也主张此说,应当怎样理解呢?扬雄的《畔牢愁》已经失传了,他依傍的"《惜诵》以下至《怀沙》一卷"所撰述的内容如何,也无从考察。但从吴汝纶等人对《扬雄传》记载的理解看,扬雄仿《九章》而止于《怀沙》,是因为当时人把《怀沙》看作是屈原自投汨罗的绝笔。西汉时期,《九章》之名虽已出现,但其编排次序并未固定。最初的编辑者刘向可能即认为《怀沙》是屈原的绝笔,便把它编于九篇之末。扬雄所见到的大概就是这种编次,王逸注《九章》所依据的也是这种编次。今本《怀沙》以下之四篇,在当时应该都编排在《怀沙》之前。汤炳正先生在其《屈赋新探》中,根据扬雄的《反离骚》不但隐括《离骚》的语义,而且广泛涉及《九章》诸篇的内容,其中包括《思美人》、《悲回风》等后四篇,说明扬雄是读过《怀沙》以下的篇章的。其论证有据,足可信服。因此,我们不能根据《汉书·扬雄传》中的一句话,即认为扬雄只看到前五篇,而未看到后四篇,或认为后四篇非屈原作,而是汉人所作等。

这九篇作品被编辑在一起,不是简单的集合,而是以类相从的。今本《九章》篇目的次序为:《惜诵》《涉江》《哀郢》《抽思》《怀沙》《思美人》《惜往日》《橘颂》《悲回风》。很明显,编者是把篇幅长短相似,风格语言相似,并且都和作者的生平遭遇有关的作品编成一组的。

至于《九章》的写作时代,王逸在《楚辞章句》中说:

> 屈原放于江南之野,思君念国,忧心罔极,故复作《九章》。

他认为《九章》都是屈原放逐到江南以后写的。这是不正确的。从《九章》的内容看,其中不但有放逐后的作品,也有被谗见疏时的作品,正如朱熹所说:"非一时之言"也。下面我们就考察一下各篇的写作年代和基本内容。

《橘颂》作于何时?作品本身没有透露一点痕迹,因此很难得出确切的结论。王夫之在《楚辞通释》中和姚鼐在《古文辞类纂》里都认为是怀王时初被谗见疏时所作,他们根据诗中有"闭心自慎,终不失过”的句子,说是屈原辨释上官大夫进谗之诬罔。而蒋骥和林云铭则认为是顷襄王时被放逐到江南后的作品,林云铭在《楚辞灯》中说:“既至江南,触目所见,借以自写,则《橘颂》也。”但这种说法臆测的成分很多,都不可信。把作品中两个思想意义不明显的句子,看作是屈原被谗见疏后情绪的流露,未免牵强。把没有丝毫悲愤内容的诗歌看作是流放江南所作,与作者当时的思想感情不合。我认为可取的是清人陈本礼、吴汝纶和近人郭沫若,谭介甫的看法。陈本礼在其《屈辞精义》中说:

> 其曰“嗟尔幼志”、“年岁虽少”,明明自道,盖早年童冠时作也。

又吴汝纶在其《古文辞类纂评点》中说:

> 此篇疑屈子少作,故有“幼志”及“年岁虽少”之语。未必已被谗也。

郭沫若、谭介甫更具体地阐述了这种观点。郭沫若在《屈原研究》中说:

> 据我看来,《橘颂》作得最早,本是一种比兴体,前半颂桔,后半颂人,所颂者不知究系何人。这里面找不出任何悲愤的情绪,而大体上是遵守着四字句的古调。其余的八篇气象和格调都迥然不同,……

又谭介甫在《屈赋新编》中说:

> 这是他的早年作品,除后章“嗟尔幼志”和“乱辞”的“年岁虽少”两句已明白表示外,再就思想内容看,全篇没有露出一点忧伤愤懑的情绪,必是早作无疑。

他们都认为《橘颂》是屈原早年所作,这个意见是合理的。

《橘颂》是一篇借咏物以抒情之作,名义是颂橘,实际上是以橘自喻,通过颂橘来述志。橘之所以值得赞颂者是它的纯洁的品德和高尚的情操,是他的高风亮节。如原文云:

> 后皇嘉树,橘徕服兮。受命不迁,生南国兮。深固难徙,更壹志兮。绿叶素荣,纷其可喜兮。曾枝剡棘,圆果抟兮。青黄杂糅,文章烂兮。精色内白,类可任兮。纷缊宜修,姱而不丑兮。
>
> 嗟尔幼志,有以异兮。独立不迁,岂不可喜兮!深固难徙,廓其无求兮。苏世独立,横而不流兮。闭心自慎,终不失过兮。秉德无私,参天地兮。愿岁并谢,与长友兮。淑离不淫,梗其有理兮。年岁虽少,可师长兮。行比伯夷,置以为象兮。

全文明显地可划分为两段,前一段是正面咏橘,后一段则是对橘的赞美,也即述志。“嗟尔幼志,有以异兮”是一篇之关键所在,整篇诗歌都是抒发桔树心志之不凡。其不同凡响处在于独立特行而不变节,根深蒂固而不可迁移,心胸开朗而无所求,卓然屹立而不随波逐流,坚贞自守而无过失。品德如此无私无畏,可以参配天地,比美伯夷,作为榜样,可师可法。朱熹《楚辞集注》说:“原自比志节如桔,不可移是也。……言桔之高洁可比伯夷,宜立以为像而效法之,亦因以自托也。”具体说明了此诗的篇义。屈原借咏桔所述之志,不是没有针对性的,究竟缘何而发,各家意见不同。蒋骥在《山带阁注楚辞》中说:

> 旧解徒知以“受命不迁”,明忠臣不事二君之义,而不知以“深固难徙”,示其不能变心从俗,尤为自命之本。盖“不

迁”“难徙”，义各不同，故特著之曰：“更壹志也”。

蒋骥认为此篇是屈原晚年所作，与我们的看法不同。但他认为《橘颂》所述屈原之志是“示其不能变心从俗，尤为自命之本”可谓得其要领。在我们对《橘颂》的写作年代不能更具体地确定之前，对《橘颂》的写作意图，也不能作更具体的推测，否则便会有穿凿附会之嫌。

整篇诗歌都用比兴体，即象征手法，这对《诗经》之只用比兴发端是个发展。咏物则物中有人，咏人则人中有物，前半篇主要是咏橘，把橘人格化，后半篇主要是述志，把人物性格化，做到了物我融汇，和谐统一。林云铭所谓“看来两段中，句句是颂橘，句句不是颂橘，但见原与桔分不得是一是二，彼此互映，有镜花水月之妙。”（《楚辞灯》）是深有体味之论。这种借咏物以抒情之作，为后代的咏物诗奠定了基础。

诗歌基本上是四言体，句法少变化，呈现出屈原早期文学创作的个性。

《惜诵》应该作于被谗见疏之后。林云铭《楚辞灯》说：

> 《惜诵》乃怀王见疏之后，又进言得罪所作，然亦未放。……大约先被谗止见疏，本传所谓“不复在位”，以其不复在左徒之位，未尝不在朝也，故有使于齐及谏张仪二事。

又蒋骥《山带阁注楚辞》说：

> 盖原于怀王见疏之后，复乘间自陈，而益被谗致困，故深自痛惜，而发愤为此篇以白其情也。

可见，他们都认为是被谗见疏之后放逐之前写的。再从作品的内容看：“纷逢尤以离谤兮，謇不可释也。情沉抑而不达兮，又蔽而莫之白也。”是说自己遭受谄谤，祸不可解，情志沉抑，又无人代为表达。又如：“欲高飞而远集兮，君罔谓女何之?”“矫兹媚以私处兮，愿曾思而远身。”想高飞远举，又怕怀王责怪，最后是洁身以避患。这种既被谗又不肯离开楚都的心境，正说明它不是放逐之后写的。按怀王十六年，秦要伐齐，为了瓦解齐楚的“从亲”关系，便派张仪到楚国去用重币贿赂楚国的贵族重臣，对怀王表示只要楚能与齐绝交，秦愿“献商於之地六百里”。他当时应当是对怀王切谏过，但贪婪昏庸的怀王不听，却相信张仪的诡计，与齐绝交，以致铸成大错。这篇作品大概就是这时期写的。作品的内容和结构很像《离骚》，应当是《离骚》创作前的初稿。这可以从刘向《九叹·忧苦》之“叹《离骚》以扬意兮，犹未殚于《九章》”的句意中得到证明。对这句话，王逸注说：“乃叹唫《离骚》之经以扬己志，尚未尽《九章》之篇。”认为指九篇之作未完成，是不正确的。这是一个连贯句，上句的宾语“意”，即下句的主语而被省略了。“未殚”，是意犹未尽。“殚”下用介词“于”。意谓可以叹息者用《离骚》来表达自己的意志，而这意志在《九章》中还未表达完。这说明《离骚》是进一步发挥了《九章》的思想。尽管《九章》诸篇不是一时一地之作，也不都作于《离骚》之前，但其中确有在思想内容方面酷似《离骚》的篇章如《惜诵》。《惜诵》叙述自己在政治上被谗见疏的过程，先说自己因忠君而招祸，次述自己招祸之后心中的沉郁痛苦，最后表示坚贞不屈的决心。《离骚》的思想脉络与此完全相同。刘向所谓“犹未殚于《九章》”而“叹《离骚》以扬意”，当指此。说明《惜诵》作于《离骚》之前，是《离骚》写作的雏型。

《惜诵》是《离骚》写作的雏型，不但在思想脉络上为《离骚》所继承，而且在结构上也为《离骚》所吸取。如《惜诵》中有厉神占卜以劝戒屈原一段，《离骚》中则有女媭规劝屈原一节，情境相似。

在遣词造句方面也前后呼应，如《惜诵》云：“心郁邑余侘傺兮，又莫察余之中情。”《离骚》则云：“忳郁邑余侘傺兮，吾独穷困乎此时也！”“荃不察余之中情兮，反信谗而齌怒。”又如《惜诵》云：“行婞直而不豫兮，鲧功用而不就。”《离骚》则云：“女嬃之婵媛兮，申申其詈予，曰：鲧婞直以亡身兮，终然殀乎羽之野”等等，都说明它们前后的承袭关系，说明《惜诵》是《离骚》的初稿，它的写作时间应早于《离骚》。

《惜诵》是一篇述志之作，是一篇表明自己思想态度之文。其中反复申诉自己的不平遭遇，并为其不平遭遇辩释。其中充满了辩释的话，以辩释来抒发自己的怨恨，是本篇的特点，为其他篇章所不见。如：

> 惜诵以致愍兮，发愤以抒情。所作忠而言之兮，指苍天以为正。令五帝以枏中兮，戒六神与向服。俾山川以备御兮，命咎繇使听直。竭忠诚以事君兮，反离群而赘肬。忘儇媚以背众兮，待明君其知之。言与行其可迹兮，情与貌其不变。故相臣莫若君兮，所以证之不远。吾谊先君而后身兮，羌众人之所仇。专惟君而无他兮，又众兆之所雠。壹心而不豫兮，羌不可保也。疾亲君而无他兮，有招祸之道也。
>
> 思君其莫我忠兮，忽忘身之贱贫。事君而不贰兮，迷不知宠之门。忠何罪以遇罚兮？亦非余心之所志也；行不群以巅越兮，又众兆之所咍也。纷逢尤以离谤兮，謇不可释也；情沉抑而不达兮，又蔽而莫之白也。心郁邑余侘傺兮，又莫察余之中情。固烦言不可结而诒兮，愿陈志而无路。退静默而莫余知兮，进号呼又莫吾闻。申侘傺之烦惑兮，中闷瞀之忳忳。

这类辩释话之多，不胜抄录。而且这些辩释语言，都是对自己心志的正面、明快的表述，毫无寄托。朱熹《楚辞集注》云："此篇全用赋体，无他寄托，其言明切，最为易晓。而其言作忠造怨、遭谗畏罪之意，曲尽彼此之情状。"可谓道出了本篇的写作特点。通过直赋其事的手法，表现其"作忠造怨，遭谗畏罪之意"。洪兴祖《楚辞补注》云："此章言己以忠信事君，可质于明神，而为谗邪所蔽，进退不可，惟博采众善以自处而已。"是对《惜诵》主题思想的简明扼要的概括。

《抽思》是屈原在汉北所作。林云铭、蒋骥都有同样的看法，蒋骥《山带阁注楚辞》说：

> 此篇盖原怀王时斥居汉北所作也。……原于怀王，受知有素。其来汉北，或亦谪宦于斯，非顷襄弃逐江南可比。

屈原之去汉北，是投闲置散，并非放逐，这个看法也是正确的。再证之以《抽思》的内容："有鸟自南兮，来集汉北；好姱佳丽兮，牉独处此异域。"这里的"鸟"，自王逸以来，都认为是屈原自喻，毫无疑义。那么这是说自己到了汉北。又"惟郢路之辽远兮，魂一夕而九逝"，说明汉北离郢都之遥远和自己对故都之眷恋。可见这篇作品确是在汉北写的。然而写于何时呢？《抽思》说："昔君与我成言兮，曰'黄昏以为期'。羌中道而回畔兮，反既有此他志。"很明显是追述他从前做左徒时受怀王的信任，现在被抛弃了的心情。所以这篇作品应作于怀王时期。按怀王二十五年，楚秦黄棘之盟，楚国完全倾向秦国，一向主张联齐抗秦的屈原，在政治上必然受到更大的排斥，就在这一年，他到汉北去了。因此《抽思》应作于怀王二十五年以后。

《抽思》与《离骚》都是因为同一事故而作，应是《离骚》的续作，因此其前半部分在思想情绪上与《离骚》中之"荃不察余之中情兮"一节有相应合之处。如《抽思》云：

昔君与我成言兮，曰：'黄昏以为期'。羌中道而回畔兮，反既有此他志。憍吾以其美好兮，览余以其修姱；与余言而不信兮，盖为余而造怒。愿承间而自察兮，心震悼而不敢；悲夷犹而冀进兮，心怛伤之憺憺。历兹情以陈辞兮，荪详聋而不闻；固切人之不媚兮，众果以我为患。初吾所陈之耿著兮，岂至今其庸亡！何独乐斯之謇謇兮？愿荪美之可光。望三五以为像兮，指彭咸以为仪。夫何极而不至兮，故远闻而难亏。善不由外来兮，名不可以虚作。孰无施而有报兮，孰不实而有获？

《离骚》则云：

荃不察余之中情兮，反信谗而齌怒。余固知謇謇之为患兮，忍而不能舍也！指九天以为正兮，夫唯灵修之故也。曰黄昏以为期兮，羌中道而改路。初既与余成言兮，后悔遁而有他。余既不难夫离别兮，伤灵修之数化。

这两段引文，不但显示出《抽思》与《离骚》在思想情绪上相似，语气上相似，甚至在言辞上也极相似。这种相似，可以看作是《抽思》对《离骚》的解释。又《离骚》中有一段写屈原遨游天地寻求美女而不可得，便问卜于灵氛、巫咸的事。灵氛劝屈原离开楚国，到别处去寻求。屈原不听灵氛的劝告，而说：

欲从灵氛之吉占兮，心犹豫而狐疑。

《抽思》则云：

愿摇起而横奔兮，览民尤以自镇。

二者的情景，又何其相似！这种相似不是偶然的，而是由于处于同一个环境，为了同一件事故，而产生相同的思想感情，是屈原在相同的时间、相同的遭际下，对自己思想情感的表白。

《抽思》的内容是叙述自己多次进谏，耿耿忠心，而怀王始终不听，以致使自己流浪异乡，心境无由上达的愁苦。蒋骥《山带阁注楚辞》说：

> 前欲陈辞以遗美人，终以无媒而忧谁告。盖君恩未远，犹有拳拳自媚之意；而于所陈耿著之辞，不惮亹亹述之，则犹幸其念旧而一悟也。视《涉江》、《哀郢》、《惜往日》、《悲回风》诸篇，立言大有迳庭矣。

蒋骥的体味可谓深入细致。作品主要抒发了对怀王之言而无信、反复无常的怨恨和希望怀王能痛改前非、重新任用自己的心情。

《抽思》的结构不同于其他各篇，其篇末有“少歌”，有“倡辞”，有“乱辞”。“少歌”以总结并申明前文；“倡辞”以叙述迁居汉北以后，终不忘君之意；“乱辞”以序作赋时自汉北南行之事。其作用在于把自己对怀王的怨恨和希望与自己愁苦无由上达的心境发挥得淋漓尽致。即洪兴祖《楚辞补注》所谓：“‘少歌’之不足，则又发其意而为‘倡’。独‘倡’而无与和也，则总理一赋之终，以为‘乱辞’云尔。”

《思美人》应当是屈原在汉北继《抽思》之后所作。蒋骥《山带阁注楚辞》说：

> 美人，即《抽思》所欲陈词之美人。

从作品本身看，《抽思》开篇要“陈词美人”，篇末云“斯言谁告”；本篇首言“舒情莫达”，终云“效彭咸死谏”；前后相承，脉络分明。两篇都眷恋美人，而苦于无媒人通达，思想感情也完全相似。

又《思美人》云:“指嶓冢之西隈兮,与曛黄以为期。”“吾且儃佪以娱忧兮,观南人之变态。”“独茕茕而南行兮,思彭咸之故也。”蒋骥《山带阁注楚辞》说:

> 嶓冢,山名,汉水发源之处,在今汉中府宁羌州,楚极西地。原居汉北,举汉水所出以立言也。

又说:

> 南人,指郢中之人。

林云铭《楚辞灯》也说:

> 其称造都为南行,朝臣为南人,置在汉北无疑。

方晞原也说:

> 上云“观南人之变态”,此云“茕茕而南行”,宜为在汉北所言。(见戴震《屈原赋注》引)

他们的说法都是正确的。至于说“遵江夏以娱忧”,是作者想像之词。江夏虽在郢都东南,但离郢都较近,他想像到江夏可以“娱忧”,并不是说这篇诗歌作于江夏。再从作品的思想情绪看,他的思君念国之情,还没有达到绝望的程度,仍然希望怀王能翻然悔悟,发奋图强。这和他被放逐到江南之后的作品所表露的情绪是绝然不同的。《思美人》以文辞简洁、雅淡,文气平和、顺畅为特点,舒缓自如而不震荡迫促,如:

> 思美人兮,擥涕而竚眙。媒绝路阻兮,言不可结诒。蹇蹇之烦冤兮,陷滞而不发。申旦以舒中情兮,志沈菀而莫达。愿寄言于浮云兮,遇丰隆而不将。因归鸟而致辞兮,羌迅高而难当。

> 高辛之灵盛兮，遭玄鸟而致诒。欲变节以从俗兮，愧易初而屈志。独历年而离愍兮，羌冯心犹未化。宁隐闵而寿考兮，何变易之可为！知前辙之不遂兮，未改此度。车既覆而马颠兮，蹇独怀此异路。勒骐骥而更驾兮，造父为我操之。迁逡次而勿驱兮，聊假日以须时。指嶓冢之西隈兮，与𫘪黄以为期。……

汪瑗《楚辞集解》云:“其文严整洁净、雅淡冲和，文之精粹者也。岂年垂老，其气渐平，而所养益纯也欤?”汪瑗认为本篇作于顷襄王时期的说法，是不可取的。但他论述本文的文章风格，可谓得其要领。

《思美人》的内容，是叙述自己对怀王的极端忠贞，却不被怀王理解，然而也永不变节，《离骚》所谓“不吾知其亦已兮，苟余情其信芳。”终以仿效彭咸之死谏，而希望怀王的醒悟。这一题旨，洪兴祖在《楚辞补注》中作了明确的阐发:“此章言己思念其君，不能自达，然反观初志，不可变易，益自修饬，死而后已也。”

《哀郢》是屈原被放逐到江南以后的作品，这从“去故都”、“哀故都”、“出国门”等词义便可以看出来。蒋骥《山带阁注楚辞》也说:

> 《涉江》、《哀郢》皆顷襄王时放于江南所作。然《哀郢》发郢而至陵阳，皆自西徂东;《涉江》从鄂渚入溆浦，乃自东北往西南，当在既放陵阳之后。

他不但看出这两篇作品都是放逐到江南之后所作，而且看出《涉江》作于《哀郢》之后，都是很有见地的。对这篇作品的写作背景，王夫之《楚辞通释》认为是顷襄王二十一年秦将白起破郢的事。然而这个时间未免太晚了，屈原当时不一定还活着。按屈原放逐在顷襄王二年，据《史记·楚世家》记载，顷襄王元年：

> 秦发兵出武关，攻楚，大败楚军，斩首五万，取析十五城。

这次战争对汉水上游之襄、邓等汉北地区破坏很大，当地百姓纷纷沿汉水南下逃亡。屈原于顷襄王二年被迁逐时，在江夏之间遇到了这些难民。《哀郢》说："民离散而相失兮，方仲春而东迁。""出国门而轸怀兮，甲之鼂吾以行。"在仲春甲之日早晨，他沉痛地与国都告别，在江夏之间与大批难民同流亡。作品中还记述了他流亡的路线："过夏首而西浮兮，顾龙门而不见。""将运舟而下浮兮，上洞庭而下江。去终古之所居兮，今逍遥而来东。""背夏浦而西思兮，哀故都之日远。""当陵阳之焉至兮，淼南渡之焉如？"他刚出郢都，便过夏首，由夏首东下，经过洞庭，更沿江东去，到了夏浦，最后到达陵阳。作品中接着说："至今九年而不复"，可见他在陵阳呆了九年，即顷襄王十一年。这一年他回忆起当初流亡的生活，不胜感慨，便写了《哀郢》。

《哀郢》的结构可以分为三部分，篇首的四句，所以笼罩全篇，像是全篇的"序言"，简述东迁的原因。篇末的"乱辞"，以不反故乡，无罪被逐作结，意思与篇首四句相应。中间为正文，记述流亡的路线与感受，很像一首纪行诗。正文又可分为两大段，前二十四句为第一大段，追述九年前迁徙的过程，绘声绘色，历历如在眼前，如：

> 去故乡而就远兮，遵江夏以流亡。出国门而轸怀兮，甲之鼂吾以行。发郢都而去闾兮，怊荒忽其焉极？楫齐扬以容与兮，哀见君而不再得。望长楸而太息兮，涕淫淫其若霰。过夏首而西浮兮，顾龙门而不见。心婵媛而伤怀兮，眇不知其所蹠。顺风波以从流兮，焉洋洋而为客。凌阳侯之泛滥兮，忽翱

翔之焉薄？心絓结而不解兮，思蹇产而不释。将运舟而下浮兮，上洞庭而下江。去终古之所居兮，今逍遥而来东。

叙述中兼抒情，亦情亦景，情景相生。后三十二句为第二大段，虽然也纪行程，但重在抒发自己的身世之感，情绪激烈，声调慷慨，与前一段的境界迥然不同。如：

羌灵魂之欲归兮，何须臾而忘反。背夏浦而西思兮，哀故都之日远。登大坟以远望兮，聊以舒吾忧心。哀州土之平乐兮，悲江介之遗风。当陵阳之焉至兮，淼南渡之焉如？曾不知夏之为丘兮，孰两东门之可芜？心不怡之长久兮，忧与愁其相接。惟郢路之辽远兮，江与夏之不可涉。忽若去不信兮，至今九年而不复。惨郁郁而不通兮，蹇侘傺而含感。……

屈原本来是时刻不忘君的，但这里由于感情沉郁，悲愤至极，言辞之中已不见“君”字了。全篇思想脉络分明，章法谨严，文辞宛转，情感激烈。“郢”是楚国的政治中心，是楚国的象征。屈原是怀着一种永别的心情离开这里的。他想到国家垂危的命运，看到人民苦难的遭遇，感受到被排斥的悲痛，《哀郢》即表现了对楚国灭亡前夕的悼念，表现了对受灾受难人民的同情和自己被迁谪的感伤。林云铭《楚辞灯》说：

不曰思郢而曰哀郢者，以顷襄初立，子兰为令尹，上官大夫等献媚固宠，妒贤害国，较之怀王之世尤甚。当初放时，已见百姓之震愆离散，不知此九年中，更作何状？恐天不纯命，实有可哀者。

他认为屈原所哀伤者是国家和人民的命运，而不是其他。这是十分正确的。太史公读《哀郢》而“悲其志”的“志”，即指他对国家和人民命运的关心。洪兴祖认为指屈原“思见君而不得”，乃失其本意。

《涉江》是继《哀郢》之后的作品。《哀郢》作于顷襄王十一年，那么《涉江》应作于顷襄王十二年。《涉江》开头说“年既老”，但还“不衰”，可能他这时已经五十多岁了。和《哀郢》相同，篇中也记述了他流亡的路线，同样像是一首纪行诗。如：曰鄂渚、曰山皋、曰方林、曰上沅、曰枉陼、曰辰阳、曰溆浦等，皆道其所经之地。汪瑗《楚辞集解》说：“实纪道路之曲折，非泛语也。”是完全正确的。大概在他写《哀郢》的第二年春天，离开了久居的陵阳，远去西南，由鄂渚至方林，入洞庭，溯沅水，经枉渚，至辰阳，东达溆浦。在这一过程中写了《涉江》。

《涉江》的内容是写屈原义行高洁，而不为世人所理解，竟遭谗被逐。然而自己终不变心从俗，而是独立特行，甘心愁苦以终穷。洪兴祖《楚辞补注》说：“此章言己佩服殊异，抗志高远，国无人知之者，徘徊江之上，叹小人在位，而君子遇害也。”可谓得之。此篇与《哀郢》作于同时，但情感格调绝不相同。蒋骥《山带阁注楚辞)说：

> 其命意浩然一往，与《哀郢》之呜咽徘徊，欲行又止，亦绝不相侔。盖彼迫于严谴而有去国之悲，此激于愤怀而有绝人之志，所由来者异也。

与作于其前的《惜诵》的情感格调也不相同。汪瑗《楚辞集解》说：

> 前篇(指《惜诵》)其志悲，此篇其志肆。

所谓“浩然一往”、“其志肆”，其实是一个意思，即指其思想感情之抒发自如、倾泻无余。他们的话确是道出了《涉江》文章的特点。如他在开篇隐括自己的生平、诉说自己的高尚情操说：

余幼好此奇服兮,年既老而不衰。带长铗之陆离兮,冠切云之崔嵬。被明月兮珮宝璐。世溷浊而莫余知兮,吾方高驰而不顾。驾青虬兮骖白螭,吾与重华游兮瑶之圃。登昆仑兮食玉英,与天地兮同寿,与日月兮齐光。

文气从容冲雅,舒畅跌荡,是直抒胸臆之辞。又如他叙述自己途中所见所历,以景抒情说:

哀南夷之莫吾知兮,旦余济乎江湘。乘鄂渚而反顾兮,欸秋冬之绪风。步余马兮山皋,邸余车兮方林。乘舲船余上沅兮,齐吴榜以击汰。船容与而不进兮,淹回水而疑滞。朝发枉陼兮,夕宿辰阳。苟余心其端直兮,虽僻远之何伤!

这里所写的实景,楚乡的风物,一一如画,同时也把一个逐臣迁客、千回百折的去国之情抒发得淋漓尽致。再如对他迁逐之地的描写:

入溆浦余儃佪兮,迷不知吾所如。深林杳以冥冥兮,猨狖之所居。山峻高以蔽日兮,下幽晦以多雨。霰雪纷其无垠兮,云霏霏而承宇。哀吾生之无乐兮,幽独处乎山中。吾不能变心而从俗兮,固将愁苦而终穷!

这些深山密林嵚崟幽邃的景物,流荡恣肆地表现了屈原当时的心境。王夫之《楚辞通释》说:“沅西之地,与黔粤相接,山高林深,四时多雨,云岚垂地,簷宇若出其上。江北之人,习居旷敞之野,初至于此,风景幽惨,不能无感。被谗失志之迁客,其何堪此乎!”体味出这段文字曲尽人情之妙。

整篇作品没有呜咽的悲泣,没有愤激的情感,篇末援引古人以自慰。其词和,其气平,其文简而洁,于从容、淡薄中见精神。

《怀沙》旧说认为是屈原的绝命词。这是根据司马迁在《屈原列传》中的记载,《屈原列传》记载说:

> 乃作《怀沙》之赋……于是怀石,遂自投汨罗以死。

司马迁是根据屈原“怀石自沉”的历史传说,并当时流行的本子《怀沙》编次在《九章》之末,而认为《怀沙》是屈原的绝笔,并无其他凭证。其实这是不正确的。屈原在《怀沙》中虽然表示要死,但并没有流露“自沉”的意思,更没有“怀石”痕迹。他说:“明告君子,吾将以为类兮”,是说他最后将以死自处,并非立刻即死。可见《怀沙》既不是屈原的绝笔,也不是指“怀沙自沉”。《怀沙》者,应指怀念长沙。蒋骥《山带阁注楚辞》说:

> 后世释《怀沙》者,皆以怀抱沙石为解,若东方《七谏》“怀沙砾而自沉”;《后汉·高凤传》“委体渊沙”;相沿旧矣,然以沙为石殊未妥。按李陈玉云:“怀沙,寓怀长沙也”。其说特创而甚可玩。

且不管解“怀沙”为“怀石”是否得当,他认为“怀沙”指怀长沙,则是可取的。证之以《哀郢》《涉江》,“沙”当是地名。长沙之名起源很早,《战国策》《山海经》《遁甲经》《路史》等书中都有记载。汨罗离长沙不远,本篇开端说:“汨徂南土”,结尾说:“知死不可让,愿勿爱兮”,说明屈原思念长沙是为了寻找一个适当的地点作为自己生命的归宿。那么《怀沙》不是屈原的绝笔,但距屈原之死一定很近。作品记叙的时令是“滔滔孟夏”,“孟夏”是夏历四月,而《荆楚岁时记》和《续齐谐记》记载他五月五日自投汨罗,则这篇作品应作于他死的前一个月。它是接着《涉江》写的,《涉江》的路程是由鄂渚到辰阳、溆浦,方向是从东北向西南,所以说“徂南土”。这篇作品的路程则是由辰阳、溆浦到汨罗,方向是从西南向东北,所以说“进路北次”。方晞原说:“据《涉江》篇,由沅入溆,乃至迁所,则沉罗渊当北行,故有‘进路北次’之语。”(戴震《屈原赋注》引)这个看法是正确的。

这篇作品抒发了屈原将死时的愤激和悲哀。洪兴祖《楚辞补注》说:“此章言己虽放逐,不以穷困易其行。小人蔽贤,群起而攻之。举世之人,无知我者。思古人而不得见,仗节死义而已。”是对这篇作品主题的准确概括。屈原说:“知死不可让”,这是全篇的重心。屈原为什么要死,汪瑗认为屈原“以己之谪居长沙,长沙卑湿,自以为寿不得长,乃作此篇以自广其意,聊慰其心,如贾谊之所为也。”这是不正确的。屈原之所以不爱其死者,并非如贾谊之被贬长沙,而长沙卑湿,自以为年寿不会长,才矢志一死。而是因为谗谀用事国君昏愦,自己又不肯与世俗同流合污,便以死来表明心迹。乃如洪兴祖所说,是“仗节死义”,也即舍身取义之意。这才是屈原拳拳之本心。

由于这篇作品是将死时之所作,所以其中充满了激切的言辞和哀惨的情调。王夫之《楚辞通释》说:

> 其词迫而不舒,其思幽而不著,繁音促节,特异于他篇云。

确是道出了本篇在文辞、思想、感情、音节诸方面的不同凡响处。如:

> 滔滔孟夏兮,草木莽莽。伤怀永哀兮,汩徂南土。眴兮杳杳,孔静幽默。郁结纡轸兮,离愍而长鞠。抚情效志兮,冤屈而自抑。
>
> 刓方以为圜兮,常度未替。易初本迪兮,君子所鄙。章画志墨兮,前图未改;内厚质正兮,大人所盛。巧倕不斲兮,孰察其拨正。玄文处幽兮,矇瞍谓之不章;离娄微睇兮,瞽以为无

明。变白以为黑兮，倒上以为下。凤皇在笯兮，鸡鹜翔舞。同糅玉石兮，一概而相量。夫惟党人之鄙固兮，羌不知余之所臧。

任重载盛兮，陷滞而不济；怀瑾握瑜兮，穷不知所示。邑犬之群吠兮，吠所怪也；非俊疑杰兮，固庸态也。文质疏内兮，众不知余之异采。材朴委积兮，莫知余之所有。重仁袭义兮，谨厚以为丰。重华不可遌兮，孰知余之从容！古固有不并兮，岂知其故也！汤禹久远兮，邈不可慕也。惩连改忿兮，抑心而自强。离慜而不迁兮，愿志之有象。进路北次兮，日昧昧其将暮；舒忧娱哀兮，限之以大故。

整篇文章气势盎然，音调悲切，前后思想感情一以贯之，叙述生平抱负和操守。林云铭《楚辞灯》说："最为郁勃，亦最为哀惨……其章法句法，承接照应，无不井然。"陈本礼《屈辞精义》又说："凄音惨惨，至今犹闻纸上。已上又似一篇自祭文。乱曰以下，则自题墓志铭也。"都是确当之论。

《悲回风》作于何时？朱熹在其《楚辞集注》中说：

至《惜往日》《悲回风》，则其身已临沅湘之渊，而命在晷刻矣。

认为是临死之前所作。王夫之也持同样的看法，他在《楚辞通释》中说：

盖原自沉时，永诀之辞也。

案篇中有"任重石之何益"的话，"任石"，即抱石或负石。《庄子·盗跖》篇有申徒狄因谏诤而不被采纳"负石自投于河"的记载，《荀子·不苟》篇也有申徒狄恨道之不行遂"负石而赴河"的记载。屈原所谓“任重石”,即承上句“悲申徒之抗迹”而来。屈原在这里第一次提出“任重石”的问题,联系上句“骤谏君而不听兮”,则其意思是既然谏君而不被采纳,效申徒狄之负石自沉,又有什么用呢!可见这时他要死的决心还不那么坚定。不过从他反复著明慕彭咸之志的情绪看,此作的写作时间绝对离他沉江不远。

作品抒发屈原为谗佞当权而忧虑,因此托游天地之间,以泄愤懑。然而终于想自沉汨罗,效法伍子胥、申徒狄,以完成自己的志节。通篇是抒情,没有记述任何事实。感情极其深沉、忧郁。朱熹说:“其志之切,而词之哀,盖未有甚于此数篇(指《悲回风》《惜往日》等)者。”如:

悲回风之摇蕙兮,心冤结而内伤。物有微而陨性兮,声有隐而先倡。夫何彭咸之造思兮,暨志介而不忘!万变其情岂可盖兮,孰虚伪之可长!鸟兽鸣以号群兮,草苴比而不芳。鱼葺鳞以自别兮,蛟龙隐其文章。故荼荠不同亩兮,兰茝幽而独芳。惟佳人之永都兮,更统世而自贶。眇远志之所及兮,怜浮云之相羊。介眇志之所惑兮,窃赋诗之所明。

惟佳人之独怀兮,折若椒以自处。曾歔欷之嗟嗟兮,独隐伏而思虑。涕泣交而凄凄兮,思不眠以至曙。终长夜之曼曼兮,掩此哀而不去。寤从容以周流兮,聊逍遥以自恃。伤太息之愍怜兮,气于邑而不可止。纠思心以为纕兮,编愁苦以为膺。折若木以蔽光兮,随飘风之所仍。存仿佛而不见兮,心踊跃其若汤。抚珮衽以案志兮,超惘惘而遂行。岁曶曶其若颓兮,时亦冉冉而将至。薠蘅槁而节离兮,芳以歇而不比。怜思心之不可惩兮,证此言之不可聊。宁逝死而流亡兮,不忍为此之常愁。孤子吟而抆泪兮,放子出而不还。孰能思而不隐兮,昭彭咸之所闻。

> 登石峦以远望兮，路眇眇之默默。入景响之无应兮，闻省想而不可得。愁郁郁之无快兮，居戚戚而不可解。心鞿羁而不形兮，气缭转而自缔。穆眇眇之无垠兮，莽芒芒之无仪。声有隐而相感兮，物有纯而不可为。藐蔓蔓之不可量兮，缥绵绵之不可纡。愁悄悄之常悲兮，翩冥冥之不可娱。凌大波而流风兮，托彭咸之所居。……

陈本礼在《屈辞精义》中对本篇的文义作了逐层的划分："且首自'悲回风'起，至'诗之所明'，乃其赋序。旧诂亦未截断。自'寤从容'以下，皆托言梦境。'登石峦'以下，心不志郢，仍属魂游。自'倾寤'以下，尽言死后魂在波中漂荡之苦。至若'悲霜雪之俱下，听潮声之相击'，则又惨不可读矣。末则不悲自己，反悲申徒之壬石，恐己空死无益，亦犹申徒之抗迹也。"陈本礼认为本篇作于怀王入秦而不反之时，未免有误，但他对全篇文义的划分，寻绎文理，揣摹诗脉，可谓深有体味。这时的屈原已经不再怨天尤人了，而完全是自我的哀诉，这种哀诉又得不到任何反响，竟成为绝望的惨叫。王夫之《楚辞通释》说："无所复怨于谗人，无所兴嗟于国事，既悠然以安死，抑恋君而不忘。述己志之孤清，想不亡之灵爽，合幽明于一致，韬哀怨于独知。"正道出《悲回风》所抒发的屈原的心境。为了表现他自己此时此地的思想感情，作品中运用了许多双声叠韵的双音节词，像"相羊""歔欷""从容""周流""逍遥""于邑""仿佛""踊跃""惆怅"等等。这些联绵词丰富了诗的音乐美，增强了诗的感染力。在屈原的作品中独具特点。

《惜往日》是屈原最后的作品，是他的绝笔。蒋骥《山带阁注楚辞》说：

> 《惜往日》，其灵均绝笔欤？夫欲生悟其君不得，卒以死

> 悟之,此世所谓孤注也。默默而死,不如其已,故大声疾呼,直指谗臣蔽君之罪,深著背法败亡之祸,危辞以撼之,庶几无弗悟也。苟可以悟其主者,死轻于鸿毛。故略子推之死而详文君之悟,不胜死后余望焉。

蒋骥说明了《惜往日》是绝笔及其所以是绝笔的理由。然而自明代以来流行着一种否认是屈原所作的观点。如明人许学夷在其《诗源辨体》中说:"《惜往日》云:'不毕辞而赴渊兮,惜壅君之不识。'……是岂屈子口语耶?盖必唐勒、景差之徒为原而作,一时失其名,遂附入屈原耳。"清人吴汝纶在《古文辞类纂评点》中也说:"'恐祸殃之有再',岂屈子语?"他们共同的理由都认为自己所举的例句不是屈原的语气,而是他人的陈述。但是,我们仔细琢磨上下文意,此数句是出于屈原的口吻乃确当不易。按许学夷所引两句之前,还有"临沅湘之玄渊兮,遂自忍而沉流。卒没身而绝名兮,惜壅君之不昭。"四句,是屈原自云沉江自尽,身名俱灭,本不足虑,而楚君之仍被蒙蔽不悟,则是很可痛惜的。这与"不毕辞而赴渊兮,惜壅君之不识。"意思相同,而前后照应。屈原反复申述这个意思,说明他死的决心已定。怎能说不是屈原的语气呢!又吴汝纶所引"恐祸殃之有再"的上句为"甘溘死而流亡兮"。顾炎武在《日知录》卷九《楚辞注》中解此二句云:"一身不足惜,其如社稷何!《史记》所云:'楚日以削,数十年竟为秦所灭',即屈原所谓'祸殃之有再'者也。"完全是顺应屈原的口吻作解释。可见这是屈原的话无疑。《惜往日》既然全是屈原的自述,那么它是屈原所作则毫无问题。屈原在作品中三次以彭咸自矢,并反复表示自沉的决心,说明这是他临死前所作,是他的绝命词,也是可以肯定的了。

《惜往日》概括叙述屈原自己生平的政治遭遇,痛恨谗人之"壅君",因而自己的理想不能实现,说明自己所以必死的苦衷,希望以死来激发顷襄王最终能醒悟。朱熹《楚辞集注》说："其临绝之音……尤愤懑而极悲哀，读之使人太息流涕而不能已。"如：

> 惜往日之曾信兮，受命诏以昭时。奉先功以照下兮，明法度之嫌疑。国富强而法立兮，属贞臣而日娭。秘密事之载心兮，虽过失而弗治。心纯庬而不泄兮，遭谗人而嫉之。君含怒而待臣兮，不清澂其然否。蔽晦君之聪明兮，虚惑误又以欺。弗参验以考实兮，远迁臣而弗思。信谗谀之溷浊兮，盛气志而过之。
>
> 何贞臣之无罪兮，被离谤而见尤？惭光景之诚信兮，身幽隐而备之。临沅湘之玄渊兮，遂自忍而沈流。卒没身而绝名兮，惜壅君之不昭。君无度而弗察兮，使芳草为薮幽。焉舒情而抽信兮，恬死亡而不聊。独鄣壅而蔽隐兮，使贞臣为无由。……

其感情之沉痛，心绪之悲怨，缱绻悱恻而不能自已。王夫之《楚辞通释》亦谓"故决意沉渊，而余怨不已。"语言平实浅显，通俗易懂，与其他篇章不同。蒋骥《山带阁注楚辞》也说："《九章》惟此篇词最浅易，非徒垂死之言，不暇雕饰，亦欲庸君入目而易晓也。"在他的作品中别具一格。

《九章》和《离骚》是同类型的作品，都是自叙生平的抒情诗，不同的是《离骚》是综合性的自叙传，《九章》则是屈原某些生活片断的实录。《九章》各篇在思想内容和艺术手法上都有不同的特点，但大都和《离骚》联系着，有的甚至和《离骚》相似，是对《离骚》的丰富和充实。其中所记叙的屈原的生活片断，是研究屈原生平思想的最有价值的资料。

第四节 《九歌》

《九歌》原是楚国民间流传很久的祭神的乐歌,其中各篇都是楚地人民所习惯称呼的神名。

《九歌》的名称来源很古,据说早在夏朝已经出现。《离骚》说:

启《九辩》与《九歌》兮,夏康娱以自纵。

《天问》也说:

启棘宾商,《九辩》《九歌》。

《山海经·大荒西经》则说:

夏后开上嫔于天,得《九辩》与《九歌》以下。

这三条记载相同,《九歌》是夏朝的乐章,是启从天上偷来人间的。这自然是一种神话传说,并非事实。那么它与楚人的祭歌有什么关系呢?这个问题很不好理解。一般地讲,古《九歌》相传是一种神圣而美妙的歌曲,楚地《九歌》则是楚人民的一种宗教形式的巫歌。《吕氏春秋·侈乐篇》说:"楚之衰也,作为巫音。"这种《九歌》就是用巫音来唱的。黄文焕《楚辞听直》说:"余谓《九歌》之名,自古有之,非楚俗之歌也。……兹之有作,如后人拟古乐府、代古乐府,因其名而异其词云尔。"这是有道理的。大概楚地人民出于对这种祭歌优美韵律的极端赞赏和喜爱,便沿用了古《九歌》的名字,与古《九歌》的原调并无关系。

屈原和《九歌》的关系怎样呢?王逸《楚辞章句》说:

昔楚南郢之邑,沅湘之间,其俗信鬼而好祠,其祠必作歌乐鼓舞以乐诸神。屈原放逐，……出见俗人祭祀之礼，歌舞之乐，其词鄙陋，因为作《九歌》之曲，上陈事神之敬，下见己之冤结，托之以讽谏。

又朱熹《楚辞集注》说：

荆蛮陋俗，词既鄙俚，而其阴阳人鬼之间，又或不能无亵慢淫荒之杂。原既放逐，见而感之，故颇为更定其词，去其泰甚。而又困彼事神之心，以寄吾忠君爱国、眷恋不忘之意。

长期以来流行着一种错误看法，即认为王逸、朱熹的观点有矛盾，王逸认为《九歌》是屈原所作，朱熹则认为《九歌》是屈原对乡间祭歌的改造。我们认为王逸和朱熹的观点是一致的，王逸的看法是屈原嫌弃民间祭歌歌词的鄙陋，“因为作《九歌》之曲”。“因”字即说明屈原是在民间祭歌的基础上加工创作《九歌》的。朱熹是进一步补充、发挥了这种见解，他所谓“又或不能无亵慢淫荒之杂”是对“其词鄙陋”的发挥，所谓“忠君爱国”是由“托之以讽谏”引申出来，所谓“故颇为更定其词，去其泰甚”。则是更明确地说明屈原对民间祭歌的加工和创作。他们都是从相同的角度说明《九歌》的来源和屈原与《九歌》的关系。这种说法很近事实。《九歌》可能是职业的巫祝们所编造，经过屈原在艺术上的修饰、润色、加工而成的。这种情况我们可以从唐代诗人刘禹锡作《竹枝》辞得到更精确的证明。《新唐书·刘禹锡传》记载：

宪宗立，叔文等败，禹锡贬连州刺史，未至，斥朗州司马。州接夜郎诸夷，风俗陋甚，家喜巫鬼。每祠歌《竹枝》，鼓吹裴回，其声伧伫。禹锡谓屈原居沅湘间作《九歌》，使楚人以迎送神，乃倚其声作《竹枝辞》十余篇，于是武陵夷里悉歌之。始坐叔文贬者八人，宪宗欲终斥不复，乃诏“虽后更赦令，不得原”。

这是刘禹锡被贬到朗州后的一段史实。朗州在沅江入洞庭湖之处,即今天湖南省武陵县,也就是屈原放逐的地方。刘禹锡虽系被贬,但从“虽后更赦令,不得原”的诏令看,实际等同放逐。他遭遇到与屈原相同的命运,所贬之处也与屈原相同,他的感受也必然和屈原相一致,他想到屈原作《九歌》使楚人以迎送神,自己也采集当地祭祀时所歌的《竹枝》,作《竹枝》辞十余篇。这两个人所作的歌辞虽然不同,而其意义则一,即都是采用民歌以铸伟词。这不但可以证明《九歌》是屈原利用原来民间祭歌作素材创作加工而成的,而且也可以证明它是屈原放逐到江南流浪沅湘一带所作。

《九歌》的写作时间,王夫之认为是被谗见疏后在汉北所作(见《楚辞通释》),郭沫若认为是青年得意时的作品(见《屈原研究》),游国恩则认为作于怀王十七、八年(见《屈原》),他们的说法都不可信。从《九歌》的内容看,它描写的方面很广,既有南方的沅湘,也有北方的黄河和西方的巫山,并且包括各种神祇。要描写、加工的素材这样广阔,必需经过一个搜集整理的过程,这个过程可能比较长,因此它不是一时一地之作,但最后写定应是在顷襄王时被放逐到江南以后。这一点,王逸、刘禹锡、朱熹的意见是可取的。作品虽然在文字上看不到放逐的痕迹,但从他轻歌微吟中却散发出一种不可抑制的忧愁幽思,他那种贞洁自好、哀怨感伤的情绪,正是长期放逐生活中的心情的自然流露。

《九歌》共十一篇,但历代的《楚辞》研究者中有人却想尽理由把有些篇目合并,凑成九篇之数。如黄文焕、林云铭把《山鬼》、《国殇》、《礼魂》合为一篇,理由是这三篇都是祭鬼。蒋骥把《湘君》和《湘夫人》、《大司命》和《少司命》各合为一篇,理由是所祭的是同类的神。这种削足适履的做法,都是由于对《九歌》篇名的错误解释造成的。《九歌》并非九篇歌曲，而是一首乐章的专名词。洪兴祖《楚辞补注》说：

> 以“九”为名者，取“箫韶九成，启《九辩》《九歌》”之义。

这是十分正确的解释，不能拘泥于“九”篇之数。值得注意的是《九歌》十一章既为祭神的乐歌，其中除了《礼魂》为送神曲之外，为什么出现了祭鬼的篇章如《山鬼》、《国殇》？我们认为《山鬼》名义上是鬼，实际上仍然是神。顾天成《九歌解》即认为山鬼就是巫山女神。至于《国殇》虽然祭的是鬼，但这些为国牺牲的烈士，他们的功绩在屈原看来不同一般，而近于神灵，所以把他们当作神来配享，作品中说“身既死兮神以灵”就说明了这个意思。

《九歌》是屈原在当时楚国祭歌的基础上创作而成的，或者说是为楚人祭祀和娱乐鬼神而写的，它是一套歌舞辞。正因为如此，我们必须了解其神、巫配置关系，才能对作品的内容作确切的了解。朱熹在《楚辞集注》之《东皇太一》注中说：

> 古者巫以降神……盖身则巫而心则神也。

又在其《楚辞辩证》中说：

> 楚俗祠祭之歌，今不可得而闻矣。然计其间，或以阴巫（即女巫）下阳神（即男神），以阳主（即男巫）接阴鬼（即女神），则其辞之亵慢淫荒，当有不可道者。

朱熹不但指出巫觋之一身二任，而且提出“或以阴巫下阳神，以阳主接阴鬼”之男女相配的看法。这是他的创见。又陈本礼在《屈辞精义》中说：

> 愚按：《九歌》之乐，有男巫歌者，有女巫歌者，有巫觋歌者，有一巫倡和众和者。

他进一步提出在娱神时有独唱独舞、对唱对舞和合唱合舞等现象。廓清了这些现象,才有助于我们对《九歌》各篇内容的分析。

《东皇太一》是《九歌》的第一篇。“太一”之名,有认为是星宿的,有认为是紫微宫之神的,有认为即北辰的。众说纷纭,莫衷一是。按宋玉《高唐赋》云:

进纯牺,祷琁室,醮诸神,礼太一。

刘良注云:

诸神,百神也。太一,天神也。天神尊敬称礼也。

这是楚人自己对“太一”的解释,应当可信。从《九歌》看,“东君”、“云中君”以下即百神,而“东皇太一”即天神。天神为太一,居天之中,是万物的主宰,所以最为尊贵。“东皇”即原文中的“上皇”。《庄子·秋水》云:

且彼方跐黄泉而登大皇。

成玄英疏云:

大皇,天也。

这里所说的“上皇”,即《秋水》篇中的“大皇”。大犹太,尊之则叫上皇,状之则叫太皇。庄周楚人,指天为皇,是楚人的语言。因为祭祀在楚之东方,所以称“东皇”。然则“东皇太一”是一名而叠用,即皇天上帝的意思。

这篇作品祭的是天神。天神是自然万物产生的本原,是福善祸淫的主宰,他的威力至大无边,又至高无上。祭祀时由男巫扮东皇太一,由女巫扮主祭者。女巫独唱独舞或群巫合唱:

吉日兮辰良,穆将愉兮上皇。抚长剑兮玉珥,璆锵鸣兮琳琅。瑶席兮玉瑱，盍将把兮琼芳。蕙肴蒸兮兰藉，奠桂酒兮椒浆。扬枹兮拊鼓，疏缓节兮安歌，陈竽瑟兮浩倡。

灵偃蹇兮姣服，芳菲菲兮满堂。五音纷兮繁会，君欣欣兮乐康。

从作品的内容看，被祀者东皇太一尚未降临，所以作品中没有描写神的形貌，也没有描写神的灵验，这一点与其他各篇明显不同。而只是写主祭之巫出场后，以布置肴馔之精、陈设之盛、歌舞之美，来表达敬神之心、娱神之意，表示对神的虔诚，并烘托神的圣洁。最后是群巫姣服偃蹇、曼舞缓歌，在五音交会中，一同浩唱。王夫之《楚辞通释》说："太一最贵，故但言陈设之盛，以儌神降，而无婉恋颂美之言。"蒋骥《山带阁注楚辞》也说："太一最贵，故作歌者但致其庄敬，而不敢存慕恋怨忆之心，盖颂体也。"都道着本篇的特点。全文以"穆将愉兮上皇"为统领，以"君欣欣兮乐康"作结尾，前后呼应，贯串着主祭人肃穆虔敬的精神活动。

《东君》应当是《九歌》的第二篇，今本《楚辞》却把它放在《少司命》和《河伯》之间，很明显是错简。闻一多《楚辞校补》云：

《东君》与《云中君》皆天神之属，其歌辞宜亦相次。顾今本二章部居悬绝，无义可寻。其为错简，殆无可疑。余谓古本《东君》次在《云中君》前。《史记·封禅书》、《汉书·郊祀志》并云；"晋巫祠五帝、东君、云中君"，《索隐》引王逸亦云："东君、云中君"见《归藏易》（今本注无此文），咸以二神连称，明楚俗致祭，诗人造歌，亦当以二神相将。且惟《东君》在《云中君》前，《少司命》乃得与《河伯》首尾相衔，而《河伯》首二句乃得阑入《少司命》中耳。

这是极其精辟的见解。"东君"是日神，《广雅·释天》云："朱明、耀灵、东君,日也。”古时祭祀日月星辰,《仪礼·觐礼》云:“天子乘龙,载大旆,象日月,升龙降龙,出拜日于东门之外,反祀方明,礼日于南门外。”又《礼记·玉藻》云:“天子玉藻十有二旒,前后邃延,龙卷以祭,玄端而朝日于东门之外。”日出东方,祭日必须在东方举行,所以叫“东君”。

这篇作品描写对日神的祭祀,由男巫扮东君,女巫扮主祭者。男巫、女巫对唱对舞:

> 暾将出兮东方,照吾槛兮扶桑。抚余马兮安驱,夜皎皎兮既明。驾龙辀兮乘雷,载云旗兮委蛇。长太息兮将上,心低佪兮顾怀。羌声色兮娱人,观者憺兮忘归。
>
> 緪瑟兮交鼓,箫钟兮瑶簴,鸣鯱兮吹竽,思灵保兮贤姱,翾飞兮翠曾,展诗兮会舞,应律兮合节。灵之来兮蔽日。
>
> 青云衣兮白霓裳,举长矢兮射天狼。操余弧兮反沦降,援北斗兮酌桂浆。撰余辔兮高驰翔,杳冥冥兮以东行。

其第一段由扮东君的男巫所唱,第二段由扮主祭者的女巫所唱,第三段仍由扮东君的男巫所唱。蒋骥所谓“前音后舞,乐有节奏,诗有间合。”(《楚辞余论》卷上)其写祭祀情景有与《东皇太一》相同处,也有不同处。相同处是写祭祀的场面极其隆重热烈,展诗会舞,鼓瑟吹竽,应律合节,击钟鸣鯱,戴震所谓“此歌备陈乐舞之事,盖举迎日典礼赋之。”(《屈原赋注》)以致“羌声色兮娱人,观者憺兮忘归。”使观众为之出神而忘归。不同处是它描绘了日神的鲜明形象,这个日神驾龙舟,载云旗,衣白霓,挟长矢,散发出无穷的光焰。他从东方升起,到西方坠落,不息地运转。他被迎接来了,但不能作片刻停留,因为他还要用自己放射的光和热去造福其余的人们。通篇包涵着对日神的崇敬和礼赞。

《云中君》是云神。洪兴祖《楚辞补注》说:“云神丰隆也,一曰屏翳。”朱熹《楚辞集注》也说:“谓云神也。”《离骚》中也有“吾令丰隆乘云兮”的话。可见“云中君”即云中之神,名丰隆,又名屏翳。与《东皇太一》《东君》等天神同类。而徐文靖(《管城硕记》)、陈培寿(《楚辞大义述》),王闿运(《楚辞释》)则认为“云中”是楚国泽名,即云梦。“君”是泽中之神,犹“湘君”为湘水之神然。但细审原文,有许多地方解释不通,所以不可取。又姜亮夫(《屈原赋校注》)认为是月神,更难置信。

这篇祭的是云神,但云和雨是密切联系着的,云神和雨师有时名子也相同,《山海经·海外东经》郭璞注云:“雨师,谓屏翳也。”因此,祭云神含有祈求布雨的意思在。对人类的生活、万物的滋生,阳光是很重要的,而雨也是必须的。所以人们对云雨有特殊的感情,此人们之所以祭也。由男巫扮云神,女巫扮主祭者,女巫独唱独舞:

> 浴兰汤兮沐芳,华采衣兮若英。灵连蜷兮既留,烂昭昭兮未央。蹇将憺兮寿宫,与日月兮齐光。龙驾兮帝服,聊翱游兮周章。
>
> 灵皇皇兮既降,猋远举兮云中。览冀州兮有余,横四海兮焉穷。思夫君兮太息,极劳心兮忡忡。

女巫唱“浴兰汤兮沐芳”二句以迎神,扮云神的男巫降临,女巫见了唱“灵连蜷兮既留”六句,云神既降不久又腾空而去,女巫又唱“灵皇皇兮既降,猋远举兮云中”四句,女巫对之表现了无限思念之情,因此唱“思夫君兮太息”二句。其中云、神、巫形成一体,以巫的衣裳象征云彩,又以云彩的皎洁表现神的品格。写神之将降未降,有许多连蜷曲折,既降之后,一瞬间又猋举远去。蒋骥

《山带阁注楚辞》说;“此篇皆貌云之辞”。林云铭《楚辞灯》说:“云之为章于天、无远不到,或行或止,皆使人可望而不可即,其为神亦犹是也。”皆确当之论。最后赞扬云神的德泽:“览冀州兮有余,横四海兮焉穷。”其仁惠遍及九州四海而无穷。云神乍降旋归,来往急速,因此劳心忧思,唯恐祈祷不灵,得不到雨露的滋养,从而依恋而叹息。

《湘君》和《湘夫人》是湘水之神,是楚地民俗普遍崇奉之神。最初它和日神、云神一样,只是楚人民崇拜自然的一种心理状态的反映,并没有具体的人物。可是随着历史的发展、时代的变化,便把历史传说中帝舜和他的妃子娥皇、女英附丽于他们身上,赋予他们以具体的人的形象、情感和思想。大概舜抚三苗之威在楚地民俗中影响很大,而二妃死于湘江之说在民间也流传很广,楚人民出于对他们的崇敬和同情便把他们神化,看作是湘水之神。《礼记·檀弓》云:

> 舜葬于苍梧之野,盖二妃未之从也。

郑玄注:

> 《离骚》(指《九歌》)所歌《湘夫人》,舜妃也。

可见最初舜南巡时,二妃并未相从。郦道元《水经·湘水注》云:

> 大舜之陟方(巡视四方)也,二妃从征,溺于湘江,神游洞庭之渊,出入潇湘之浦。

后来追踪而至,听到舜死的消息,便自投湘水而死,成为湘水之神。又《史记·秦始皇本纪》记载,秦始皇南巡,至湘山祠,遇大风,问博士曰:

> “湘君何神?”博士对曰:“闻之,尧之女,舜之妻,而

葬此。”

这好像是以湘君为尧之二女。而司马贞《索隐》则云：

> 夫人是尧女，则湘君当是舜。今此文以“湘君”为尧女，是总而言之。

这个理解是正确的，以湘君为尧之二女，乃总括而言。王闿运《楚辞释》云：

> 湘以出九疑，为舜灵，号“湘君”；以二女尝至君山，为“湘夫人”焉。

可见娥皇、女英是湘水的女神，而舜是湘水的男神。但历史上不少人把湘君、湘夫人都看作是二女，这与作品所表现的互相赠答和爱恋的内容是不符合的。作品所表现的情感，很明显是一种配偶神，而不是其他。

《湘君》由男巫扮舜，由女巫扮主祭者，同时就代表娥皇、女英。男女对唱对舞：

> 君不行兮夷犹，蹇谁留兮中洲？美要眇兮宜修，沛吾乘兮桂舟。令沅湘兮无波，使江水兮安流。望夫君兮未来，吹参差兮谁思？
>
> 驾飞龙兮北征，邅吾道兮洞庭。薜荔柏兮蕙绸，荪桡兮兰旌。望涔阳兮极浦，横大江兮扬灵。扬灵兮未极，女婵媛兮为余太息。横流涕兮潺湲，隐思君兮陫侧。
>
> 桂棹兮兰枻，斲冰兮积雪。采薜荔兮水中，搴芙蓉兮木末；心不同兮媒劳，恩不甚兮轻绝。石濑兮浅浅，飞龙兮翩翩。交不忠兮怨长，期不信兮告余以不闲。
>
> 鼂骋骛兮江皋，夕弭节兮北渚。鸟次兮屋上，水周兮

堂下。

捐余玦兮江中，遗余佩兮醴浦，采芳洲兮杜若，将以遗兮下女。时不可兮再得，聊逍遥兮容与。

第一段是扮主祭者的女巫所唱，第二段为扮湘君的男巫所唱。第三、四段又为扮主祭者的女巫所唱。第五段为扮湘君的男巫所唱。

这是一篇凄惋的悲歌。主祭者饰湘夫人在江边徘徊，若有所待。她看到湘君的身影，便乘着桂舟去迎接，吹着凤箫相召唤。湘君终于驾着飞龙降临了，他向北走，涉洞庭之波，绝大江之口，见湘夫人在为想恋他而叹息，他则欲言而未言。湘夫人则凿寒冰、开积雪，于艰难环境中乘舟去追求，总由于恩爱不深，而求之不得。湘君临别将玦佩抛入江中，将杜若送给湘夫人，因为不可能再见，所以在江边稍事徘徊。全篇都是写湘夫人对湘君的追求、切望，而湘君的态度则比较冷淡。王夫之《楚辞通释》云："望之切，疑之甚，自述其情，以冀神之鉴。凡此类皆原情重谊深，因事触发，而其辞不觉其如此，固可想见忠爱笃至之情。"湘夫人对湘君的热烈追求、渗透着屈原自己的忠爱之情。至于在人物描写上，陈本礼《屈辞精义》云："其写神之不测处，真得鬼神之情状矣。"

《湘夫人》由女巫扮娥皇、女英，由男巫扮主祭者，同时即代表舜。男女对唱对舞：

帝子降兮北渚，目眇眇兮愁予。嫋嫋兮秋风，洞庭波兮木叶下。登白薠兮骋望，与佳期兮夕张。鸟何萃兮蘋中，罾何为兮木上？

沅有茝兮澧有兰，思公子兮未敢言。荒忽兮远望，观流水兮潺湲。

麋何食兮庭中，蛟何为兮水裔？朝驰余马兮江皋，夕济兮西澨。闻佳人兮召予，将腾驾兮偕逝。筑室兮水中，葺之兮荷盖。荪壁兮紫坛，播芳椒兮成堂。桂栋兮兰橑，辛夷楣兮药房。罔薜荔兮为帷，擗蕙榜兮既张。白玉兮为镇，疏石兰兮为芳。芷葺兮荷屋，缭之兮杜衡。合百草兮实庭，建芳馨兮庑门。九疑缤兮并迎，灵之来兮如云。

捐余袂兮江中，遗余褋兮醴浦。搴汀洲兮杜若，将以遗兮远者。时不可兮骤得，聊逍遥兮容与。

第一段为扮主祭者的男巫所唱，第二段为扮湘夫人的女巫所唱，第三段又为扮主祭者的男巫所唱，第四段为扮湘夫人的女巫所唱。

这同样是一篇凄惋的悲歌。主祭者饰湘君迎候湘夫人于洞庭始波、木叶凋零的季节，但可望而不即。然而湘夫人终于降临了，她虽有思念湘君之心，却不敢明言。湘君听见有人召唤，便用各种芳香的草木筑成水中的宫殿，以待湘夫人。湘夫人从九嶷山上乘云驾雾下来了，但旋来即反，临别时将袂褋抛入江中，把杜若送给湘君，留下一丝再会的希望。全篇也都是写湘君对湘夫人的追求和爱慕，湘夫人虽对之留情仍纷然离去，湘君则忍恨终生。篇中最能状湘夫人之情者是“沅有茝兮澧有兰，思公子兮未敢言。荒忽兮远望，观流水兮潺湲。”四句，写她思念之切，以至于精神恍惚，不敢吐露内情，只有面对潺湲的江水而出神。明都穆《南濠诗话》云：“‘思公子兮未敢言’，惟其不言，所以为思之至。”可谓把握着湘夫人的精神内涵。

这两篇作品在内容上是相同的，结构上是相似的，语气上是相互呼应的。因此虽然独自成篇，实则浑然一体。它们共同表现了一种生离死别、会合无缘的悲痛和怨恨。湘君和湘夫人各自对对方热烈地追求着怀恋着,但始终未见到,可望而不可及。这种描写手法和《诗经》之《周南》中的《汉广》、《秦风》中的《蒹葭》、《邶风》中的《静女》很相像,但感情却深沉悲切得多。两篇都以候人作线索,尽管在怅惘的期待中对对方表示尤怨,而自己仍然坚贞不渝。但两篇在写法上也有不同之处,前人已有见于此。如林云铭《楚辞灯》云:

是篇(指《湘夫人》)与前篇,同一迎祭湘水之神,而行文落想迥别。《湘君》自始至终不一顾,《湘夫人》则方降而即相怜,是订期以陈供具,可不嫌于唐突。方迎而先见召,是筑室以效荐馨,亦不涉于支离。皆于不经意中,生出许多疑信、许多欢幸。乃忽尔舍北渚而还九嶷,究竟末后一看,仍与《湘君》一般发付。……中间提出"恍忽"二字,作前后眼目。末段把前篇语换个"骤"字,以前此曾有相关之意,冀将来从容图之,或可庶几一遇。痴想到底,不比《湘君》"时难再得",其望便绝。此惓惓之深哀也。

林云铭的分析鞭辟入里,细微之极,确是道着了这两篇作品的不同处。这两篇作品对湘君、湘夫人的形象未作正面的描写,而是通过心理的刻画,环境的摹绘,把他们烘托出来。他们具有优美的形貌、高洁的情操,他们的生死契阔具有悲剧意义。

《大司命》和《少司命》本来是两颗星宿的名,据说它们主宰人们的寿命。《周礼·春官·大宗伯》云:

以槱燎祀司中、司命。

"疏"引《星传》云:

三台……上台司命,为太尉。……文昌宫第四曰司命……二文俱有司中司命，故两载之。

文中称两司命，然则三台星之一上台就是大司命，文昌第四星就是少司命。《汉书·郊祀志》云：

荆巫有司命，说者曰：文昌，第四星也。

说明古代已有楚巫迎降司命之神。洪兴祖《楚辞补注》引五臣云：

司命，星名。主知生死，辅天行化，诛恶护善也。

又《庄子·至乐》篇云：

吾使司命复生子形，为子骨肉肌肤。

则知司命执掌寿夭之事，在楚地流传很广。大司命总管人类的生死，所以称为大；少司命专管儿童的命运，所以称为少。

《大司命》由男巫扮神，女巫扮主祭者。男女对唱对舞：

广开兮天门，纷吾乘兮玄云。令飘风兮先驱，使冻雨兮洒尘。君回翔兮以下，逾空桑兮从女。纷总总兮九州，何寿夭兮在予！

高飞兮安翔，乘清气兮御阴阳。吾与君兮斋速，导帝之兮九坑。

灵衣兮被被，玉佩兮陆离。壹阴兮壹阳，众莫知兮余所为。

折疏麻兮瑶华，将以遗兮离居。老冉冉兮既极，不寖近兮愈疏。乘龙兮辚辚，高驰兮冲天。结桂枝兮延竚，羌愈思兮愁人。愁人兮奈何，愿若今兮无亏。固人命兮有当，孰离合兮可为？

第一段中之“广开兮天门”以下四句为扮大司命的男巫所唱，

“君回翔兮以下”之二句为扮主祭者的女巫所唱,“纷总总兮九州”以下二句仍为扮大司命的男巫所唱。第二段全为扮主祭者的女巫所唱,第三段全为扮大司命的男巫所唱,第四段全为扮主祭者女巫所唱。

祭祀之开始,是大司命之神大开天门、乘云而降。主祭的女巫立刻逾空桑相迎。然而大司命瞬降即逝,要去请天帝到人间来。因为自己虽主人之寿命,乃是代天宣化,不敢自专,所以说“众莫知兮余所为”。主祭的女巫怅惘神离去太急,“不寖近兮愈疏”,急欲与神亲近,设法挽留,然终无效验。“愁人兮奈何”,从无可奈何中想出一种解愁之方,即“固人命兮有当,孰离合兮可为?”人的寿命既然有一定的限度,与神无关,那么人与神的亲近和离别,又有什么要紧呢? 进行自我宽解。这里提出一个问题,即大司命并不能解决人的寿夭。林云铭《楚辞灯》说:“原以忠见疏,不得复用,老已至矣,人寿几何? 安能留为有待! 此二《司命》所由作也。”屈原在写这两篇作品时,确是渗透了自己被斥逐后的思想感情,他在为自己的生命担忧,然而求神的结果,未来的吉凶祸福仍然是渺茫。

《少司命》也是由男巫扮神,女巫扮主祭者。男女对唱对舞:

秋兰兮麋芜,罗生兮堂下。绿叶兮素枝,芳菲菲兮袭予。夫人自有兮美子,荪何以兮愁苦!

秋兰兮青青,绿叶兮紫茎。满堂兮美人,忽独与余兮目成。

入不言兮出不辞,乘回风兮载云旗。悲莫悲兮生别离,乐莫乐兮新相知。

荷衣兮蕙带,儵而来兮忽而逝。夕宿兮帝郊,君谁须兮云之际?

与女沐兮咸池,晞女发兮阳之阿。望美人兮未来,临风怳兮浩歌。

孔盖兮翠旍，登九天兮抚彗星。竦长剑兮拥幼艾，荪独宜兮为民正。

第一段为扮主祭的女巫所唱，第二段为扮少司命的男巫所唱，第三、四段又为扮主祭的女巫所唱，第五段仍为扮少司命的男巫所唱，第六段又为扮主祭的女巫所唱。主祭者女巫先感觉到少司命之神即将降临，告诉他人间自有好儿女，你何必为他们的安康愁苦？少司命降临了，见满堂美人齐舞，唯独主祭的女巫向他眉目传情。他不言不语，一刹时即离去了。主祭的女巫感到好景不常，十分悲哀，从云际望候那已回天界的少司命。少司命表示愿与主祭的女巫沐于咸池，去旸谷晞发，但久待不来，只有临风惆怅而悲歌了。最后主祭的女巫称颂少司命上天之后，持彗星、执长剑，保护少年儿女，司下民之命。这篇作品的寓意与《大司命》相同，但写作方法却不同。林云铭《楚辞灯》说："开手以堂下之物起兴，步步说来；中间故意作了许多波折，恣意摇曳，但觉神之出入往来，飘忽迷离，不可方物；末以赞叹之语作结，与《大司命》篇另是一样机轴。极文心之变化，而步伐井然，一丝不乱。"大司命总管人类的寿夭，是个严肃的神；少司命专管儿童的命运，是个温柔的神。所以蒋骥《山带阁注楚辞》说："《大司命》之辞肃，《少司命》之辞昵。"由于所写的对象不同，其文辞也迥异。在描写内容上，《大司命》描写人们为了祈求永寿延年，对掌寿命的神表现了迫切而虔诚的心情，而寿命之神却对之冷酷无情，使人们产生无可奈何的愁思，最后以"人命有当"、"若今无亏"安慰自己。《少司命》描写神在人们的祈求之下，时刻为人们的子嗣而"愁苦"，他严守自己的职位，"抚彗星"、"竦长剑"来保护儿童，取得人们对他的崇敬和赞扬："荪独宜兮为民正"。这两篇作品就感情之缠绵宛转讲，与《湘君》

《湘夫人》很相似，但也有不同处，陈本礼《屈辞精义》说："前《湘君》、《湘夫人》，两篇章法蝉递而下，分之为两篇，合之实一篇也。此篇《大司命》与《少司命》两篇并序，则合传体也。"就文章的章法讲，确是如此。

《河伯》是黄河之神。《山海经·海内北经》云：

从极之渊，深三百仞，维冰夷恒都焉。

"冰夷"即冯夷，也即河伯。洪兴祖《楚辞补注》引《抱朴子·释鬼》篇云：

冯夷以八月上庚日渡河溺死，天帝署为河伯。

黄河与楚国相隔很远，据说直到春秋末年，楚不祭河。《左传·哀公》六年记载：

初，昭王有疾，卜曰："河为祟。"王弗祭。大夫请祭诸郊。王曰："三代命祀，祭不越望。江、汉、睢、漳，楚之望也。祸福之至，不是过也。不穀虽不德，河非所获罪也。"遂弗祭。

但楚是巫风很盛的国家，不只在民间，即使宫廷里也隆祭祀、事鬼神。不管黄河是否在楚国境内，当时祭河神的事是存在的。又《庄子》之《秋水》《外物》诸篇，都侈谈河伯，可见楚地河伯故事流传之广，那么祭河伯在民间应是很普遍的。

这篇作品既是祭河神，自然写的是祭者对河神的迎送过程。但是有人却认为它写的是河伯娶妇或洛神宓妃和河神恋爱的事，未免附会穿凿，而且与整个《九歌》所描写的为祭祀这个内容不符。黄河自古以来就为害人民，当人民对这种自然现象还不能正确认识时，便认为是河伯作祟。为了消除灾祸，就用宗教的形式进行祈祷。祭祀时由男巫扮河伯，女巫扮主祭者，男女对唱对舞：

与女游兮九河，冲风起兮扬波。乘水车兮荷盖，驾两龙兮骖螭。登昆仑兮四望，心飞扬兮浩荡。日将暮兮怅忘归，惟极浦兮寤怀。鱼鳞屋兮龙堂，紫贝阙兮朱宫，灵何为兮水中。

乘白鼋兮逐文鱼，与女游兮河之渚，流澌纷兮将来下。

子交手兮东行，送美人兮南浦。波滔滔兮来迎，鱼邻邻兮媵予。

第一段为扮主祭者的女巫所唱，第二段为扮河神的男巫所唱，第三段又为扮主祭者的女巫所唱。主祭迎神的女巫想迎长风而驾龙螭，和河神驰骋于广阔的九河之中。但是遍求而不得，又不舍得离去，只有日夜思念而已。忽然于以龙鳞为堂、以紫贝为宫的水中见到河神，惊讶而呼之。河神则乘白鼋、从文鱼而来，但无暇驰骋于九河，只能和她游于河之渚，然而流水纷然骤至，又不能久留。何其见难而别易也！最后主祭女巫送河神于南浦，波滔、鱼邻相从，以壮行色。这篇作品描写了人们在祭祀时对河神的追求、留恋和惜别的情感。开始是极切的怀念、寻找，继而见之于河中，最后是仓促之间送别。在离合迟速之际，包含着无限的悲伤和感慨。戴震《屈原赋注》说："屈原之歌河伯，歌辞但言相与游而已。盖投汨罗之意已决，故曰'灵何为兮水中'，亦以自谓也。又曰：'波来迎'、'鱼媵予'，自伤也。"这是更深入一层言之了。

《山鬼》是山中之神。洪兴祖《楚辞补注》云：

《庄子》曰；"山有夔"，《淮南》曰："山出嘄阳"，楚人所祀，岂此类乎？

细绎文义，楚人所祭并不是鬼，而是山中的女神。但楚国的名山很多，她到底是哪个山的女神？例之以《湘君》《湘夫人》《河伯》是专指一水之神，那么《山鬼》也不应该是泛称，而应该专属，某山之神。按原文云：

采三秀兮於山间。

郭沫若在其《屈原赋今译》中认为：

於山即巫山，凡楚辞“兮”字每具有“於”字作用，如“於山”非巫山，则“於”字为累赘。

这是十分精确的见解。《九歌》里“兮”字的用法，一般都具有“於”字的意义，如“鸟次兮屋上，水周兮堂下。”“捐余玦兮江中，遗余佩兮澧浦”等等。如果把“采三秀兮於山间”的“於”字照本义解，便与“兮”字重复，所以解“於山”为巫山，是完全正确的。“於”古音巫，同声假借。那么本篇所写的即巫山之神。这个巫山的女神，或者就是楚襄王所梦之巫山女神。《高唐赋》写的是梦境，所以极力描摹男女配合之事，本篇写的是祭祀，所以只是表达相思之意。姑且言之，以待世之好屈赋者。

《山鬼》是由女巫扮神，男巫扮主祭者，男女对唱对舞：

若有人兮山之阿，被薜荔兮带女萝。既含睇兮又宜笑，子慕予兮善窈窕。

乘赤豹兮从文狸，辛夷车兮结桂旗。被石兰兮带杜衡，折芳馨兮遗所思。余处幽篁兮终不见天，路险难兮独后来。

表独立兮山之上，云容容兮而在下。杳冥冥兮羌昼晦，东风飘兮神灵雨。留灵修兮憺忘归，岁既晏兮孰华予。

采三秀兮於山间，石磊磊兮葛蔓蔓。怨公子兮怅忘归，君思我兮不得闲。山中人兮芳杜若，饮石泉兮荫松柏，君思我兮然疑作。雷填填兮雨冥冥，猿啾啾兮狖夜鸣。风飒飒兮木萧萧，思公子兮徒离忧。

第一段为扮主祭者的男巫所唱,第二段为扮山鬼的女巫所唱,第三段又为扮主祭者的男巫所唱,第四段仍为扮山鬼的女巫所唱。祭祀开始,主祭者的男巫仿佛看见巫山女神在山之曲隅处,披萝带荔,对他含情而视。随之,女神出现了。她乘豹从狸,手折香草送给男巫,并自叙居处幽篁蔽日、道路艰险,所以来迟了。接着是男巫想像女神在山中的境况:浓云浮动,林深杳冥,白日昏暗,淫雨连绵。然后是自己留恋女神,叙述相遇之乐,然年华已逝,谁还喜爱?作美人迟暮之叹。最后女神又以服饰、饮食之芳香,表明自己志行之高洁。她饮泉荫松,于磊石蔓葛之中采集芝草。她怨恨男巫使她怅惘忘归,对男巫对她的感情信疑参半。她眼前一片昏暗,雷雨交作,猿狖啼鸣,风声飒飒,木叶萧萧,她又陷入深沉的哀思之中。整篇作品集中地塑造了巫山女神的优美形象。她意态闲雅,姿容秀丽,于沉静之中脉脉含情,在和主祭者的相互眷恋、追慕的过程中,表现了真挚的情意和无限的哀思。其情感缠绵宛转、千回百折,凄凉与孤独共存,高尚与贞洁并茂,使这个女神的形象"表独立"于字里行间。按本篇所写的地理环境与《涉江》有许多相似之处,如《涉江》云:"深林杳以冥冥兮,猨狖之所居。山峻高以蔽日兮,下幽晦以多雨。霰雪纷其无垠兮,云霏霏而承宇。哀吾生之无乐兮,幽独处乎山中。"即本篇所写女神身处幽篁苦境。因此,可以推断本篇与《涉江》作于同时,都是顷襄王时屈原被放逐到江南时所作。屈原身居异域,自料已不能生还,乃得与鬼神相亲,于写祭歌之际,借鬼神抒发自己的悲苦。所以戴震《屈原赋注》说:"《山鬼》六章。通篇皆为山鬼与己相亲之辞,亦可以假山鬼自喻。盖自吊其与山鬼为伍,又自悲其同乎山鬼也。歌辞反侧读之,皆其寄意所在。"可谓洞察此诗的底蕴。

《国殇》是祭祀阵亡的将士。洪兴祖《楚辞补注》云:

(《国殇》)谓死于国事者。《小尔雅》曰:“无主之鬼谓之殇。”

又戴震《屈原赋注》云:

殇之义二:男女未冠笄而死者,谓之殇;在外而死者,谓之殇。殇之言伤也。国殇,死国事,则所以别于二者之殇也。

则国殇,即为国牺牲的人。

谭介甫《屈赋新编》、孙作云《论〈国殇〉与〈九歌〉的写作年代》(见《开封师院学报1956年1期)都认为本篇是祭祀在丹阳大战中阵亡的将士,特别是祭祀大将军屈匄的。这种看法未免拘泥。按怀王时期与秦作战,屡次失败,将帅迭遭阵亡,如十七年大将军屈匄、裨将军逢侯丑败死于丹阳,二十七年唐昧战死于垂沙,二十九年景缺也阵亡了,三十年怀王被秦骗往咸阳,忍恨丧命。这些国耻深深地刺痛了屈原的思想情感,他不会因为屈匄是同族而只悼念屈匄,而是悼念对秦作战的全部阵亡将士。这一点,林云铭的看法比较全面,他在《楚辞灯》中说:“怀王时,秦败屈匄,复败唐昧,又杀景缺。大约战士多死于秦,其中亦未必悉由力斗。然《檀弓》谓死而不吊者三,畏居一焉。《庄子》曰,战而死者,葬不以翣,皆以无勇为耻也。故三闾先叙其方战而勇,既死而武,死后而毅。极力描写,不但以慰死魂,亦以作士气,张国威也。”林云铭所讲的实际上是一种创作过程,屈原描写的并不限于一人一事,也未必都是力战的勇士,他是运用文学的手法,综合、概括了历次对秦战争中将士们英勇不屈的基本精神,作为死难的“国魂”来祭祀。

《国殇》由男巫扮神,同时由男巫扮主祭者。对唱对舞:

操吴戈兮被犀甲,车错毂兮短兵接。旌蔽日兮敌若云,矢交坠兮士争先。凌余阵兮躐余行,左骖殪兮右刃伤。霾两轮兮絷四马，援玉枹兮击鸣鼓。天时坠兮威灵怒，严杀尽兮弃原野。

出不入兮往不反，平原忽兮路超远。带长剑兮挟秦弓，首身离兮心不惩。诚既勇兮又以武，终刚强兮不可凌。身既死兮神以灵，子魂魄兮为鬼雄。

由“操吴戈兮披犀甲”至“首身离兮心不惩”为扮阵亡将士的男巫所唱，由“诚既勇兮又以武”至“子魂魄兮为鬼雄”为扮主祭者的男巫及群巫合唱。篇意为楚将士执戈披甲上阵，与敌人短兵相接，争先恐后冲锋陷阵。敌人兵多势强，冲破了楚军的行伍，杀死了左骖，砍伤了右骖。楚军已败，但士气弥锐，仍坚守阵地，擂鼓进攻，苦战到日暮，终于全军覆没。楚军弃尸遍野，还带剑挟弓，头虽断而心不创痛，表现出虽败犹荣的气概。最后是主祭者与群巫盛赞阵亡将士之威武、刚强不可凌犯，为神以灵，为鬼以雄。刘永济《屈赋通笺》说：“今细玩之，盖吊为国战死者之辞，与前九篇赋巫迎神之事不类。首叙其战之勇，次言其死之烈，终闵其情，壮其志，故予疑为屈子之《招魂》篇也。”刘先生认为本篇是“吊为国战死者之辞”，是正确的，但“疑为屈子之《招魂》篇”，则缺乏根据。屈原自有《招魂》岂容混淆！作品歌颂了战士们顽强杀敌的悲壮事迹，生动地描写了壮严而激烈的战斗场面，表现了战士们用生命和鲜血保卫国家的高尚品质和宁死不屈的坚强斗志，以激发人们报仇雪耻的决心。最后以“魂魄毅兮为鬼雄”作结，突出了战士们的英灵不朽。蒋骥《山带阁注楚辞》说：“怀襄之世，任谗弃德，背约忘亲，以至天怒神怨，国蹙兵亡，徒使壮士横尸膏野，以快敌人之意。原盖深悲而极痛之，其曰‘天时怼兮威灵怒’，著衄兵之非偶然也。呜呼！其旨微矣。”说明屈原本篇创作含有对当时政治的批判意义，这是很有道理的。明显的例子如“出不入兮往不反。平原忽兮路超远。”谓将士一去不返，长眠边远之地，即对怀王有微辞。壮士阵亡，辱国失地，事过若忘，诗能无慨乎！

作品从战斗的经过写到将士之应当哀悼与歌颂。战斗经过写的越悲壮激烈，就越能表现出战士的英雄气概。战斗写的越生动真实，就越令人感到战士之值得哀悼与歌颂。戴震《屈原赋注》评其写作手法为“直赋其事”，是抓住了本篇的特点。通过热烈的礼赞，慷慨的悲歌，形成了刚健质朴的风格，在《九歌》的缠绵宛转的整体文风中独树一帜。

《礼魂》是前十篇的送神曲，是祭祀中最后一个程序。汪瑗《楚辞集解》云：

> 盖魂犹神也。礼魂者，谓以礼而祭其神也，即章首“成礼”之“礼”字。……盖此篇乃前十篇之乱辞，故总以《礼魂》题之。

又王夫之《楚辞通释》云：

> 《礼魂》。凡前十章，皆各以所祀之神而歌之。此章乃前十祀之所通用。而言终古无绝，则送神之曲也。

谓之乱辞或送神曲，以送神曲为胜。魂者，气之神也，即神灵的本名。细绎本篇文义，应当是祭祀完了之后，一群女巫集合起来共同歌舞：

> 成礼兮会鼓，传芭兮代舞，姱女倡兮容与。春兰兮秋菊，长无绝兮终古。

女巫舞蹈时，手持花朵互相传递，更番跳舞。一巫领唱，众巫和之。一年四季，永远不断地祭祀。祭礼的全过程完成之后，即以千秋万代崇祀不绝奉告诸神灵，以表示对诸神灵的虔诚，并希望诸神灵永远赐福。林云铭《楚辞灯》云:"'长无绝兮终古'句,虽指世世长享其祭,亦因楚师屡败于秦,欲自此以往,不复用兵,使民得免死为幸。其忧国忧民之意微矣。"其体味可谓深矣。

《九歌》是一组祭歌,也是一组优美的抒情歌。屈原在创作、加工的过程中,吸收了大量的民间文学素材,保存了浓厚的民间文学色彩,同时也渗透了自己的思想,情感和爱好。他既表现了人民群众对变化无常的自然现象不能正确理解从而归之于神的天真想像,同时也表现了自己在政治上屡经挫折之后对生活理想的探索、追求和哀伤。他以自己丰富的感情的旋律,完成了一支和谐动人的好像一个错乱音符也没有的乐曲。唐沈亚之在《屈原外传》中说,屈原作《九歌》到《山鬼》篇成,"四山忽啾啾若啼啸,声闻十里外,草木莫不萎死。"这当然不会是事实,但也说明了《九歌》的艺术威力。

第十一章　屈原的美学观点

屈原一生都在探讨“美”，为了追求“美”，他倾注了全部心血。他这种挚着地探讨和追求美的精神，不仅表现于他在创作中反复提到“美政”、“美人”、“美女”等，而且主要表现于他的艺术实践之中。他从艺术实践中表明了自己对文学的产生、内容与形式的关系、诗歌的表达方式等的观点。这些观点在当时具有积极意义，是一种新的美学观点，因而促成了他在艺术上的独特成就。

第一节　发愤赋诗

屈原认为其诗歌是怎样产生的？他从自己的创作实践中表现出来，由于怀王、顷襄王时代政治的黑暗和腐朽，使自己屡遭排挤和打击，因而满腔怨愤无所倾诉，便集中于诗歌创作，以诗歌讽刺时政。他在《离骚》中具体叙述说：

> 阽余身而危死兮，览余初其犹未悔。不量凿而正枘兮，固前修以菹醢。曾歔欷余郁邑兮，哀朕时之不当。揽茹蕙以掩涕兮，霑余襟之浪浪。

又说：

> 世溷浊而嫉贤兮，好蔽美而称恶。闺中既以邃远兮，哲王又不寤。怀朕情而不发兮，余焉能忍与此终古！

这两段文字的上半部分是写自己之所愤，下半部分则主要是抒发怨恨之情。他把发愤与抒情如此紧密地联系在一起,以至于他虽然未把“抒情”直然作为诗歌创作,但在他咏叹的过程中却是这样做的了。

在其他一些篇章中,他则明确地提出了发愤赋诗的主张。如《九章·惜诵》说:

惜诵以致愍兮,发愤以抒情。

即说明他由于喜好进谏而招致祸患,因此发愤作《惜诵》。

又《九章·抽思》说:

结微情以陈词兮,矫以遗夫美人。

也说明自己集结衷情写《抽思》,奉献给怀王。同篇又说:

道思作颂,聊以自救兮。忧心不遂,斯言谁告兮!

是说自己忧郁的心情无法表达,因而作《抽思》聊自宽解。

又《九章·怀沙》说:

舒忧娱哀兮,限之以大故。

“舒忧娱哀”,指作《怀沙》。是说作《怀沙》之赋,拼着一死而已。

又《九章·惜往日》说:

焉舒情而抽信兮,恬死亡而不聊。……愿陈情以白行兮,得罪过之不意。

“舒情而抽信”、“陈情以白行”,都指作《惜往日》。意谓自己一片忠诚作赋,宁愿死也不苟且偷生。

又《九章·悲回风》说:

眇远志之所及兮,怜浮云之相羊。介眇志之所惑兮,窃赋诗之所明。

意谓自己怀着高远之志而不被重用,因此赋诗以明志。

这些都说明屈原明确地提出了发愤抒情,即发愤赋诗的观点。

屈原发愤赋诗创作主张的提出,不是偶然的,而是有其历史渊源的。早在《诗经》中即见其端倪,如《魏风·园有桃》:

> 园有桃,其实之殽。心之忧矣,我歌且谣。不知我者,谓我士也骄。……

即以歌谣抒忧。又如,《王风·黍离》:

> 彼黍离离,彼稷之苗。行迈靡靡,中心摇摇。知我者谓我心忧,不知我者谓我何求。悠悠苍天,此何人哉!

《邶风·北门》:

> 出自北门,忧心殷殷。终窭且贫,莫知我艰。已焉哉!天实为之,谓之何哉!

这类诗歌或忧虑国家的危亡,或悯伤社会的动乱,或愤慨自己之被役使,都是以长歌当哭。又《小雅·节南山》是讽刺周王朝政治腐败的诗,其中有句云:

> 家父作诵,以究王讻。

意谓家父因而作此诗以归咎当时的执政者。

《小雅·何人斯》,据《毛诗序》说是"苏公刺暴公也。暴公为卿士,而谮苏公焉,故苏公作是诗以绝之。"其末句云:

> 作此好歌,以极反侧。

意谓苏公作此诗以警戒暴公之反复无常。

《小雅·巷伯》写西周王朝的宦官孟子因被谗毁,而作诗抒愤:

寺人孟子，作为此诗。

《小雅·四月》写西周王朝的官吏，因遭变乱，久役未归，作诗以寄哀：

君子作歌，维以告哀。

这些例证都可以说明在《诗经》的创作实践中已经萌生着发愤赋诗的文学思想了。春秋时卜商所作之《诗大序》说：

诗者，志之所之也，在心为志，发言为诗。情动于中而形于言，言之不足故嗟叹之，嗟叹之不足故永歌之，永歌之不足，不知手之舞之，足之蹈之也。

这是对《诗经》创作经验的总结。其中虽然未提出发愤赋诗的创作主张，却指明了诗歌言志抒情的特征，认为诗歌应当把情、志发挥到淋漓尽致的程度，就已具有这种创作主张的因素了。

从屈原开始明确地提出了“发愤以抒情”，即发愤赋诗的创作主张。这一创作主张的提出，标志着我国诗歌进入了一个自觉的有意识的创作阶段，标志着我国诗歌达到了一个把孔子所认识到的诗的兴、观、群、怨的社会功能发展到诗人自觉地以诗歌怨刺社会的阶段。到了司马迁则更把这种创作主张理论化了。他在《太史公自序》中说：

昔西伯拘羑里，演《周易》；孔子厄陈蔡，作《春秋》；屈原放逐，著《离骚》；左丘失明，厥有《国语》；孙子膑脚，而论兵法；不韦迁蜀，世传《吕览》；韩非囚秦，《说难》《孤愤》；《诗》三百篇，大抵贤圣发愤之所为作也。此人皆意有所郁结，不得通其道也，故述往事，思来者。

司马迁的见解虽然渗透着自己因惨遭迫害而产生的沉痛感

情,但他确是深切地领会到了自《诗经》以来的文学创作经验,特别是深味着屈原的创作经验。他在《屈原列传》中借用刘安《离骚传序》中的一段话,进一步论述屈原的创作说:

> 屈平正道直行,竭忠尽智以事其君,谗人间之,可谓穷矣。信而见疑,忠而被谤,能无怨乎?屈平之作《离骚》,盖自怨生也。

这是他对屈原发愤赋诗的创作精神的最深刻最确切的领会,把屈原的创作实践提到理论的高度来认识了。

屈原发愤赋诗的创作主张,其主要内容是对楚王、党人集团、黑暗社会的怨愤、不满和对这种腐朽政治现实的反抗、不屈服,其美学意义在于促进屈原自己这一崇高的悲剧艺术形象的形成。作为一个伟大、有理想的文学家,屈原的政治主张反映了历史发展的必然要求,但在楚国的旧势力还十分强大的当时,这种要求是不可能实现的,因此具有强烈的怨愤情绪的悲剧便产生了。所以,可以说“发愤赋诗”是屈原在创作实践中完成自己悲剧形象的理论基础。

在屈原笔下,历史环境展现得越深刻,则作为与这一环境进行斗争的自己的悲剧形象就越突出、鲜明。如《九章·涉江》说:

> 鸾鸟凤皇,日以远兮。燕雀乌鹊,巢堂坛兮。露申辛夷,死林薄兮。腥臊并御,芳不得薄兮。阴阳易位,时不当兮。

又《九章·怀沙》说:

> 玄文处幽兮,矇瞍谓之不章,离娄微睇兮,瞽以为无明。变白以为黑兮,倒上以为下。凤皇在笯兮,鸡鹜翔舞。同糅玉石兮,一概而相量。夫惟党人之鄙固兮,羌不知余之所臧。任

重载盛兮,陷滞而不济;怀瑾握瑜兮,穷不知所示。邑犬之群吠兮,吠所怪也;非俊疑杰兮,固庸态也。文质疏内兮,众不知余之异采。材朴委积兮,莫知余之所有。重仁袭义兮,谨厚以为丰。重华不可遌兮,孰知余之从容!古固有不并兮,岂知其故也!汤禹久远兮,邈不可慕也。惩连改忿兮,抑心而自强。离慜而不迁兮,愿志之有象。

在那黑白颠倒,是非不明,贤良斥逐,群小进用的社会中,自己有才能却不被重用,品德高尚却无所展示,文质出众却不被人认识,鸿才博学却不被人了解,相反却遭到庸人的诽谤和猜忌。虽然如此,仍然以仁义忠厚砥砺德行,但大舜不可能再生,谁能了解自己雍容的气度!禹、汤相隔遥远,也不可追慕了。还是抑制着心中的愤恨,力求自强,就是遭遇祸患也不悔改,但愿自己的志行能为后人效法。屈原对其所处的黑暗的政治环境是何等坚强和勇敢!特立独行,不屈服于腐朽的政治势力。在他的绝笔《悲回风》篇中,没有任何事实的叙述,尽是抒情,即抒发誓死不屈之志,其中三次以彭咸自矢:

夫何彭咸之造思兮,暨志介而不忘!孰能思而不隐兮,昭彭咸之所闻。凌大波而流风兮,托彭咸之所居。

希望自己的志节能与彭咸比美,为理想而殉身。这就把屈原的悲剧形象提到一个更完美的高度。

屈原的悲剧不是个人的悲剧,而是时代的悲剧。因为屈原的政治主张是出于对国家命运和人民苦难的关怀,他所抒发的怨愤是时代和人民的怨愤,反映了时代的进步要求。一篇《哀郢》全是抒发的对国家危亡的忧伤和对人民流离失所的悲悯:

皇天之不纯命兮,何百姓之震愆?民离散而相失兮,方仲

> 春而东迁。去故乡而就远兮，遵江夏以流亡。出国门而轸怀兮，甲之朝吾以行。发郢都而去闾兮，荒忽其焉极？……羌灵魂之欲归兮，何须臾而忘反。背夏浦而西思兮，哀故都之日远。登大坟以远望兮，聊以舒吾忧心。哀州土之平乐兮，悲江介之遗风。当陵阳之焉至兮，淼南渡之焉如？曾不知夏之为丘兮，孰两东门之可芜？心不怡之长久兮，忧与愁其相接。……惨郁郁而不通兮，蹇侘傺而含感。

他把自己的命运和国家、人民的命运联系在一起了。所以他的悲剧反映了楚国时代的悲剧、历史的悲剧，并通过这一悲剧充分发挥其怨刺的作用。这就是屈原“发愤赋诗”的创作主张在美学上的意义。

第二节　内美与修能

屈原在其自叙生平之作《离骚》的开篇即说：

> 纷吾既有此内美兮，又重之以修能。

这两句话是屈原一生所坚持的操行准则，是他一切行动的精神支柱，贯彻于他全部的政治、思想活动之中。那么什么是“内美”和“修能”呢？从上下文意看，“内美”是申明生辰的，屈原是以自己的生辰而自豪，认为是得天地之美质。王逸所谓“言己之生，内含天地之美气。”朱熹所谓“生得日月之良，是天赋我美质于内也。”可谓深得屈原本意。屈原的本意在说明他的生辰对他的品德的形成起积极作用，赋予他以美的德性。“修能”之“能”应作“态”解，《招魂》云：“姱容修态”，《西京赋》云：“要绍修态”；也可作“容”解，能、容二字音近义通，《左传・襄公》二十一年：“范鞅……

与栾盈为公族大夫而不相能。"即不相容。容有容纳、容貌二义。屈原盖以美容比才艺。

屈原这里讲的是自己的道德修养,认为自己既有德性美又有容貌美,表里一致。但是他作为诗歌中的抒情主人公,这种对美的标榜就具有美学意义。把这种观点运用到诗歌创作中去,即要求内容与形式的统一,认为只有内容与形式的统一,才是真正的美。当然,在"内美"与"修能"的关系上,他更强调"内美",认为"内美"是本质的美,是有决定意义的。他在《九章·怀沙》中说:

内厚质正兮,大人所盛。
怀瑾握瑜兮,穷不知所示。
重仁袭义兮,谨厚以为丰。

又《九章·抽思》说:

善不由外来兮,名不可以虚作。

又《九章·惜往日》说:

心纯庬而不泄兮,遭谗人而嫉之。

又《离骚》说:

苟余情其信姱以练要兮,长顑颔亦何伤。

余以兰为可恃兮,羌无实而容长。委厥美以从俗兮,苟得列乎众芳。

这里所谓的"内厚质正"、"瑾瑜"、"仁义"、"谨厚"、"纯庬"、"善"、"情"、"实"等等,都指的是德性,即所谓"内美"。他挚着地坚持这种德性,表示只要能保持这种德行的纯真,即使长期形容枯槁也是甘心情愿的;强调这种德性的重要性,乃贤者君子所称赞,若"无实而容长”，舍弃其固有的美质，随从世俗之所好，怎能“列乎众芳”！

但是，在屈原看来，只有这种内在美，并不是真正的美，还必须加之以外形美，即“修能”。屈原十分重视“修能”，在作品中反复地申述，如《离骚》说：

> 扈江离与辟芷兮，纫秋兰以为佩。汩余若将不及兮，恐年岁之不吾与。朝搴阰之木兰兮，夕揽洲之宿莽。日月忽其不淹兮，春与秋其代序。……老冉冉其将至兮，恐修名之不立。

又《离骚》说：

> 进不入以离尤兮，退将复修吾初服。制芰荷以为衣兮，集芙蓉以为裳。不吾知其亦已兮，苟余情其信芳。高余冠之岌岌兮，长余佩之陆离。……虽体解吾犹未变兮，岂余心之可惩！

又《九章·涉江》说：

> 余幼好此奇服兮，年既老而不衰。带长铗之陆离兮，冠切云之崔嵬。

此外，他在咏叹之间流露以好修自励的文气，随处可见。他努力自修，孜孜不倦，珍惜时间，唯恐时不我待。这种精神不为严峻、险恶的处境而消减，相反，表现得更顽强、坚贞，表示宁死也不改变初衷。

屈原既重视自我修养，又强调保持内在的美的品德。那么，怎样说明他主张内容与形式的统一呢？在《离骚》中有一段是他叙述对美的追求：

> 保厥美以骄傲兮，日康娱以淫游。虽信美而无礼兮，来违弃而改求。

这段叙述明显地表露出他的美学观点，他对宓妃之“信美而无礼”，即容貌与德性之不一致很不满意，认为这不能成其为美，不是他所追求的，然而他所追求的美是什么呢？《九章·思美人》说：

> 芳与泽其杂糅兮，羌芳华自中出。纷郁郁其远蒸兮，满内而外扬。情与质信可保兮，羌居蔽而闻章。

他所追求的不仅是内容和形式的统一，而且是“芳华自中出”、“满内而外扬”、“居蔽而闻章”，即内容决定形式。他认为形式美是内容丰富、真实、深刻思想的焕发，是内容美的表现。这些观点充分地体现在他的创作之中，他的诗歌不仅是形象美，而且是包蕴在这些形象中的精神美，通过光辉灿烂的形象呈现出崇高的个性和理想。“芳与泽其杂糅兮，唯昭质其犹未亏。”芳谓文采，质谓美质，可谓文质并茂。屈原这种美学观点，在《橘颂》中更具体地实践着：

> 后皇嘉树，橘来服兮。受命不迁，生南国兮。深固难徙，更壹志兮。绿叶素荣，纷其可喜兮。曾枝剡棘，圆果抟兮。青黄杂糅，文章烂兮。精色内白，类可任兮。纷缊宜修，姱而不丑兮。

其中之“绿叶素荣”、“精色内白”、“曾枝剡棘”、“青黄杂糅”以及“圆果抟兮”、“文章烂兮”等类的形式美，都是橘树品格的表现。屈原是把客观事物人格化了，通过人格化的事物来体现自己的理想和情操，用人格化的内容来解释事物的美。如《离骚》说：

> 余既滋兰之九畹兮，又树蕙之百亩。畦留夷与揭车兮，杂杜衡与芳芷。

兰、蕙、留夷、揭车、杜衡、芳芷等芳草连用，不是一般的比兴，而是代表着一类有美的道德情操的人,是象征着一种人格理想。从屈原这种以象征手法来评价事物的美看,他的美学思想便不仅体现在创作实践上,而且具有比较深刻的理论意义了。

屈原认为美是具体、客观的,可以用情感去感受,通过实践去检验,这谓之“参验”和“考实”。《九章·惜诵》说:

言与行其可迹兮,情与貌其不变。故相臣莫若君兮,所以证之不远。

即说自己的“情”与“貌”是一致的,可供楚王考核验证。使他愤慨的是楚王并不考查其贤愚与否,便听信谗言把他斥逐了,所以他在《九章·惜往日》中感叹道:“弗参验以考实兮,远迁臣而弗思。”“弗省察而按实兮,听谗人之虚辞。”所谓“实”,即上文的“情”与“貌”,亦即“内美”与“修能”的统一,这是他一生所标榜和追求的美。楚王既然美丑莫辨、贤愚不分,怎能正确地品评美人呢?《离骚》即说:

览察草木其犹未得兮,岂珵美之能当?

这是他的悲痛和哀伤,但却道出了美的客观性及其可以用一定的社会标准衡量的原理。

屈原认识了美的客观性,便从而肯定了文学作品的客观意义及其产生的社会效果。他的《离骚》、《九章》诸作,对楚王都有讽谏意义,其整个艺术形象给人们的精神影响至深且广。即如《招魂》,是一篇招魂词,其结尾云:

皋兰被径兮,斯路渐。湛湛江水兮,上有枫。目极千里兮,伤春心。魂兮归来,哀江南!

其中所蕴寓的恋君忧国之思撼动心弦,产生强大的艺术感染力。

这都说明屈原肯定艺术的审美价值和社会作用。

屈原没有系统的美学理论,而是在艺术实践中体现了自己的美学观点,由于艺术实践的丰富,使他的美学观点更充实了,由于美学观点的充实,使他的艺术实践焕发出灿烂夺目的光彩。

第三节　比德君子

屈原总是以美丽芳香事物比喻公正、廉洁、勤劳、崇高的品德,而以恶臭的东西比喻卑鄙、自私,贪婪,奸佞的习性,他以自然物本身的形象表现出具有与人的美德相似的特征。这种观点与儒家对自然美的“君子比德焉”的看法是一致的。孔子说:“智者乐水,仁者乐山”(《论语·雍也》),即在孔子看来“山”“水”具有与“仁者”“智者”的美德类似的特征,所以它的形象在仁者、智者看来就美。《论语·子罕》篇说:

> 岁寒,然后知松柏之后凋!

孔子之赞美不凋的松柏,即赞美那些与松柏有相似品格的人的坚贞不屈精神。这种用自然美表现道德美的审美观点,在战国时代是比较普遍的。屈原在自己的创作中则更具体更广泛地表现出来。如在《橘颂》中,他以橘自喻,通过颂橘来抒写自己精神品质的高尚:

> 后皇嘉树,桔徕服兮。受命不迁,生南国兮。深固难徙,更壹志兮。绿叶素荣,纷其可喜兮。曾枝剡棘,圆果抟兮。青黄杂糅,文章烂兮。……苏世独立,横而不流兮。闭心自慎,终不失过兮。秉德无私,参天地兮!

屈原用自然的美表现道德的善,也用自然的丑表现道德的恶,他把属于美学范畴的美、丑，和属于道德范畴的善、恶紧密地结合起来，对美的善的乃是赞扬歌颂，对丑的恶的则是诅咒摈弃。他的赞扬和批判的标准与儒家对事物的褒贬尺度也有密切关系。《礼记·大学》说：

> 所谓诚其意者，毋自欺也，如恶恶臭，如好好色。

《大学》的作者认为嗅到恶臭而感到憎恶，见到美色而感到喜爱，这是天下最真诚的道理。这种看法到了孟子又有发展。《孟子·告子上》说：

> 口之于味，有同耆也；易牙先得我口之所耆者也。如使口之于味也，其性与人殊，若犬马之与我不同类也，则天下何耆皆从易牙之于味也？至于味，天下期于易牙，是天下之口相似也。唯耳亦然。至于声，天下期于师旷，是天下之耳相似也。唯目亦然。至于子都，天下莫不知其姣也。不知子都之姣者，无目者也。……至于心，独无所同然乎？心之所同然者何也？谓理也，义也。圣人先得我心之所同然耳。故理义之悦我心，犹刍豢之悦我口。

这是孟子美学观点的一个重要课题，他和《大学》的作者对美的看法有共同性，那就是把憎恶恶臭、喜爱美色，看成生理上的要求，荀子在《性恶》、《荣辱》等篇中，也有同样的看法，这自然是对的。但是他们把人的耳目对“美色”“音声”等精神上的享受，和生理上的要求等同起来，却是错误的。耳目之于“美色”“音声”的审美感受，是人类社会意识的活动，是社会生活环境影响和教育的结果，并非出于人的本性，因此认为同一种美为天下人所共爱，这就抹煞了美的阶级性。屈原继承了儒家这种传统的看法，但有进一步的发展。《离骚》说：

民好恶其不同兮,唯此党人其独异。户服艾以盈腰兮,谓幽兰其不可佩。

屈原并未从生理上论述美的共同性,而是通过社会实践认识到不同阶级的人就有不同的审美趣味。他明确指出"民"与"党人"好恶之不同,明确指出对待事物的爱憎的阶级性。这就是屈原的发展。这种发展是他参加阶级斗争的结果,是他接近人民的结果。由于他参加了阶级斗争,对人和物的阶级界限看得更清楚了;由于他接近了人民,对人民的好恶有所体会;因此他所赞扬和批判的往往体现了一些人民的好恶,而与当时统治阶级和世俗的好恶则全异其趣。屈原所喜爱的美,是健康的美;当时统治阶级和世俗所喜爱的美,是病态的美。《荀子·非相》篇说:

今世俗之乱君,乡曲之儇子,莫不美丽姚冶,奇衣妇饰,血气态度,拟于女子。

荀子所说的可能是指山东各诸侯及乡曲大小奴隶主的子弟的作为。又《韩非子·二柄》篇说:

楚灵王好细腰,而国中多饿人。

同样的事实,在《墨子》、《管子》、《荀子》、《战国策》中都有记载。这是一种没落阶级的丑恶风尚,屈原与此却绝然不同。《离骚》说:

高余冠之岌岌兮,长余佩之陆离。

《九章·涉江》又说:

余幼好此奇服兮,年既老而不衰。带长铗之陆离兮,冠切云之崔嵬。被明月兮珮宝璐。世溷浊而莫余知兮,吾方高驰而不顾。

《九章·抽思》又说:

固切人之不媚兮,众果以我为患。

这种品格、风度和服饰与细腰的朝臣、妇饰的偎子,是两种鲜明的对照。这说明屈原的爱憎态度、善恶观念和自身的作为,与当时的统治者是完全对立的。

屈原的美学观点,与道家的美学观点也是尖锐对立的。道家的代表人物庄子和屈原之"善鸟香草以配忠贞,恶禽臭物以比谗佞"相反,而是以丑陋的人物来表现所谓高尚的道德。他在《德充符》中描写了一些被刖足缺趾的残形的人像王骀、申徒嘉、叔山无趾等,也描写了一些有各种病态的畸形怪人像哀骀它、闉跂支离无脤、瓮盎大瘿等。对他们的行为表示同情和赞叹。特别是《人间世》中对支离疏的描写,更是奇丑无比:

颐隐于脐,肩高于顶,会撮指天,五管在上,两髀为胁。

他对这种奇丑的形象抱着欣赏的态度,认为"犹足以养其身,终其天年,又况支离其德者乎?"这完全是没落奴隶主阶级的腐朽美学观点。这种观点,最突出地表现在《山木》篇里:

阳子之宋,宿于逆旅。逆旅有妾二人,其一人美,其一人恶,恶者贵而美者贱。阳子问其故。逆旅小子对曰:"其美者自美,吾不知其美也;其恶者自恶,吾不知其恶也。"阳子曰:"弟子记之,行贤而去。自贤之行,安往而不爱哉!"

庄子把美与丑的位置颠倒了,认为"恶者贵而美者贱",这种对美、丑的看法,和屈原是针锋相对的。特别是其中关于"自贤之行,安往而不爱哉"的"爱",是"薆"的假借字,也就是掩蔽的意思,即《离骚》中“何琼佩之偃蹇兮，众薆然而蔽之”的“薆”。可见，庄子的这段记述，是实有所指，应该就是为了反对像屈原这类砥砺德行的人。

屈原的美学观点与这种处于统治地位的阶级和没落奴隶主阶级的观点是尖锐对立的。这些大小诸侯领主和奴隶主的美学观点是腐朽、没落的，而屈原的爱憎态度、善恶观念和自身的作为，则体现了当时进步的社会力量的思想和愿望。他以这种进步的美学观点从事创作，表现了他对美的理想的追求和对反动、丑恶、腐朽的贵族集团的批判，完成了历史上千古不朽的诗篇！

第十二章　屈原在艺术上的创造

屈原在艺术上进行了巨大的创造。他把丰富、深刻的思想内容，通过完美、精炼和光彩夺目的艺术形式表现出来，和以前的《诗经》相比，在艺术上是达到了一个新的、更高的境界。他的作品是丰富多彩的，他的每一篇或每一组辞赋都具有独特的风格，这在我国文学史上是少见的。

第一节　比兴手法

对比兴手法的运用，是屈原作品中的一大特色。这种手法在《诗经》中已经比较多地运用了，屈原却对之作了很大的发展。比，是以彼物比此物；兴，是用彼物引起所象之物。二者在某种情况下又很难区分。不过，都同样是一种表情达意的形象思维方法，是用形象思维表现生活本质的方法。王逸在《离骚序》中说：

> 《离骚》之文，依《诗》取兴，引类譬喻。故善鸟、香草以配忠贞。恶禽、臭物以比谗佞，灵修、美人以媲于君，宓妃、佚女以譬贤臣，虬龙、鸾凤以托君子，飘风、云霓以为小人。

王逸的话虽然不完全准确，但是他明确指出屈原的作品发展了《诗经》的比兴手法，却是真知卓识。

《诗经》中对比兴手法的运用，是凭对客观景物直觉联想的一种类比，并没有幻想和虚构。像《周南・螽斯》："螽斯羽诜诜兮，宜尔子孙振振兮。"《邶风·终风》:"终风且暴,顾我则笑。谑浪笑敖,中心是悼。"(这首诗《毛诗》认为是"兴",朱熹《诗集传》把它归为"比"类,比较合理。)螽斯羽之诜诜和子孙之振振是同一类的物,"终风且暴"和"谑浪笑敖"又是同一类的事。这都是现实中存在的,作者可能并未亲见过,但却可以凭经验加以类比,写入诗篇。关于"兴",像《周南·关雎》:"关关雎鸠,在河之洲。窈窕淑女,君子好逑。"《召南·草虫》:"喓喓草虫,趯趯阜螽。未见君子,忧心忡忡。亦既见止,亦既觏止,我心则降。"是作者看见禽鸟和鸣,草虫跃逐,诱发起自己的情思。这就是《诗经》中运用比兴的情况,它和屈原之多用寓言、全凭想像大不相同。至于"香草美人",在《诗经》中都是实指,极少以此喻彼的现象。如《卫风·硕人》:

> 硕人其颀,衣锦褧衣。……手如柔荑,肤如凝脂,领如蝤蛴,齿如瓠犀,螓首蛾眉,巧笑倩兮,美目盼兮。

又《郑风·有女同车》:

> 有女同车,颜如舜华。将翱将翔,佩玉琼琚。彼美孟姜,洵美且都!

前一首是咏庄姜,后一首是咏文姜。庄姜,据《左传·隐公》三年记载:"美而无子,卫人所为赋《硕人》也。"是一个有色有德的女子。文姜,据孔颖达《毛诗正义》引《郑志》载:"文姜内淫,适人杀夫,几亡鲁国。"是一个有色无德的坏女人。但是,诗人对他们的描写,并没有因为道德败坏,而掩蔽其美色。可见当时美色还没有成为善德的象征。不只是对女子的描写如此,对男子的描写也是这样。如《齐风·卢令》:

> 卢令令,其人美且仁。

卢重环，其人美且鬈。

卢重鋂，其人美且偲。

这首诗根据《左传·庄公》八年、《国语·齐语》、《管子·小匡》篇的记载，可以证明小序说"刺襄公"的意见是正确的。襄公是个游猎无度不修国事的昏君，但他喜欢冶容饰貌，顾影自怜。诗人就抓住这一点，加以诋毁。也可以说明当时一般还没有把"美"作为"善"的表征。应该特别注意的是《邶风·简兮》，其末章云：

山有榛，隰有苓，云谁之思，西方美人。彼美人兮，西方之人兮。

《郑笺》说："我谁思乎？思周室之贤者，以其宜荐硕人，与在王位。彼美人，谓硕人也。"这里已经出现了以美人代称贤者的现象。这是由实际意义的描写过渡到以美代善、以丑代恶的比兴法描写的端倪。同时还应该注意，这个被称为美人的硕人，究竟是什么样的人呢？《简兮》首章云：

简兮简兮，方将万舞。日之方中，在前上处。硕人俣俣，公庭万舞。

《毛序》说："刺不用贤也。卫之贤者，仕于伶官，官皆可以承事王者也。"《郑笺》云："伶官，乐官也。伶氏世掌乐官而善焉，故后世多号乐官为伶官。"我们虽然不同意《毛序》认为此诗是"刺不用贤"，但他所说的伶官万舞，却与此诗的内容相符。伶官载歌载舞，是我国戏剧的开端。以优孟可以扮演孙叔敖一事例之，则以美人扮贤者，对伶官来说，应当是很平常的事。因此，我们认为以"美人"比贤者，源于伶官的扮演。这是我们对屈原以前关于以美代善的考查。

到了屈原已经不局限于字词的本义,而极大的发展了这种比兴手法。凡谈到美人,或比圣君,如《离骚》:

惟草木之零落兮,恐美人之迟暮。

又如《抽思》:

结微情以陈词兮,矫以遗夫美人。

又如《思美人》:

思美人兮,擥涕而竚眙。

或比贤臣,如《离骚》:

忽反顾以流涕兮,哀高丘之无女。

…………

吾令丰隆乘云兮,求宓妃之所在。

…………

望瑶台之偃蹇兮,见有娀之佚女。

…………

及少康之未嫁兮,留有虞之二姚。

或比自己理想中的人,如《少司命》:

望美人兮未来,临风怳兮浩歌。

又如《河伯》:

子交手兮东行,送美人兮南浦。

把比兴手法提高到一个新的境界,用鲜明的形象,概括丰富的内容。美化了所描写的对象,升华了所描写的对象的素质、品格。

此外,他还以美、丑比喻公正之士和奸佞者辈。如司马迁在

《屈原列传》中叙述他的遭遇说:“谗谄之蔽明,邪曲之害公”,他是怎样表现的呢?《离骚》中说:

众女嫉余之娥眉兮,谣诼谓余以善淫。

这种简约的手法表现得多么有力!《荀子·君道》篇有同样的记述:

好女之色,恶者之孽也。公正之士,众人之痤也。

把荀子这两句话和屈原的描写作比较,可以相得益彰。奸佞者辈那种恶浊的灵魂,只有丑女妬色的心情才能比喻得恰当。

《诗经》中有关草木的描写,多用本义,托喻的成分很少。例如咏《葛覃》,是为它可以为絺为绤;采《芣苢》,则因为它是怀妊的药;述《采蘩》,是用它做祭祀品;作《甘棠》,因为它是贤者召伯亲手种植。此外如“依依杨柳”,是士兵回忆辞别家乡的时节,“皇皇者华”,是使臣记叙旅途中的景色。这些关于草木的吟咏,都是现实中的实际景物,并没有其他含义。值得注意的是《荀子·议兵》篇有这样几句:

其民之亲我,欢若父母;其好我,芬若椒兰。

这里实际上是以香草象征美德。又《荀子·劝学》篇说:

兰槐之根是为芷,其渐之滫,君子不近,庶人不服。

这是以香草变成臭草比喻人的品德由善转为恶。屈原发展了这种手法,他既以香草比美德,又以臭草比恶德,并进而把香草、臭草都人格化了。如在《离骚》中他用鲜花、香草比喻人的品质、志行的高尚和纯洁:

余既滋兰之九畹兮,又树蕙之百亩。畦留夷与揭车兮,杂杜衡与芳芷。

又用臭草或萧艾比喻变节者或坏人：

兰芷变而不芳兮，荃蕙化而为茅。何昔日之芳草兮，今直为此萧艾也！

通过比喻和对比，对良莠、美恶，就有了更鲜明更具体的认识，从而引起人们强烈的爱和憎。更重要的是作者用鲜花香草比喻诗中抒情的主人公。如《离骚》说：

扈江离与辟芷兮，纫秋兰以为佩。

……

擥木根以结茝兮，贯薜荔之落蕊；矫菌桂以纫蕙兮，索胡绳之纚纚。

……

制芰荷以为衣兮，集芙蓉以为裳。

把江离、辟芷、秋兰、木根结茝、菌桂纫蕙以及荷衣蓉裳等，都用来象征诗人自己高尚、坚贞的品格，而且表示："余幼好此奇服兮，年既老而不衰。"（《涉江》）这就把诗人的形象升华、提高了。

屈原还用人走的实际道路，比喻人们遵循的政治方向、品德行为等。在《离骚》中他把古人的美德懿行说成是"遵道而得路"，把奸佞之辈排斥忠良的行为斥责为"路幽昧以险隘"。认为楚王的改弦易张是"悔遁而有他"，认为坚持自己的政治理想是"乘骐骥以驰骋兮，来吾导夫先路也。"要"奔走先后"及"前王之踵武"等等。由于作者广泛地运用比兴手法，因此把政治性很强的内容，包蕴于丰富、鲜明和个性突出的形象之中，产生言简而意赅、言有尽而意无穷的艺术效果。淮南王刘安在《离骚传叙》中说：

其文约，其辞微，其志洁，其行廉，其称文小而其旨极大，举类迩而见义远。

这是对屈原作品比兴手法的卓异成就之高度概括。

第二节　浪漫主义精神

屈原作品最感人的因素是它的浪漫主义精神。这种浪漫主义精神表现为感情的热烈奔放，想象的奇幻优美，对理想的追求、坚持和诗人作为诗中抒情主人公的出现等。在艺术上这是一项很大的创造。

在我国历史上，《史记》以前的史籍只有“以年为经，以事为纬”的编年体，或更简单的“典谟训诰”式的记言体，绝对没有以人为中心的“纪传体”。至于理想云云，则其中表现得更是极少了。当时出现的《诗经》，其有名可考的作家如许穆夫人、公子奚斯等，开始在他们的作品中反映了自己的思想和情操。而《周南·汉广》，据《文选·江赋注》引《韩诗内传》云：“郑交甫遵彼汉皋台下，遇二女，与言曰：‘愿请子之珮。’二女与交甫，交甫受而怀之，超然而去。十步循探之，即亡矣。回顾二女，亦即亡矣。”这种解释其他古籍也广泛引用，如《文选·琴赋注》引《薛君章句》云：“游女，汉神也。言汉神时见，不可求而得之。”那么此诗是郑交甫咏叹对汉水女神之热情追求：

南有乔木，不可休思！汉有游女，不可求思！汉之广矣，不可咏思！江之永矣，不可方思！

又《秦风·蒹葭》，据《郑笺》是咏“知周礼之贤人，乃在大水之一边”。乃写秦人对贤者的真诚渴慕：

> 蒹葭苍苍，白露为霜；所谓伊人，在水一方。溯洄从之，道阻且长；溯游从之，宛在水中央。

这种诗人自己思想、情操的抒发，尽管是不充分、不鲜明的，他们对理想、贤者的追求和渴慕，虽然远不如屈原作品中所表现的深广，但是仍然值得珍视，因为它为我国古代文学在表现手法上增添了新的因素。

屈原继承和发展了《诗经》这种浪漫主义的因素，在作品中把自己塑造成一个高洁、正直、热情、不肯折腰权贵的高大形象。他用丰富的形象思维，把所描写的社会现象和自然现象都形象化了，而自己作为诗中的抒情主人公则追求、探索于整个幻想的境界之中。如《离骚》说：

> 吾令帝阍开关兮，倚阊阖而望予。时暧暧其将罢兮，结幽兰而延伫。世溷浊而不分兮，好蔽美而嫉妒。朝吾将济于白水兮，登阆风而緤马。忽反顾以流涕兮，哀高丘之无女。溘吾游此春宫兮，折琼枝以继佩；及荣华之未落兮，相下女之可诒。吾令丰隆乘云兮，求宓妃之所在。解佩纕以结言兮，吾令蹇修以为理。纷总总其离合兮，忽纬繣其难迁。夕归次于穷石兮，朝濯发乎洧盘。保厥美以骄傲兮，日康娱以淫游。虽信美而无礼兮，来违弃而改求。览相观于四极兮，周流乎天余乃下。望瑶台之偃蹇兮，见有娀之佚女。吾令鸩为媒兮，鸩告余以不好。雄鸠之鸣逝兮，余犹恶其佻巧。心犹豫而狐疑兮，欲自适而不可。凤凰既受诒兮，恐高辛之先我。欲远集而无所止兮，聊浮游以逍遥。及少康之未家兮，留有虞之二姚。理弱而媒拙兮，恐导言之不固。世溷浊而嫉贤兮，好蔽美而称恶，闺中既以邃远兮，哲王又不寤。怀朕情而不发兮，余焉能忍与此

终古!

他向重华陈辞之后,便乘龙御风而飞升,历与古代神话中的神灵接触,但每次接触都使自己失望;要进入天帝的九重宫,可是帝阍鄙视他,不给他开门;要到人间寻求高丘神女,神女恰巧不在那里;去宓妃那里求援,宓妃却对他无礼;又找到了简狄和二姚的居室,可是没有媒人说合。总之,遭逢不偶,终归失败。这一段通过幻想所创造的雄伟壮丽的境界,反映了屈原在现实中对理想政治的探索和追求。《战国策·楚策》记载楚国当时的情况是:"谒者难见如鬼,王难得见如天帝。"屈原则说:

吾令帝阍开关兮,倚阊阖而望予。

正是这种现实情况的浪漫主义的形象的反映。屈原这种热爱国家、同情人民、坚贞不屈、追求理想的高大形象,长期以来成为人们衡量一个作家是否称得起"诗人"的尺度,是历代迁客骚人行动的楷模。

屈原作品的浪漫主义精神,还表现于他对神话神巫故事的广泛采用。神话是古代劳动人民对生活的一种幻想,是他们在科学还不发达的情况下,对自然现象和社会现象的天真的解释。这类神话故事比较集中地保存在《庄子》、《山海经》、《吕氏春秋》和《淮南子》诸书中,而作为文学题材在《诗经》中也有反映。如《商颂·玄鸟》云:"天命玄鸟,降而生商,宅殷土芒芒。古帝命武汤,正域彼四方。"《郑笺》曰:"降,下也。天使鳦(即玄鸟,燕也)下而生商者,谓鳦遗卵,娀氏之女简狄吞之而生契,为尧司徒。"同样《商颂·长发》云:"有娀方将,帝立子生商。"都是说殷的祖先契是他母亲简狄因吞玄鸟的遗卵而生的。又《大雅·生民》云:"厥初生民,时维姜嫄。生民如何?克禋克祀,以弗无子。履帝武敏,歆,攸介攸止,载震载夙,载生载育,时维后稷。……诞寘之隘巷,牛羊腓字之;诞寘之平林,会伐平林;诞寘之寒冰,鸟覆翼之。鸟乃去矣,后稷呱矣。"《郑笺》曰:"帝,上帝也。敏,拇也。介,左右也。……祀郊禖之时,时有大神之迹,姜嫄履之,足不能满,履其拇指之处,心体歆歆然。其左右所止住,如有人道感己者也,于是遂有身。"同样《鲁颂·閟宫》云:"赫赫姜嫄,其德不回,上帝是依(郑笺:"依其身也。"),无灾无害,弥月不迟,是生后稷。"也都是说周的祖先后稷是他母亲姜嫄的脚践了神的足迹而生的。这两个神话故事说明契和后稷都是感生的圣人。屈原大量地采用了这类神话故事,并对之进行综合和创造,表现了一种新的精神,即对这类当时人们认为是对自然、社会合理的解释的神话,提出了一系列的质问,表现了大胆的怀疑。即以对殷祖先起源的解释,在他的作品中凡两见,在《思美人》中还是一般地叙述:

高辛之灵盛兮,遭玄鸟而致诒。

到了《天问》,便提出疑难:

简狄在台,喾何宜?玄鸟致诒,女何嘉?

对周祖先起源的解释,他也提出疑问说:

稷维元子,帝何竺之?投之于冰上,鸟何燠之?

总之,对这类神话传说都表示不相信。这种精神比较集中地表现在《天问》里。《天问》开篇即说:"遂古之初,谁传道之?上下未形,何由考之?"一开始就对当时天地开辟的传说提出疑难。他说:"八柱何当?东南何亏?"打破了大地是放在柱子上的幼稚说法。他说:"何阖而晦?何开而明?角宿未旦,曜灵安藏?"又说:"日安不到?烛龙何照?羲和之未扬,若华何光?"肯定了人间的光明都是来自太阳,而不是来自其他什么。他说:“羿焉彃日?乌焉解羽?”又说:“夜光何德?死则又育?厥利维何?而顾菟在腹?”动摇了后羿射日的事,并否定了“日中有乌”和“月中有菟”的传说。他又说:“雄虺九首,儵忽焉在?”怀疑蛇有九头的说法。他指出:“女歧无合,夫焉取九子?”把各种荒诞无稽的感生说,一扫而光。他说:“化为黄熊,巫何活焉?”驳斥“鲧殛于羽山,其神化为黄熊”的传说之不合理。他说:“何所不死?长人何守?”这不但不相信古人传说有什么“不死之国”,而且对当时燕齐间方士所宣传的什么“长生之术”也给以坚决的否定。《山海经》中把昆仑山写成天帝的下都,是群神汇集的乐园,奇迹很多,灵异惊人。屈原却提出疑问:“昆仑县圃,其尻安在?增城九重,其高几里?”表示大不以为然!这些问题都提得光怪陆离、奇矫活突,反映了作者怀疑、探索自然和历史奥秘的精神。

神巫是和神话不同的另一种故事,它的产生和原始社会宗教祭祀有关系。《国语·楚语》记载:“及少皞之衰也,九黎乱德,民神杂糅,不可方物,夫人作享,家为巫史。无有要质,民匮于祀,而不知其福。烝享无度,民神同位。”这是关于巫的最早记载。它说明我国古代人神是不分的,人和神住在一起,人人都在祭祀,家家都为巫史,好像人人都能通神似的。大家都祭祀,结果被弄得精穷,也不见有什么福气。这种巫风影响所及,到春秋战国时期仍然极为发达,特别是在屈原生活的南方地区更为盛行。屈原并不相信巫觋,他在《离骚》里曾引用灵氛和巫咸对他的劝告,他都不听从,这和《卜居》里他对待太卜郑詹尹的态度是一致的。但是屈原注意到巫风在楚国统治集团和人民群众中的巨大影响,便采用了这种形式和其中的故事,来寄托自己的理想,寄托自己对美的事物的追求。他极力美化了故事中的人物,用香花蕙草点缀他们的衣

冠服饰和帷幕旌旗等,把他们描写成美的象征。如《山鬼》:

> 若有人兮山之阿,披薜荔兮带女萝。既含睇兮又宜笑,子慕予兮善窈窕。乘赤豹兮从文狸,辛夷车兮结桂旗。被石兰兮带杜衡,折芳馨兮遗所思。

他的美的容貌、性格、感情,在虚无飘渺中令人可企可慕。又如少司命的荷衣蕙带,大司命的荃桡兰旌,云中君的华彩衣,湘夫人的薜荔帷等,都用香花蕙草来衬托他们品质、性格的美。他们或"思夫君兮太息,极劳心兮忡忡",或"望夫君兮未来,吹参差兮谁思",或"闻佳人兮召余,将腾驾兮偕逝",或"结桂枝兮延伫,羌愈思兮愁人",或"入不言兮出不辞,乘回风兮载云旗",或"长太息兮将上,心低徊兮顾怀",或"子交手兮东行,送美人兮南浦",他们可望可即,却不可骤得。屈原把自己描写的对象美化了,通过这些描写抒发了自己对美的哀思。

屈原的浪漫主义精神,也表现于他对寓言形式的采用。寓言是一种言有尽而意无穷,可以启发人们的神思,驰骋人们的想象的一种文学形式。这种形式在《诗经》中已经出现了,如《豳风·鸱鸮》云:"鸱鸮鸱鸮,既取我子,无毁我室。恩斯勤斯,鬻子之闵斯!"作者托禽鸟的口吻来抒发自己被强暴者掠夺的痛苦。到春秋战国时期这种形式便逐渐发达起来,《韩非子》、《庄子》、《吕氏春秋》等先秦诸子著作中都广泛地运用了。他们都以简短的形式,概括有深刻意义的政治内容。像《吕氏春秋·察今》中之"涉澭循表"、"刻舟求剑",即是对那些政治上的顽固派和保守派的讽刺。值得注意的是《吕氏春秋》的作者在记叙这两个故事之后,指出:"荆国之为政,有似于此。"这就和屈原作品的内容更接近了。庄子更是对这种寓言形式有深刻认识的作家。他在《寓言》篇中说:

寓言十九,重言十七。……寓言十九,藉外论之。亲父不为其子媒,亲父誉之,不若非其父者也。非吾罪也,人之罪也。与己同则应,不与己同则反,同于己为是之,异于己为非之。重言十七,所以已言也,是为耆艾。年先矣,而无经纬本末,以期年耆者,是非先也。人而无以先人,无人道也。人而无人道,是之为陈人。

庄子特别强调寓言和重言对文学著述的重要性。他自己即以寓言擅长,在他的著作里就保存了许多言近旨远的故事。至于重言,据郭庆藩《集释》说:"重,当为直容切,《广韵》:'重,複也。'庄生之文注焉而不穷,引焉而不竭者也。"应当是一种含义深远为人们喜闻乐见的古言古语。联系到楚国的实际来看,其中之一就是"讔语"。《吕氏春秋·重言》篇记载:"荆庄王立三年,不听(政)而好讔,成公贾入谏。王曰:'不穀禁谏者,今子谏何故?'对曰:'臣非敢谏也,愿与王讔也。'王曰:'胡不设不穀矣?'对曰:'有鸟止于南方之阜,三年不动,不飞,不鸣,是何鸟也?'王射(猜)之,曰:"有鸟止于南方之阜,其三年不动,将以定志意也;其不飞,将以长羽翼也;其不鸣,将以览民则也。是鸟虽无飞,飞将冲天;虽无鸣,鸣将骇人。"这种讔语实际上是寓言的一个流派,不过情节较简单,近乎后代的所谓"谜语"。

屈原受时代文化思潮的影响,在自己的创作过程中,也运用了这种文学形式。如他自寓为鸟,《九章·抽思》说:

有鸟自南兮,来集汉北。好姱佳丽兮,牉独处此异域。既惸独而不群兮,又无良媒在其侧。

又《离骚》说:

鸷鸟之不群兮,自前世而固然。何方圜之能周兮,夫孰异道而相安?

把自己高洁的不与世俗同流合污的品性通过鸷鸟之卓异不群的形式表现出来。又如他自寓为橘,《九章·橘颂》说:

> 嗟尔幼志,有以异兮。独立不迁,岂不可喜兮?深固难徙,廓其无求兮。苏世独立,横而不流兮。闭心自慎,终不失过兮。秉德无私,参天地兮!

以桔树的高洁无私来抒发自己坚贞不屈的思想性格,把桔树的特质和自己的性格统一起来。又如《离骚》中关于神游一段描写,极像《庄子·逍遥游》中之鲲鹏自北冥运于南冥的景象。即如上文所引《离骚》中求女一段,也借以寓自己对圣君贤臣的追求。此外,如把鸟兽草木人格化的描写,也莫不带有寓言的特点。

寓言是一种很古老的文学形式,它本来是以讽刺、嘲笑社会黑暗为职能的,而屈原除了继承它贬斥社会丑恶的职能外,还主要用来体现自己的思想,表达自己对理想的追求。这是屈原对这种文学形式的发展。

对美的理想的坚持,对美好事物的追求,对自然、历史奥秘的探索,是屈原赋浪漫主义精神的实质。

第三节 语言特点

屈原作品的文学形式比《诗经》有很大的改革和发展。《诗经》的语言形式基本上是四言体,而屈原的作品则在此基础上形成为一种长短不齐的《骚》体。这种句法参差错落、灵活变幻的新诗歌形式,是屈原在我国文学史上的首创。

这种创造,是建立在对民间文学学习的基础之上的,是吸取了民间文学的营养而完成的。据现存的文献记载,屈原以前楚地所流行的民歌在句法上都参差不齐,并且有兮字出现在句中或句尾。最古的如《吕氏春秋·音初》篇记载:“禹……巡省南土。涂山氏之女乃令其妾候禹于涂山之阳。女乃作歌,歌曰:‘候人兮猗!’实始作为‘南音’。”“候人”是道路迎送宾客的官,“兮猗”是“南音”的尾声。那么这句话是呼唤其官候禹。又《诗经·曹风·候人》首句说:“彼候人兮”,是相同的句式。“南音”是楚国的土风,因此也叫“南风”,《礼记·乐记》篇说:“舜作五弦之琴以歌‘南风’。”舜、禹是同时人,传说舜死在九疑山,所以他生时所唱的是“南风”。又《诗经·小雅·鼓钟》篇说:“以雅以南”,《礼记·文王世子》篇说:“胥鼓南”,则知“雅”和“南”都是乐器,引申其义,那么“雅”和“南”都可看作乐章和乐调的名称。因此《吕氏春秋·音初》篇在记述“候人歌”之后说:“周公及召公取风焉,以为《周南》《召南》。”则《周南》《召南》是“南音”的直接发展。但二《南》都是西周初年的作品,距离屈原的时代还相当远,这期间出现的最古的译诗有《越人歌》(《说苑·善说》),稍后的《徐人歌》(《新序·节士》),更后的《接舆歌》(《论语·微子》)以及和屈原时代极其接近的《沧浪歌》(《孟子·离娄》)等,应当特别注意的是《越人歌》,这是鄂君子皙在河中泛舟,打桨的越人唱的歌,鄂君不懂,请人用楚语译出:

> 今夕何夕兮,搴中洲流。今日何日兮,得与王子同舟。蒙羞被好兮,不訾诟耻。心几顽而不绝兮,得知王子。山有木兮木有枝,心悦君兮君不知。

这首歌无论在句法上和内容上都很像屈原的《九歌》,应是屈原《九歌》的前身。《九歌》本是楚国当时流行的一组巫歌,这组巫歌的句法可能和《越人歌》有渊源关系，屈原便以此为基础，加工、创作了自己的《九歌》。《天问》在形式上和《庄子·天运》篇所载的人巫问答很接近，《天运》篇云：

> 天其运乎？地其处乎？日月其争于所乎？孰主张是？孰维纲是？孰居无事推而行是？意者其有机缄而不得已邪？意者其运转而不能自止邪？云者为雨乎？雨者为云乎？孰隆施是？孰居无事淫乐而劝是？风起北方，一西一东，有上彷徨，孰嘘吸是？孰居无事而披拂是？敢问何故？

屈原很显然是受这种形式的影响并采用这种形式而写成《天问》的。《招魂》则有民间祭祀的礼俗为根据，《礼祀·礼运》篇记载：

> 夫礼之初，始诸饮食。其燔黍捭豚，污尊而抔饮，蒉桴而土鼓，犹若可以致其敬于鬼神。及其死也，升屋而号，告曰："皋！某复。"然后饭腥而苴孰。

这是原始社会流传下来的礼俗，《招魂》之写成，与这种民间礼俗有密切关系。至于《离骚》，从立意和语调看，都很像荀子的《成相》篇。《成相》开篇云：

> 请成相，世之殃，愚闇愚闇堕贤良。人主无贤，如瞽无相何伥伥！请布基，慎圣人，愚而自专事不治。主忌苟胜，群臣莫谏必逢灾。

《离骚》中之"悔相道之不察兮，延伫乎吾将返。回朕车以复路兮，及行迷之未远。"实际上即是"如瞽无相何伥伥"的意思。可见屈原是吸取了这类民间文学形式而创作《离骚》的。

屈原是学习了楚地的民间文学，进行加工创造，完成了新鲜、生动、自由、有统一风格的新的诗歌形式，和它内容上的浪漫主义精神一致,在形式上也呈现出浪漫主义特色。它不受任何固定句法的限制,纵情地抒发自己的思想感情。和《诗经》的语言之整齐匀称相反,他力求参差错落,在整齐中求变化。如《诗经》中之《豳风·东山》:“鹳鸣于垤,妇叹于室。”《小雅·鹤鸣》:“鹤鸣于九皋,声闻于野。”《小雅·何人斯》:“不愧于人,不畏于天。”等和《鄘风·桑中》:“期我乎桑中,要我乎上宫,送我乎淇之上矣。”或连用“于”字,或连用“乎”字,排比整齐,搭配匀称。但屈原的作品却相反,在《离骚》中凡可以“于”字连用的地方,都变成“于”、“乎”,即上句用“于”,下句用“乎”。如:

> 朝发轫于苍梧兮,夕余至乎县圃。
> …………
> 饮余马于咸池兮,总余辔乎扶桑。
> …………
> 夕归次于穷石兮,朝濯发乎洧盘。
> …………
> 览相观于四极兮,周流乎天余乃下。
> …………
> 朝发轫于天津兮,夕余至乎西极。

这种“于”乎”换用的句法,在《诗经》中是绝对没有的。为什么在屈原的笔下却出现这种变化呢?这与我国语言的自然规律有关。汤炳正先生有很好的见解,他认为《吕氏春秋·淫辞》记载之《劝力歌》中所呼喊之“‘舆谑’、‘邪轩’、‘邪许’,从古音来讲,都跟‘于乎’是一音相通的同字异形。可证这种《劝力之歌》,在发音的自然规律上,是‘于’在前而‘乎’在后。因而屈赋中,在同样意义上而上句用‘于’下句用‘乎’,正是由于这一语音上的自然规律所决定的,从而体现了屈赋在节奏错落中的自然美。”(《屈赋新探》)这种变化不仅使文气舒卷自如,而且使节奏更加抑扬、顿挫。

当然,这种自由的新诗形式不是完全没有格式可寻的,不是没有特点的。首先它比民歌的词藻华美多了,并且更讲究对偶。屈原的作品中出现了很多词采缤纷,对偶工巧的句式。若加以区分的话,其中有所谓“言对”,如《离骚》:

朝饮木兰之坠露兮,夕餐秋菊之落英。

…………

制芰荷以为衣兮,集芙蓉以为裳。

又如《九歌·湘君》:

采薜荔兮水中,搴芙蓉兮木末。

心不同兮媒劳,恩不甚兮轻绝。

又如《九歌·湘夫人》:

麋何食兮庭中?蛟何为兮水裔?

…………

捐余袂兮江中,遗余褋分醴浦。

又如《九歌·大司命》:

令飘风兮先驱,使冻雨兮洒尘。

这种所谓“言对”,如刘勰在《文心雕龙·丽辞》篇所说:“言对为美,贵在精巧。”即要求词采华美,对偶工巧。屈原赋的许多句子正是如此。又有所谓“事对”的,如《离骚》:

吕望之鼓刀兮,遭周文而得举。

宁戚之讴歌兮,齐桓闻以该辅。

这种所谓“事对”,如刘勰所说是指上句和下句所用的典故相对。又有所谓“当句对”的,如《九歌·东皇太一》:

蕙肴蒸兮兰藉,奠桂酒兮椒浆。

这种所谓“当句对”,如洪迈所说是“一句中自成对偶”(《容斋随笔》)。尽管屈原在词藻上追求华丽,讲究对偶,但运用起来却从容自如,毫不拘束。

其次,屈原的作品比民歌更善于铺叙,讲究铺张扬厉,这一特点比较突出地表现在《招魂》的结构上。《招魂》描写楚国的豪富欢乐,如:

宫室是:

高堂邃宇,槛层轩些。层台累榭,临高山些。……

陈设是:

砥室翠翘,挂曲琼些。翡翠珠被,烂齐光些。……

饮食是:

胹鳖炮羔,有柘浆些。鹄酸臇凫,煎鸿鸧些。……

女乐是:

陈钟按鼓,造新歌些。涉江采菱,发扬荷些。……

歌舞是:

二八齐容,起郑舞些。衽若交竿,抚案下些。……

博弈是:

分曹并进,遒相迫些。成枭而牟,呼五白些。……

从各个方面描写,富丽堂皇,极尽铺陈之能事。

此外,屈原的作品多用联绵字。联绵字的运用在《诗经》中已经很普遍了,屈原则继承了这种表现形式,在自己作品中也比较多地采用了。如《离骚》中的“耿介”、“謇謇”、“冉冉”、“郁邑”、“岌岌”、“芳菲菲”、“歔欷”、“逍遥”、“相羊”、“周流”、“啾啾”等,《悲回风》中的“穆眇眇”、“莽芒芒”、“藐蔓蔓”、“缥绵绵”、“愁悄悄”、“翩冥冥”等,《抽思》中的“忧忧”、“憺憺”、“营营”等,《怀沙》中的“莽莽”、“杳杳”等。或双声,或叠韵,或重言,错杂相间,可以增强诗歌的节奏感和音调美。

屈原在作品中吸收了大量的楚地方言。宋黄伯思《翼骚序》云:“屈宋诸骚皆书楚语,作楚声。”(陈振孙《直斋书录解题》)并且还举“些、只、羌、谇、謇、纷、侘、傺”作楚语的例子,举“顿挫悲壮,或韵或否”作楚声的例子,这些都是非常正确的。但除此之外,屈原作品中的汩、搴、冯、邅、班、莽、诼、耿、灵、兮等,也都是楚地的方言。屈原采用这些楚地方言,增强了诗歌的形象性和生动性。以“兮”字为例,作者有时把它置于句尾,有时把它置于句中,有时隔句用,有时每句都用,促成句式的变化多端,适合于各种不同情绪和语气的表达。如《九歌》中的“兮”字,就都放在句中并且每句都用。像《东皇太一》:

> 吉日兮辰良,穆将愉兮上皇。抚长剑兮玉珥,璆锵鸣兮琳琅。

这种用法使各句的语气缓慢而匀平,十分合乎隆重庄严的祭祀仪典的气氛。《离骚》中的“兮”字,则是放在句尾并且隔句一用,像:

> 帝高阳之苗裔兮,朕皇考曰伯庸。摄提贞于孟陬兮,惟庚寅吾以降。皇览揆余于初度兮,肇锡余以嘉名;名余曰正则

兮，字余曰灵均。

这样就合乎感叹抒愤的语气。《天问》根本不用“兮”字，而且基本上是四字句，四句一组，像：

遂古之初，谁传道之？上下未形，何由考之？冥昭瞢闇，谁能极之？冯翼惟像，何以识之？

这八句是两层意思，节奏迫促，言词径直，合乎提出问题，进行质询的激昂的语气。至于《招魂》是“兮”字和“些”字并用，其中序文和乱辞用“兮”字，招魂词用“些”字，像：

朕幼清以廉洁兮，身服义而未沫；主此盛德兮，牵于俗而芜秽。上无所考此盛德兮，长离殃而愁苦。……巫阳乃下招曰：“魂兮归来！去君之恒干，何为四方些？舍君之乐处，而离彼不祥些！

“些”字是楚地巫术中专用的语尾词，这里直接采用，可以表达举行这种礼俗时的神态。作者对楚地方言的运用十分巧妙，能够传神状貌，加强句式的表达力。

这些楚地方言，经过屈原的铸炼能够形成为描写不同对象的不同风格，或优美如《九歌》，或雄浑如《离骚》，或瑰丽如《天问》，或神奇如《招魂》，或隽秀如《九章》，丰富多样。作者通过各种形式、风格的语言，或吟，或咏，或歌，或诵，抒写着自己各种不同的思想情绪。语言的提炼是屈原文学上重要成就之一。

屈原作品的丰富内容，就是通过以上所论述的艺术上的几个方面表现出来的。屈原以自己的艺术手段全面深刻地概括了他那个时代的阶级斗争。屈原作品的内容和形式是高度统一的，它不但在内容上为我们提供了认识古代社会历史的重要价值，而且在技巧上也为我国文学宝库提供了丰富的创作经验。屈原作品之所以能对后代文学家产生长期、深远的作用和影响,自然与内容上的广阔、深刻有关系,同时也与艺术上的纯熟、精炼分不开。因此,我们应该认真分析总结他的创作经验,作为我们今天文学创作的借鉴。

第十三章　屈原精神与日月争光

屈原的成就是伟大的。他的忧国忧民的热情，反对邪恶的坚强意志，追求美的理想的挚着精神，雄浑的辞赋体裁等，在文学史上有深远的影响。淮南王刘安在《离骚传叙》中说：

> 其文约，其辞微，其志洁，其行廉，其称文小而其指极大，举类迩而见义远。其志洁，故其称物芳。其行廉，故死而不容自疏。濯淖污泥之中，蝉蜕于浊秽，以浮游尘埃之外，不获世之滋垢，嚼然泥而不滓者也。推此志也，虽与日月争光可也。

这是对屈原的思想、情操、品格和创作的恰当而崇高的评价。汉代大史学家司马迁很同意这种看法，所以在写《屈原列传》时引用了这段话。

屈原精神最感人的是他作为一个高尚廉洁、坚贞不屈的艺术形象的巨大魅力。这一形象出现在春秋战国时期是独特的。像《诗经》中的《小雅》被誉为“怨诽而不乱”，有反对邪恶的精神，但并没有美的政治理想；《左传》中郑子产，《晏子春秋》中的晏婴，都是政治改革家，有政治远见，但没有高尚的情操；诸子著作中的一些寓言故事，有反剥削、反压迫和赞扬智慧的内容，但却没有忧国忧民的感情。屈原作为一个文学家则集中了政治、思想等各种优良品质，成为许多世纪以来影响人们的高尚情操，爱国思想和反抗黑暗统治的精神力量。

受屈原精神感召的比较早的是西汉辞赋家贾谊。贾谊在被贬为长沙王太傅时,曾怀着崇敬的心情,亲自到汨罗江去悼念屈原,并作了《吊屈原》赋,为屈原鸣不平,同时也抒发了自己生不逢时的愤懑和感慨。其中有云:

> 般纷纷其离此尤兮,亦夫子之故也。历九州而相其君兮,何必怀此都也?凤皇翔于千仞兮,览德辉而下之;见细德之险征兮,摇增翮而去之。彼寻常之污渎兮,岂能容吞舟之鱼?横江湖之鳣鲸兮,固将制乎蝼蚁。

吊屈原,实际是自吊,在思想上和屈原产生了强烈的共鸣。

散文家司马迁在不幸的遭遇中,也为屈原的精神所感动,"未尝不垂涕,想见其为人",从而怀着悲痛的心情,写了屈原的传记,而且在"屈原放逐,乃赋《离骚》"的精神感召下,坚持完成了伟大著述《史记》的写作。鲁迅先生称赞它是"史家之绝唱,无韵之《离骚》。"即说明《史记》是《离骚》的继续,是《离骚》精神的发展。其中司马迁自己作为抒情主人公的坚强不屈的性格,和他对黑暗统治的揭露,对人民的同情等,都和屈原在精神上联系着。在屈原的影响下,司马迁继董仲舒之《士不遇》赋之后,还写了《悲士不遇》赋,可惜此赋已残缺不全,只有佚文保存在《艺文类聚》(卷三十)之中。这篇赋抒发了个人的不幸遭遇和开扩的胸襟,如"悲夫!士生之不辰,愧顾影而独存;恒克己而复礼,惧志行之无闻。""我之心矣,哲已能忖;我之言矣,哲已能选。"同时也批判了当时社会是非混淆、善恶不分的现象:"虽有形而不彰,徒有能而不陈。何穷达之易惑,信美恶之难分。"批判了"好生恶死"、"好贵夷贱"的庸俗者辈。很明显,其中有屈原的精神在。

东晋孤梗的诗人陶渊明,为董仲舒、司马迁之作所感动,因此作了《感士不遇》赋,他在自序中有云"三闾发已矣之哀",也说明屈原的作品在他心灵上的影响。当然，时代不同，人们的思想感情也有很大的差异，陶渊明的《感士不遇》赋，有它不同的内容。但是，这篇赋在借古人的语言以抒发自己的心怀方面，像“妙算者谓迷，直道者云妄”，“虽怀琼而握兰，徒芳洁而谁亮”，又像“伊古人之慷慨，病奇名之不立”，“感哲人之无偶，泪淋浪以洒袂”等等，直是把屈原的精神志趣当作自己行为的准则。

唐代大诗人杜甫，也是受屈原思想的感召并认真向屈原的创作学习的。他在《戏为六绝句》中说：

> 不薄今人爱古人，清词丽句必为邻。窃攀屈宋宜方驾，恐与齐梁作后尘。

他不但要学习屈原的艺术成就，而且更重要的是要达到屈原那样高的思想水平。杜甫那种忧国忧民，揭露当时政治的黑暗，上称尧舜，下及美人迟暮的感情，和屈原的精神是一脉相承的。《自京赴奉先县咏怀》实际上是一篇《离骚》，或者推广开说，他的全部作品好像是一部长篇的骚体诗。

清代戏剧家尤侗，曾作过《读离骚》杂剧一本。这本杂剧的全部情节都是根据屈原的和与屈原有关的作品写成的。杂剧的第一节采自《天问》《卜居》，第二折采自《九歌》，第三折采自《渔父》，第四折采自《招魂》《神女》《高唐》三篇赋。杂剧的主题是吊屈原，是在屈原精神的感召下来抒发自己一生坎坷不遇的感情。

清代小说家蒲松龄侈谈鬼神花妖，很受屈原的影响。他在《自志》中说：“被萝带荔，三闾氏感而为骚。牛鬼蛇神，长爪郎吟而成癖。自鸣天籁，不择好音，有由然矣。”很明显，他是学习屈原和李贺的创作精神而写作的。在他的作品中，不但是那些抒发自己坚贞、廉洁、有志不得伸的胸怀很像屈原，而且那些对幽深境界的描写,也类似屈原。屈原精神泽被后代,可谓深且远矣!

屈原精神感人之处,还在于他坚持自己的理想和对理想挚着地追求。理想是文学作品的重要因素,一篇文学作品总是或明或暗地表现一定的理想,没有理想的作品,往往是没有生命力的。屈原作品理想的特点,是他赋予自己理想以美女的品格,通过对女性的爱慕来寄托对理想的追求。这就把自己的理想描绘得特别崇高和纯洁。屈原这种创作精神对后世的影响是很大的。《史记·屈原列传》中说:"屈原既死之后,楚有宋玉、唐勒、景差之徒者,皆好辞而以赋见称。然皆祖屈原之从容辞令,终莫敢直谏。"能体现屈原这种精神的是宋玉的《神女赋》。这篇赋是宋玉用以讽谏楚顷襄王的个人抒情之作。他把屈原《离骚》、《九歌》中所描写的灵巫与自然界各种神女相追慕的情境,改变成梦境,通过顷襄王的梦来体现,把诸神女集中起来创造了一个巫山神女。这个巫山神女清静和善、沈重端祥,人和她相感相求,情绪曲尽变化,最后"欢情未接,将辞而去"。追求未能成功,追求者则"回肠伤气,颠倒失据","惆怅垂涕,求之至曙"。这种挚着的追求精神是对屈原的继承。但是它所表现的是宋玉的内心情感,是宋玉的理想,尽管这种理想在作品中不曾具体地表现出来。

宋玉之后,是三国时代的曹植,他模仿《神女赋》作了一篇《洛神赋》。他在自序中说:"感宋玉对楚王神女之事,遂作斯赋。"这篇赋也写了一个梦幻的境界,在梦境中依次描写洛神的美丽纯洁,男女相感相求,至于"欢情未结",人神道殊。美梦破灭之后,则"遗情想像,顾望怀愁","夜耿耿而不寐,霑繁霜而至曙。命仆夫而就驾,吾将归乎东路,揽骓辔而抗策,怅盘桓而不能去。"通过对爱情追求的绝望,抒发作者追求理想失败以后的人生悲哀。在精神上和屈原是一致的。

曹植之后的陶渊明，他学习屈原的《离骚》写了一篇《闲情》赋。这篇作品也是写对女性的追求，和追求失败后的思想感情。它比较细致、精炼地描写了女子的美丽，如："佩鸣玉以比洁，齐幽兰以争芬"，"悲晨曦之易夕，感人生之长勤。"也比较具体地描写了对女子的热切追求，如："欲自往以结誓，惧冒礼之为諐，待凤鸟以致辞，恐他人之我先。"这种描写，不但在情调上和屈原的作品相似，而且在修辞上也承袭了屈原的许多成分。当然，由于时代和个人的遭遇不同，陶渊明的《闲情》赋表现了一种隐逸遁世的思想，这与屈原热衷于现实，宁死不肯隐居的作风是绝然不同的。

屈原这种描写方法，不仅影响到辞赋，而且影响到诗歌。梁锺嵘《诗品》卷上云："汉都尉李陵，其源出于楚辞，文多凄怆怨者之流。"其实，汉以后的诗歌受屈原影响的，何止李陵一人！如古诗十九首之"涉江采芙蓉"一首，是写一个在异乡的失意者追念他理想中的人。其中之"采之欲遗谁？所思在远道"和屈原《九歌》中之"采芳洲兮杜若，将以遗兮下女"、"搴汀洲兮杜若，将以遗兮远者"在描写手法上完全是一样的。又如曹植《杂诗》其四，在精神实质上更像屈原：

> 南国有佳人，容华若桃李。朝游江北岸，夕宿潇湘沚。时俗薄朱颜，谁为发皓齿？俛仰岁将暮，荣耀难久恃。

这首诗是以佳人不为时俗所重，来寄托自己才高却被弃置的悲哀。其中之"时俗薄朱颜，谁为发皓齿"，即《离骚》所谓"国无人莫我知兮，又何怀乎故都"之意，"俛仰岁将暮，荣耀难久恃"，即《离骚》所谓"唯草木之零落兮，恐美人之迟暮"之意也。作者是依照屈原的图景来描摹自己的心境的。另外，如张衡的《四愁诗》、繁钦的《定情诗》、阮籍《咏怀》的"二妃游江滨"和"西方有佳人"、王维的《西施咏》、杜甫的《佳人》等等，都是用对女性的描写，寄托诗人自已的怀抱，和屈原的创作一脉相承，是屈原精神的发展。

屈原这种描写方法，也影响到小说的创作。清代小说家曹雪芹，在《红楼梦》中创作了一篇《芙蓉诔》，这篇诔文全是用骚体写的，抒发了宝玉对无辜而被迫害的晴雯的悼念。不仅如此，《红楼梦》中创作了许多美女的性格，她们具有高尚的品德和情操，作者对他们的优秀品质极尽赞扬之能事，认为“凡山川日月之精秀，只钟于女子”。同时也怀着同情的心情描写他们可悲的遭遇，所谓“千红一哭，万艳同悲”。通过对这些女子的描写，抒发了作者对理想的探索、追求、希望和失望的心情。整部《红楼梦》都闪烁着屈原的创作精神！

屈原作品之“沾溉后世”是多方面的，刘勰《文心雕龙·辨骚》中说：

> 是以枚贾追风以入丽，马扬沿波而得奇。其衣被词人，非一代也。故才高者菀其鸿裁，中巧者猎其艳词，吟讽者衔其山川，童蒙者拾其香草。

这就概括地说明了自汉代枚乘、贾谊、司马相如、扬雄以下的作家，都从屈原的作品中吸取了营养，而完成了其不同的成就。从体裁上看，汉以后的辞赋是循着两种趋向发展的，一种是汉代那种带有宫廷文学色彩的长篇大赋，如《子虚》、《上林》、二京、两都之类，主要是描写统治阶级骄奢淫逸的生活。这类赋明显是受屈原《招魂》的影响，《招魂》中那种关于宫廷生活的铺张扬厉的描写，是这类赋创作的模式。另一种是抒情赋，如班固的《幽通》赋，张衡的《思玄赋》、韩愈的《复志》赋、柳宗元的《惩咎》赋、《闵生》赋等。这类赋从汉到清历代都有，具有现实意义，是在精神实质上继承了屈原的创作。

从创作意图上看,辞赋都旨归于讽谏。像汉代那些长赋,虽然主要是歌颂封建统治者的豪华生活,但篇末总是表现出规讽的意旨。而屈原的作品反复陈述历史兴亡之迹,是非祸福之道,具有鲜明的讽谏意义。很明显,汉代的辞赋家是取法于屈原的。不过由于时代不同,阶级立场不同,汉代的辞赋家对封建统治者的歌颂多而讽谏少,即所谓"劝百讽一",因此没有什么力量。

屈原作品的讽谏意义也影响了诗歌。唐宋时期的进步诗人几乎都学习了屈原这种创作手法,像唐代的白居易,他在《与元九书》中说:

> 有可以救济人病,裨补时阙,而难于指言者,辄咏歌之,欲稍稍递进闻于上。上以广宸聪,副忧勤;次以酬恩奖,塞言责;下以复吾平生之志。

就正面说明他的诗歌的讽谏意义。他的《秦中吟》和新乐府就集中地体现了这种创作精神,所谓"为君、为臣、为民、为物、为事而作,不为文而作也。"(《新乐府》序)另外,像皮日休、陆龟蒙、聂夷中等描写农民苦难生活的诗,都具有讽谏的意义。宋代的梅尧臣,在他的《田家语》序中说:

> 庚辰诏书:凡民三丁籍一,立校与长,号"弓箭手",用备不虞。主司欲以多媚上,急责郡吏,郡吏畏,不敢辨,遂以属县令。互搜民口,虽老幼不得免。上下愁怨,天雨淫淫,岂助圣上抚育之意耶?因录田家之言,次为文,以俟采诗者云。

这段话说明他作这首诗的目的在于讽谏。这虽然是对一首诗意旨的说明,但却可以概括他大部分诗歌的创作意图。另外,像杨万里,范成大的诗歌,也都有同样的创作目的。应该说在很大程度上这是屈原作品的讽谏精神对他们的影响。

可见，屈原的精神和创作对后代的影响是广泛而深远的。在长期的封建社会中，几乎每个朝代，每一种文体，都受有他的精神的陶冶和在创作方法上的培育。“其衣被词人，非一代也”！

文章写到这里，已经近于尾声。“卒章显其志”，应当对屈原及其作品再总括说几句，以结束这部论稿。

屈原的文学成就是伟大的，这伟大之处就在于他以自己宏伟的诗篇反映了战国末期剧烈的时代冲突——新旧社会力量的冲突。他是站在新兴地主阶级的立场上提出了自己的政治理想，这种理想在当时是符合历史发展趋势的，因此有进步性。他是以人民的悲惨命运同情者的态度来反映人民的痛苦遭遇的，也是以一个国家利益的维护者的立场来反抗强秦的，他也是从这个角度出发去批判楚国国君及其集团的，那么他与楚国国君及其集团的斗争，就和长期被压迫被剥削的人民的愤怒、反抗精神深刻联系着，因此有民主性。屈原的思想、观点、主张都深深植根于那个时代冲突的总形势中。那个时代的一切腐朽、反动、黑暗的现象，都通过他的作品反映出来，一切进步、苦难、悲惨的侧面，也通过他的作品反映出来，这就是他的作品的历史意义。高尔基说：“有许多实例，证明艺术家是自己阶级和时代之客观的历史家。”（《我的文学修养》）屈原从自己的阶级立场出发，通过巨幅的诗篇，反映了战国末期的社会历史变化。从这个意义上讲，屈原的诗篇也可以称作他那个时代的诗史。

屈原的时代已经过去了，但是在屈原的遗产中，还有并非成为过去而是属于未来的东西。对于这些属于未来的东西，我们必须加以批判的继承。我们应该阐明他在历史转折点所以要从事政治改革的重要性，阐明他对残酷的君主及其贵族集团批判的意义，阐明他对国家、人民的态度的进步性和局限性。使他的文学遗产,在新的历史条件下散发出灿烂的光芒,发挥更大的作用!

“屈平词赋悬日月,楚王台榭空山丘。”(李白《江上吟》)历史是一去不复返了,屈原的精神却千古不朽!

跋

这部《屈原论稿》初版之后，听到学术界一些反映，有的是赞扬、肯定，有的则提出不同的意见。对这些我都表示衷心的感谢，并以之作为对自己今后工作的鞭策。

这次再版，根据同志们的意见和自己发现的问题，作了比较大的修改和增补，纲目、体系虽然基本未变，而内容和字数几乎增加了一倍。主要是对原来论述不清楚、不明确的观点，作了进一步的阐发；对一些比较简单甚而片面的论述，进行了加工和修润；对一些论证不够充分的地方，又补充了一部分资料；对自己认为不足的方面，更扩充并补写了部分章节。这样做的目的，是为了真正全面地评价屈原！

我主观上想把这部修改稿写得好些，水平高一些。但完稿之后，仍然感到不满足、不理想，甚至有一种难以用语言表达的遗憾。然则限于水平，也就无可奈何了。

我之喜爱《楚辞》，始于在大学读书时期，当时这是我最早选修的课程。先生授课重在文字、训诂和考据。课程结束后，我写了一篇论《招魂》的文章，先生给了个 A+的成绩，我受到很大的鼓舞。应该说这对我是一种启蒙。从此，我不但研读楚辞，而且对古代的诗歌、散文、小说、戏曲等莫不用心涉猎。眼界始开，识见渐广，一有所得，便写成札记，集腋为裘，乃成篇什。用力虽不能算勤，但总怕虚度年华。人生如白驹过隙，转瞬间整整四十年过去了。回首往事，在那夏云暑雨、冬月祁寒之时和茕茕子夜、青灯欲蕊之际,凝神沉思,染于翰墨的情景,犹历历在目。然而在这大半生的历程中,究竟做了些什么呢?庄子有云:“终身役役而不见其成功,苶然疲役而不知其所归,可不哀邪!”(《齐物论》)正道出我此时此际的心境,可谓异世共慨,千古同悲!《论稿》修撰既成,聊补平生碌碌之恨。若其对学术界和同行们还能有些许参考价值,那对我就是莫大的安慰和鼓舞了,还有什么更多的希求呢?

写于北京师范大学宿舍之红四楼

一九八九年岁末

[附录]

屈原赋的历史意义

屈原是我们国家、民族早期的重要作家，他的作品在我们的文史、艺术史上的重要地位，和希腊神话在希腊艺术史上的重要地位似。“希腊神话不仅是希腊艺术的宝库，而且是希腊艺术的土壤。”（马克思《论文化的各种形态（科学、技术、艺术）的不平衡发展》）同样，屈原的作品是我们民族文化中的珍宝，两千多年来一直为历代作家学习、吸取不尽的营养，它以丰富的创作经验和卓异的成就培育着我国文学艺术的成长。对这样一部伟大作品的价值和意义，我们的认识还是很不够的。特别是在“四人帮”文化专制主义统治之下，屈原的作品被任意歪曲。在那个形而上学猖獗的时代，对文学史上的现象，都机械、简单地以儒法两家来划分，荒谬地认为一部文学史就是儒法两家思想的斗争史。他们捏造了一个文学史斗争的规律，抹杀了文学反映现实生活的特点。这不是对屈原作品的意义认识不够的问题，相反则是对屈原及其作品的践踏了。因此，我们必须继续肃清流毒，拨乱反正，给屈原及其作品以科学、正确的评价。

恩格斯在评论歌德时曾经说：“一般说来，我们不是从道德的、党派的观点，而主要是从美学的、历史的观点来对他加以责难。”（《论歌德》）恩格斯这段话可以作为我们评价古代作家的重要准则。我们不是一般地反对用哲学的观点来评价作家，但是更重要的是我们必须从文学反映生活的特点出发来评价作家。文学与哲学之用逻辑思维表现对整个世界及其规律的认识决然不同,而是用文艺的形式、形象思维的方法来反映社会斗争、历史生活,并从而表现作家对社会、历史的观点和看法。因此,一部伟大的作品往往是它那个时代的一面镜子,是社会历史生活的实录。高尔基曾说:“卡尔·马克思承认在巴尔扎克的作品里面学习了很多东西。依据左拉的小说我们可以研究整个的时代。”(《青年的文学和它的任务》)对文学家及其作品只有用美学的社会历史的观点才能真正认识它的价值和意义。对屈原的研究也不能例外。

屈原生于楚威王元年(公元前339年),卒于顷襄王十四年(公元前285年),共活了五十五岁。他经历了威王、怀王、顷襄王三个王朝,但是他的政治活动和创作活动主要是在怀王、顷襄王时期,这就是说他活动的主要时代是战国末年。

这是我国历史上一个大转变的时代,是从奴隶主所有制转变为地主所有制,从奴隶社会转变为封建社会的时代,是历史的一个转折点。奴隶主为了压迫和剥削的需要,残酷地掠夺和摧残奴隶,造成了盗跖、庄跻等领导的规模巨大的奴隶起义;奴隶主为了压迫和剥削的需要,实行了“初税亩”,造成了他们的对立物,出现了地主阶级,特别重要的是出现了农奴或农民阶级;奴隶主为了压迫和剥削的需要,造就了广大的“士”阶层,这些“士”阶层的人物中不少是为奴隶主贵族效劳的,但有一些则走向他的反面,而为封建地主出谋划策。所有这些,都是奴隶主替自己造成的掘墓人。屈原出身于楚国的贵族,但是在这个剧烈的阶级斗争的历史环境中,却从贵族集团内部分化出来,已经没落了。《韩非子·喻老》篇说:“楚邦之法,禄臣再世而收地。”屈原的先代虽然做过官,但到他这个时期,封赐早被收回去了,所以《惜诵》中有“忽忘身之贱贫”的感叹。正因为他是从贵族集团分化出来的,所以能看到人民的苦难和历史的潮流。他处在一个新旧交替的时代,从他所从事的社会斗争实践看,他所维护和反对的、所坚持和摈斥的,与新兴地主阶级反对腐朽奴隶主阶级的要求是一致的。新兴地主阶级在其产生的初期,还未形成特殊阶级的特殊利益,因此他们虽然是剥削者,和劳动人民有很大的矛盾,但是在他们和奴隶主的斗争中,除了体现本阶级的利益之外,也与其余未占统治地位的阶级的利益多少联系着,在一定程度上是以奴隶的悲惨命运的同情者的身份出现的。屈原思想的进步性和作品的民主性必须从这个角度去阐明和理解。

一

屈原是站在进步的立场上,代表新的社会力量,向旧的腐朽的奴隶主贵族集团进行斗争的。他的思想观点,如主张亲民、重民、爱民;主张德政,追逐先王政治;主张改革,反对因循守旧;主张修明法治,讲规矩、绳墨等,和当时的进步思潮是一致的,和楚国奴隶主贵族集团的言行作为则是尖锐对立的。屈原的一生即为坚持自己的政治主张而斗争,为实现自己的政治理想而献身。他的全部作品,就是他一生斗争生活的实录。

《离骚》结尾说:

既莫足与为美政兮,吾将从彭咸之所居。

他的所谓"美政",即他的政治理想。为了理想不能实现,竟至于自杀,可见他对自己的政治理想多么坚贞、执著!他的"美政"的理想内容是什么呢?具体说,应包括以民为本、举贤授能和修明法度三个方面。《离骚》说:

皇天无私阿兮,览民德焉错辅。夫维圣哲以茂行兮,苟得用此下土。

这种民本思想是春秋以来的一种时代思潮。如《左传·僖公五年》记载宫之奇的一段话说:"鬼神非人实亲,唯德是依。故《周书》曰:'皇天无亲,唯德是辅。'又曰:'黍稷非馨,明德唯馨。'又曰:'民不易物,唯德繄物。'如是,则非德,民不和、神不享矣。"其中虽然杂有一些神权观念,但是,很明显地包含着一种"德政"思想和对"民"的地位的重视。到春秋战国时期,这种思想更盛行起来,诸子的著作中关于这方面的记载很多,不胜枚举。屈原的思想正是这种进步的时代思潮的反映。基于这种思想,屈原特别关心人民,热爱人民,同情人民。尤其是当他看到人民灾难深重的时候,这种思想就表现得更深沉诚挚:

长太息以掩涕兮,哀民生之多艰。

——《离骚》

为人民的苦难而叹息、流泪。屈原往往把人民生活的好坏,和贵族集团政治的好坏联系起来,即把人民的苦难和皇室贵族的腐败联系起来:

怨灵修之浩荡兮,终不察夫民心。……瞻前而顾后兮,相观民之计极。

——《离骚》

皇天之不纯命兮,何百姓之震愆!民离散而相失兮,方仲春而东迁。

——《哀郢》

这就揭露了人民苦难的根源，揭露了昏庸腐败的贵族集团是人民苦难生活的制造者。可见屈原重民的观点，不但体现在对人民苦难的同情上，即使对统治阶级的揭露，也都是从关心和同情人民的角度出发的。这方面在他吟咏历史人物以警戒怀王时，也往往比较隐晦地表现出来。如《离骚》说：

羿淫游以佚畋兮，又好射夫封狐。固乱流其鲜终兮，浞又贪夫厥家。浇身被服强圉兮，纵欲而不忍。日康娱而自忘兮，厥首用夫颠陨。

对这段史实，《左传·襄公四年》是这样记载的："昔有夏之方衰也，后羿自鉏迁于穷石，因夏民以代夏政。恃其射也，修民事，而淫于原兽。弃武罗、伯因、熊髡、尨圉，而用寒浞。寒浞，伯明氏之谗子弟也。伯明后寒弃之，夷羿收之，信而使之，以为己相。浞行媚于内，而施赂于外，愚弄其民，而虞羿于田。树之诈慝，以取其国家，外内咸服。羿犹不悛，将归自田，家众杀而亨之，以食其子。其子不忍食诸，死于穷门。靡奔有鬲氏。浞因羿室，生浇及豷，恃其谗慝诈伪，而不德于民。使浇用师，灭斟灌及斟寻氏。处浇于过，处豷于戈。靡自有鬲氏，收二国之烬，以灭浞而立少康。少康灭浇于过。后杼灭豷于戈。有穷由是遂亡，失人故也。"这段文字开始指出是"不修民事"，然后谈到"不德于民"，最后总叙其失败的原因是"失人故也"，可以说是一篇之中，三致意焉。屈原吟咏这段史实，曲折地反映了他的爱民的观点也体现在对统治阶级荒淫无耻生活的揭露上，体现在对历史经验的总结上。

"举贤授能"是屈原政治理想的重要方面。《离骚》说：

汤禹俨而祗敬兮，周论道而莫差。举贤而授能兮，循绳墨而不颇。

这种主张虽然是借古代的圣君贤王作榜样,但它的作用在于打破奴隶主贵族的世卿世禄制度,而使新兴地主阶级参加政权。从当时的情况看、奴隶主作为一个垂死的阶级已经非常昏庸、腐败、无能了,而地主作为一个新兴的阶级则是励精图治的。《左传·昭公三十二年》记载:"鲁君世从其失,季氏世修其勤。"就是对当时代表奴隶主的诸侯和代表新兴地主的世卿的不同作风的鲜明概括。这类新兴阶级为了自身的政治利益,部分地联系着下层人民,以至于像奴隶、农奴、罪犯、屠夫等,也是他们选用的对象。《离骚》说:

> 说操筑于傅岩兮,武丁用而不疑。吕望之鼓刀兮,遭周文而得举。宁戚之讴歌兮,齐桓闻以该辅。

《惜往日》说:

> 闻百里之为虏兮,伊尹烹于庖厨。

傅说是个罪犯,吕望是个屠夫,宁戚是个商贩,百里奚是个奴隶,伊尹是个厨师。屠夫、商贩、厨师在周朝的地位和奴隶相等,罪犯就更不用说了,他们都是社会的最底层。社会最底层的人,也可以参与国家政权,便足以说明屈原"举贤授能"思想的真正意义了。

据《荀子·君道》篇记述周文王任用太公的情况说:"夫文王非无贵戚也,非无子弟也,非无便嬖也,倜然乃举太公于州人而用之,岂私之也哉?以为亲也?则周姬姓也,而彼姜姓也。以为故也?则彼未尝相识也。以为好丽邪?则夫人行年七十有二,齳然而齿堕矣。"尽管文王不是新兴地主阶级的代表人物,但荀况赞扬他"任人唯贤"的政治目的,在于打破奴隶主贵族的亲族血缘关系,而使新兴地主参加政权。屈原是从同样的角度歌咏文王的,说明屈原“举贤授能”的主张和荀况的思想完全一致。当时处于社会底层的人们，一般都具有一种勤劳的孜孜不倦的精神，《吕氏春秋·博志》篇记载宁戚居贫处贱时的情况说：“宁越（即宁戚），中牟之鄙人也……人将休，吾将不敢休，人将卧，吾将不敢卧，十五岁周威公师事之。”这种刻苦的学习精神虽然杂有追求利禄的庸俗观念，但与奴隶主阶级那种颓废、堕落的意志相比，其高下判然分明。又《韩非子·孤愤》篇说：“人臣之欲得官者，其修士且以精洁固身，其智士且以治辩进业。”所谓“修士”、“智士”应该就是新兴的中小地主，他们有才能，有知识，有志于事业，为了参与政权而奋勉自励。屈原也自勉说：

> 汩余若将不及兮，恐年岁之不吾与。
>
> ——《离骚》

这就说明屈原“举贤授能”的政治理想正反映了他们的要求。

“修明法度”是屈原政治理想的另一个方面。他以这种思想作为对奴隶主贵族斗争的武器。《韩非子·有度》篇说：“法不阿贵，绳不挠曲。”就直接道出法治思想对奴隶主贵族的冲击作用。《离骚》说：

> 固时俗之工巧兮，偭规矩而改错。背绳墨以追曲兮，竞周容以为度。

就是对当时楚国贵族统治集团违法乱纪现象的谴责。《韩非子·奸劫弑臣》篇还说：“治国之有法术赏罚，犹若陆行之有犀车良马也，水行之有轻舟便楫也，乘之者遂得其成。”正见法度的重要。屈原《九章·惜往日》则说：

> 乘骐骥而驰骋兮，无辔衔而自载；乘氾泭以下流兮，无舟

楫而自备;背法度而心治兮,辟与此其无异。

把不以法度治理国家,比作骑马不施辔衔,行船不用楫篙,终归要失败。这与韩非的思想如出一辙。

屈原的法治观念还包括在他父亲为他所命的名字中。《离骚》开篇说:

皇揽揆余初度兮,肇锡余以嘉名。名余曰正则兮,字余曰灵均。

他为什么认为自己的名字很好呢?我认为即因为“正则”“灵均”之中包含有“方正公平”的意思,而这正是一种法治精神。据《说苑·至公》篇记载,楚令尹子文执法公正,楚国人民歌颂他“恤顾怨萌,方正公平”。他还在自叙自己是“帝高阳之苗裔”时,感到特别自豪,并且认为是一种“内美”。为什么做帝高阳的后代值得骄傲呢?我觉得与传说高阳氏重法治有关。《吕氏春秋·序意》篇说:“文信侯(吕不韦)曰:‘尝得学黄帝之所以诲颛顼矣,爰有大圆在上,大矩在下,汝能法之,为民父母。’”这段记载若当做史料看,自然不太可靠,但是作为一种意识形态看,可以说明春秋战国时期法治观念已经流传很广了。《吕氏春秋》虽然成书较晚,但其中所收集的大都是先秦古籍,仅以“大圆”来说,屈原《天问》即有“圆则九重,孰营度之”的话,可见,吕不韦所学的关于颛顼的传说,是为屈原所熟识的。那么,屈原之所以以作为颛顼的后代为内美,是因为传说颛顼重法治,他是以自己的家世有法治传统而自豪。

屈原的政治理想,与当时新兴地主阶级利益有许多一致的地方。可以说他是从新兴地主阶级立场出发去关心和同情人民的。当然,作为文学家的屈原,和作为地主阶级思想家的荀况、韩非不同，他长期的流放生活，使他更接近人民、更联系着人民，特别是郢都破灭的时候，他与人民共流亡，同生活，就更了解人民，因而使他的作品具有更深刻的民主性。

二

屈原的政治理想在当时是进步的，但在今天看来，更重要的不是他的理想本身，而是他为了实现自己的理想而顽强不屈的斗争精神，是他为了实现自己的理想而和楚国贵族集团展开了剧烈的斗争，揭露了楚国政治的黑暗、奴隶主制度的腐朽，特别是批判了楚王的昏庸、贪婪和残暴。怀王早年还有点想改革政治、富国强兵的念头，但是后来受群小的包围，自己反复无常，连这点革新的念头都消失了，完全变成了一个昏君。屈原在《离骚》中从“伤灵修之数化”到“怨灵修之浩荡”，反映了对怀王越来越深的怨恨，后来直接指斥说：

荃不察余之中情兮，反信谗而齌怒。

对怀王的政治面貌，秦惠文王的《诅楚文》有比较深刻的揭露：“今楚王熊相（怀王），康回无道，淫佚甚乱，宣侈竞纵，变输盟约。内之则暴虐不辜，刑戮孕妇，幽約亲戚，拘圉其叔父，寘诸冥室椟棺之中。外之则冒改久心，不畏皇天上帝及丕显大神巫咸之光烈威神，而兼倍十八世之诅盟，率诸侯之兵以临加我，欲刬伐我社稷，伐灭我百姓，求蔑法皇天上帝及丕显大神巫咸之恤祠，圭玉、牺牲遂取我边城新、郢及鄢、长、亲，吾不敢曰可。”（《古文苑》）这篇文章应作于楚怀王十七年，正是秦、楚战争最激烈的时候，是否因为交战国而对楚的揭露有点过分呢？不然，《庄子·则阳》篇说：

“夫楚王之为人也,形尊而严,其于罪也,无赦如虎。”可以证明《诅楚文》所揭露的完全是事实。怀王任用的几乎全是谗佞之臣,谄谀逢迎,为害多端。《战国策·中山策》记载,秦将白起分析楚国的情况说:“是时楚王恃其国大,不恤其政,而群臣相妒以功,谄谀用事。良臣斥疏,百姓心离,城池不修。”又《战国策·楚策》记载:“苏子谓楚王曰:‘今大王之大臣父兄,好伤贤以为资,厚赋敛诸臣百姓,使王见疾于民。’”他身居高位,恣意享乐,不问民间疾苦。《战国策·楚策》又记载:“楚国之食贵于玉,薪贵于桂,谒者难得见如鬼,王难得见如天帝。”顷襄王的所作所为比怀王更坏,《战国策·楚策》记载,庄辛指责他:“君王左州侯,右夏侯,辇从鄢陵君与寿陵君,饭封禄之粟,而载方府之金,与之驰骋乎云梦之中,而不以天下国家为事。”在外交上忍辱投降,在内政上荒淫误国,同样是一个昏君。对这种情况,屈原在《昔往日》中说:

> 君含怒而待臣兮,不清澄其然否。……弗参验以考实兮,远迁臣而弗思。信谗谀之溷浊兮,盛气志而过之。何贞臣之无罪兮,被离谤而见尤。……君无度而弗察兮,使芳草为薮幽。……不毕辞而赴渊兮,恐壅君之不识。

指责他们“含怒”、“信谗”、“无度”等等,甚而直接斥之为“壅君”,给怀王、顷襄王以深刻的批判。

怀王不但凶恶昏庸,近谄佞而远忠良,而且荒淫无耻,穷奢极欲。《战国策·楚策》记载张仪到楚国和他的一段对话说:“张子曰:‘王徒不好色耳。’王曰:‘何也?’张子曰:‘彼郑周之女,粉白黛黑,立于衢闾,非知而见之者以为神。’楚王曰:‘楚僻陋之国也,未尝见中国之女如此其美也。寡人之独何为不好色也?’乃资之以珠玉。”又《荀子·天论》篇说:“楚王后车千乘。”足见其奢侈淫乱的程度。他还愚蠢昏愦，贪得无厌。《史记·楚世家》记载："十六年，秦欲伐齐，而楚与齐从亲，秦惠王患之，乃宣言张仪免相，使张仪南见楚王，谓楚王曰：'……王为仪闭关而绝齐，今使使者从仪西取故秦所分楚商於之地方六百里，如是则齐弱矣。是北弱齐，西德于秦，私商於以为富，此一计而三利俱至也。'怀王大悦，乃置相玺于张仪，日与置酒，宣言：'吾复得吾商於之地。'……因使一将军西受封地。张仪至秦，佯醉坠车，称病不出三月，地不可得。楚王曰：'仪以吾绝齐为尚薄邪？'乃使勇士宋遗北辱齐王。齐王大怒，折楚符而合于秦。秦齐交合，张仪乃起朝，谓楚将军曰：'子何不受地？从某至某，广袤六里。'楚将军曰：'臣之所以见命者六百里，不闻六里。'即以归报怀王。怀王大怒。""十七年春，与秦战丹阳，秦大败我军。……遂取汉中之郡。""十八年，秦使使约复与楚亲，分汉中之半以和楚。楚王曰：'愿得张仪，不愿得地。'张仪闻之，请至楚。……仪私于靳尚，靳尚为请怀王曰：'拘张仪，秦王必怒，天下见楚无秦，必轻王矣。'又谓夫人郑袖曰：'秦王甚爱张仪，而王欲杀之，今将以上庸之地六县赂楚，以美人聘楚王，以宫中善歌者为之媵。楚王重地，秦女必贵，而夫人必斥矣……'郑袖卒言张仪于王而出之。"可见怀王多么愚蠢昏愦而又刚愎自用！屡次受骗而不醒悟，终于丧权辱国，并把敌人平安地放走了。

综合以上的材料，《史记》叙述了怀王的愚蠢、贪婪，《诅楚文》指责了他的凶恶、残暴，《战国策》记载了他的荒淫无耻等。在屈原笔下曾经提到过一些荒淫误国的昏君，如《离骚》说：

启九辩与九歌兮，夏康娱以自纵。……羿淫游以佚畋兮，又好射夫封狐。……浇身被服强圉兮，纵欲而不忍。……夏桀之常违兮，乃遂焉而逢殃。后辛之菹醢兮，殷宗用而不长。

这些人物既然是用来劝诫楚王的,那么也可以说明楚王的所作所为之中有他们的影子,从历史的记载看,也的确如此。因此描写他们,也有对楚王批判的因素在。班固批评屈原"责数怀王",颜之推则指斥屈原"显暴君过",这恰好从反面道出了屈原作品的斗争精神和进步意义。

屈原不但批判了怀王、顷襄王,而且批判了他们周围的宗室贵族、元老重臣、左右便嬖等。他们互相勾结,朋比为奸,排斥忠良,压榨人民,造成当时社会的极端黑暗。《韩非子·八奸》篇揭露奸佞之臣结党营私、投机取巧以惑乱君主的八种方法,在某种程度上应当就是他们的行径的具体写照。《八奸》篇说:"贵夫人,爱孺子,便僻好色,此人主之所惑也。托于燕处之虞,乘醉饱之时,而求其所欲,此必听之术也。为人臣者内事之以金玉,使惑其主。……优笑侏儒,左右近习,此人主未命而唯唯,未使而诺诺,先意承旨,观貌察色以先主心者也。此皆俱进俱退,皆应皆对,一辞同轨以移主心者也。为人臣者内事之以金玉玩好,外为之行不法,使之化其主。……侧室公子,人主之所亲爱也,大臣廷吏,人主之所与度计也,此皆尽力毕议,人主之所必听也。为人臣者事公子侧室以音声子女,收大臣廷吏以辞言,处约言事事成则进爵益禄,以劝其心使犯其主。……人主乐美宫室台池,好饰子女狗马以娱其心,此人主之殃也。为人臣者尽民力以美宫室台池,重赋敛以饰子女狗马,以娱其主而乱其心,从其所欲,而树私利其间。"他们操纵"舆论",混淆是非,惑乱视听。《八奸》篇说:"人主者,固壅其言谈,希于听论议,易移以辩说。为人臣者求诸侯之辩士、养国中之能说者,使之以语其私,为巧文之言,流行之辞,示之以利势,惧之以患害,施属虚辞以坏其主。"其目的在于通过这些能说善辩之士,歪曲事实,泯却是非,以愚弄君主。他们还出卖宗国,勾结强敌。《八奸》篇又说:“君人者,国小则事大国,兵弱则畏强兵,大国之所索,小国必听,强兵之所加,弱兵必服。为人臣者,重赋敛,尽府库,虚其国以事大国,而用其威求诱其君;甚者举兵以聚边境而制敛于内,薄者数内大使以震其君,使之恐惧。”他们还买卖官爵,从中牟利。《韩非子·亡征》篇说:“官职可以重求,爵禄可以货得。”他们又乞灵鬼神,作孽多端。《亡征》篇说:“用时日,事鬼神,信卜筮,而好祭祀。”为了挽救垂死的命运而乞灵于鬼神,这是一切没落阶级共同的特征。韩非著书的时候比屈原从事文学创作的时期晚几十年,但是他在《八奸》、《亡征》等篇中所揭露的现象,正是屈原在楚国所遭遇的,不同的是作为文学家的屈原,以敏锐的思想洞察力,在韩非之前几十年,就用诗歌的形式把这种现象概括出来。《离骚》说:

唯夫党人之偷乐兮,路幽昧以险隘。……众皆竞进以贪婪兮,冯不厌乎求索。羌内恕己以量人兮,各兴心而嫉妒。……众女嫉余之蛾眉兮,谣诼谓余以善淫。固时俗之工巧兮,偭规矩而改错。背绳墨以追曲兮,竞周容以为度。

又《哀郢》说:

众谗人之嫉妒兮,被以不慈之伪名。憎愠惀之修美兮,好夫人之忼慨。众踥蹀而日进兮,美超远而逾迈。

当时的政治已经成为良莠不分、是非颠倒的黑暗天地,以致影响社会风尚也十分败坏。《荀子·王霸》篇说:“乱世不然:污漫突盗以先之,权谋倾覆以示之,俳优、侏儒、妇女之请谒以悖之,使愚诏知,使不肖临贤,生民则致贫隘,使民则綦劳苦。是故百姓贱之如尪,恶之如鬼。”又《荀子·大略》篇说:“蔽公者谓之昧,隐良者谓之妒,奉妒昧者谓之交谲。交谲之人,妒昧之臣,国之薉孽也。”

社会风尚的极端败坏,说明国家即将倾覆。实际上怀王、顷襄王统治时期的楚国,表面上似乎还强大,内部却已蕴孕着危亡之机。《韩非子·亡征》篇即说:"主多怒而好用兵,简本教而轻战攻者,可亡也。"怀王就是这样,他对秦国就是多怒而轻战攻的。《亡征》又说:"出君在外,而国更置,质太子未反,而君易子,如是则国携(分裂),国携者,可亡也。"国君在外又置国君,太子未返又立太子,这和怀王被拘留在秦国时的情况基本相符。《史记·楚世家》记载:"秦因留楚王,要以割巫、黔中之郡。楚王欲盟,秦欲先得地。楚王怒曰:'秦诈我而又强要我以地!'不复许秦。秦因留之。楚大臣患之,乃相与谋曰:'吾王在秦不得还,要以割地,而太子为质于齐,齐、秦合谋,则楚无国矣。'乃欲立怀王子在国者。昭睢曰:'王与太子俱困于诸侯,而今又倍王命而立其庶子,不宜。'"从这些情况中,我们可以看到楚国社会风尚的败坏,政治制度的腐朽。屈原以卓越的艺术才能,把它深刻地揭示出来。《离骚》说:

> 薋菉葹以盈室兮,判独离而不服。世并举而好朋兮,夫何茕独而不予听?……世溷浊而不分兮,好蔽美而嫉妒。……保厥美以骄傲兮,日康娱以淫游。虽信美而无礼兮,来违弃而改求。……世幽昧以眩曜兮,孰云察余之善恶?……唯此党人之不谅兮,恐嫉妒而折之。时缤纷其变易兮,又何可以淹留?

又《怀沙》说:

> 玄文处幽兮,矇瞍谓之不章;离娄微睇兮,瞽以为无明。变白以为黑兮,倒上以为下。凤凰在笯兮,鸡鹜翔舞。同糅玉石兮,一概而相量。夫唯党人之鄙固兮,羌不知余之所臧。

屈原揭露了楚国统治集团的苟且偷安、周容为度,揭露了这个集团的康娱淫游、钻营取巧，揭露了这个集团贪婪专权、互相倾轧，揭露了这个集团干进务人、谗佞昏庸。他把一支锋利的笔深入那个历史时期的深处，把那一历史时期奴隶主贵族阶级一切黑暗、腐朽、反动的方面都揭示了出来。

屈原对楚王的批判，对这个统治集团的批判是极其尖锐深刻的。它的意义不但在于批判了一个国家的奴隶主贵族统治阶级，还在于同时也批判了战国末期的一段历史。屈原是站在进步的立场上进行批判的，因此，他的批判就曲折地反映了那个时代人民的反抗和要求，他和楚王及其集团的斗争，也曲折地反映了那个时代人民和楚王及其集团的斗争。

三

屈原对自己政治理想的坚持，对楚国贵族集团的批判，都是基于希图楚国的富强，基于对楚国的热爱。这种爱国思想的产生与当时的阶级斗争和诸侯各国的政治斗争有密切关系，同时也与历史传统有关系，他是继承了我国历史上的爱国主义传统而发展起来的。

一般说来，一个民族从氏族、部落、部族逐渐发展下来，有它们世代相传的居住地区。这个地区为居民所有，居民就成为这个地区的主人。随着社会经济的发展，国家建立起来了，部族也演变成民族，这样世代相传的居住地区就成为居民的祖国。中国之名，早在西周初年，已经用来称呼华夏族所居住的地区。从历史记载来看，春秋时期，华夏族即称它的祖国为中国。例如《左传·成公七年》，季文子说“中国不振旅”，中国就是华夏各国的统称。其后，中国扩大为当时国境内各族所共称的祖国。所以中国这个名词的涵义就是祖国。诸侯、朝代则是各个历史时期统治阶级所建立的国家称号。诸侯、朝代有兴亡,中国本身则始终存在着并发展着。因此,春秋战国时期各诸侯国的人们对自己国家的卫护,对敌国的反抗,都应该看做是爱国主义的表现。因为他们所爱的都是当时中国境内的地区,都是当时中国境内各部族的优秀传统。不同的是各个诸侯国的人们由于阶级利益之不同,他们的爱国是通过各自维护一个在本地区占统治地位的统治集团表现出来的。那么屈原希望在楚国实现政治改革,使楚国强大起来,以抵抗秦国的兼并,就不能说不是爱国主义,或者说阻碍历史发展等。

楚国地处南方,部族的生活、语言、习尚等传统,与中原地区有很大的差异。这就使楚地人民对祖国、乡土的观念特别重。《左传·成公九年》记载:"晋侯观于军府,见钟仪。问之曰:'南冠而縶者,谁也?'有司对曰:'郑人所献楚囚也。'使税之。召而吊之。再拜稽首。问其族。对曰:'泠人也。'公曰:'能乐乎?'对曰:'先父之职官也,敢有二事?'使与之琴,操南音。……公语范文子。文子曰:'楚囚君子也!言称先职,不背本也。乐操土风,不忘旧也。'"钟仪作为一个囚犯,在生死的关头,仍然不变其初,戴"南冠",操"南音",使敌国的统治者也为之感叹,这是一种多么崇高的情感!从这里我们可以领会到屈原在创作上为什么始终"书楚语,作楚声,纪楚地,名楚物"的原因了。

楚国的政治是黑暗的腐朽的,但从它的传统来看,也有比较修明的一面。早在楚悼王时期就出现过吴起变法,这次变法虽然终于失败了,但在改变楚国当时那种"大臣太重,封君太众"的局面,以达到"损不急之枝官,以奉选练之士"(《韩非子·和氏》)的要求方面,却起了重要作用。楚国的统治者为了取信于民,以巩固自己的统治,某些君主也往往做出一些守法的表示。《说苑·至公》篇记载,楚文王伐邓,叫他两个儿子去采菜,这两个儿子没有去采,反而把一个老人的菜夺了来。楚文王知道后,要杀两个儿子,并宣称:“讨有罪而横夺,非所以禁暴也;恃力虐老,非所以教幼也;爱子弃法,非所以保国也;私二子,灭三行,非所以从政也。”表现了一种执法无私的精神。《至公》篇还记载有楚庄王的重臣令尹子文、孙叔敖执法不避亲族的事。楚庄王的妻子樊姬是一个有远见卓识的人物,能够劝谏庄王进贤退不肖,以革新楚国的政治。《列女传·贤明传》记载:“姬曰:‘王之所谓贤者何也?’曰:‘虞丘子也。’‘……妾闻虞丘子相楚十余年,所荐非子弟则族昆弟,未闻进贤退不肖,是蔽君而塞贤路。知贤不进,是不忠;不知其贤,是不智也。……’……明日,王以姬言告虞丘子,丘子避席,不知所对,于是避舍,使人迎孙叔敖而进之。王以为令尹,治楚三季,而庄王以霸。”樊姬揭露了虞丘子朋党为私,并起用了孙叔敖为相,促进了楚国的强盛。又楚武王的妻子邓曼也是一个热心于国的人物。《左传·庄公四年》记载:“楚武王荆尸,授师孑焉以伐随。将齐,入告夫人邓曼曰:‘余心荡。’邓曼叹曰:‘王禄尽矣!盈而荡,天之道也,先君其知之矣。故临武事,将发大命,而荡王心焉。若师徒无亏,王薨于行,国之福也。’”由于武王荒淫无耻,当他出兵伐随的时候,邓曼却诅咒他死在途中,以免损兵折将。在危急的情况下,先考虑的不是个人而是国家,这种精神是可贵的。

屈原是由楚文化哺育起来的,他思想上具有楚地人民所共有的强固的国家观念;同时,屈原对楚国的历史也是很熟识的,对楚国的优良传统充满了感情。在战国时期火热的斗争环境中,他发展了这种爱国主义思想,不以穷独而灰心,不在强大的恶势力面前变节,与当时朝秦暮楚的游说之士,甚而至于像《左传·襄公二十六年》记载的“今楚多淫刑,其大夫逃死于四方,而为之谋主以害楚国”等人的表现完全相反，而是誓死不离开楚国，与楚国腐朽的政治集团作坚决的斗争。他在《橘颂》中说：

受命不迁，生南国兮。深固难徙，更壹志兮。

以橘为喻，来说明自己的坚贞立场。大概当他政治上失败的时候，也曾经想到离开楚国的问题。《离骚》中那段很长的关于神游的描写，应该就是他这种心理状态的反映。但是楚国是个物产丰富的国家，是个文化发展较快的国家，也是个有优良传统的国家，他怎能舍得离开呢？所以经过一番神游，最后还是回到自己国土上来了：

陟陞皇之赫戏兮，忽临睨夫旧乡。仆夫悲余马怀兮，蜷局顾而不行。

——《离骚》

屈原这种爱国主义思想，当国家破亡的时候，当楚国的物质财富和文化传统被摧残的时候，就表现得更深沉诚挚：

背夏浦而西思兮，哀故都之日远。登大坟以远望兮，聊以舒吾忧心。哀州土之平乐兮，悲江介之遗风。……曾不知夏之为丘兮，孰两东门之可芜。

——《哀郢》

《庄子·则阳》篇记叙庄周对自己的国家楚国的看法说：“旧国旧都，望之畅然，虽使丘陵草木之缗，入之者十九，犹之畅然，况见见闻闻者也？以十仞之台，悬众间者也。”楚国的都城有十仞之台高耸众人之间，经过战乱十之八九都埋没于丘陵草木之中，庄周见了还畅然喜悦。屈原所谓“曾不知夏之为丘兮，孰两东门之可芜”即庄周所谓“丘陵草木之缗，入之者十九”的意思，但比庄周表现了更深沉的思想感情。屈原为国家的破亡而悲痛思念，以至于连觉也睡不着：

望孟夏之短夜兮，何晦明之若岁！唯郢路之辽远兮，魂一夕而九逝。曾不知路之曲直兮，南指月与列星。愿径逝而不得兮，魂识路之营营。

——《抽思》

他急切地希望重返旧国旧都，立誓死也要回去：

鸟飞返故乡兮，狐死必首丘。

——《哀郢》

正如司马迁所说："眷顾楚国，系心怀王……一篇之中，三致志焉。"（《史记·屈原列传》）

屈原总是把自己的国家和国君联系起来，把爱国和忠君联系起来。这是为屈原的阶级地位和历史条件所决定的。在封建社会里，生产资料归地主所有，王侯是最大的地主。这种生产关系决定屈原的思想认识不能超出他自己阶级的范畴，决定他的爱国必须通过忠君来体现：通过君来实行反抗强敌的政策，通过君来实现政治改革，通过君来减轻人民的负担，这正是当时合乎逻辑的历史现象。

屈原在创作上取得如此高的成就，与他在实践中形成的进步的美学观点有密切关系。他总是以美、香的东西比喻公正、廉洁、崇高的品德，而以丑、臭的东西比喻卑鄙、自私、贪婪的人物。对美、善是尽情地歌颂，对丑、恶则极力摈斥。这种批判和赞扬的标准，明显地受有儒家褒贬尺度的影响。《礼记·大学》说："所谓诚其意者，毋自欺也，如恶恶臭，如好好色。"就是说嗅到恶臭而憎恶，见到美色而喜爱，这是天下最真诚的道理。《大学》的作者以自然的美象征伦理的美，认为美的事物为天下人所共爱，这就抹杀了美的阶级性。屈原同样以自然的美象征伦理的美，但又有鲜明的区别，《离骚》说：

民好恶其不同兮，唯此党人其独异。

他指出“民”与“党人”的好恶是不同的，把人民的好恶与楚国王公贵族、元老重臣的好恶完全对立起来。这就揭示了对事物爱憎的阶级性，揭示了美的阶级性。这是屈原美学观点的卓越之处。由于屈原参加了当时剧烈的阶级斗争，对人物的阶级界限看得更清楚了，由于他接近了人民，对人民的好恶就有所体会。因此，他所赞扬和批判的，往往体现了一些人民的好恶，他对事物的态度与当时的统治阶级和世俗的看法是全异其趣的。屈原以这种具有朴素的阶级性的美学观点进行创作，才能深刻地反映出那个时代的矛盾和斗争，才能全面地反映出那个时期的历史变化。屈原的思想、观点、主张都深深地植根于那个时代的阶级斗争的总形势之中。那个时代的一切腐朽、反动、黑暗的现象，都通过他的作品反映出来，一切进步、苦难、悲惨的侧面，也通过他的作品反映出来。高尔基曾说：“有许多实例，证明艺术家是自己阶级和时代之客观的历史家。”（《我的文学修养》）屈原从自己的阶级立场出发，通过巨幅的诗篇，反映了战国末期的社会历史变化。从这个意义上讲，屈原的诗篇也可以称作他那个时代的诗史！

漫谈《九歌》

《九歌》是楚辞中的重要篇章，是骚体文学中优美的抒情作品。它的作者，据王逸说是屈原。王逸说："昔楚国南郢之邑，沅、湘之间，其俗信鬼而好祠，其祠必作歌乐鼓舞以乐诸神。屈原放逐，窜伏其域，怀忧苦毒，愁思沸郁。出见俗人祭祀之礼，歌舞之乐，其词鄙陋，因为作《九歌》之曲，上陈事神之敬，下见己之冤结，托之以讽谏。"(《楚辞章句》)这是最早关于《九歌》的解释。所谓《九歌》，是楚国沅、湘之间的一种娱神的祭歌，屈原是在这种祭歌的基础上，创作了自己的独特体制。这种见解到朱熹得到进一步的补充和发挥，朱熹说："荆蛮陋俗，词既鄙俚，而其阴阳人鬼之间，又或不能无亵慢淫荒之杂。原既放逐，见而感之，故颇为更定其词，去其泰甚。而又因彼事神之心，以寄吾忠君爱国、眷恋不忘之意。"(《楚辞集注》)其中"又不能无亵慢淫荒之杂"是对"其词鄙陋"的发挥，其"忠君爱国"是由"托之以讽谏"引申出来，"故颇为更定其词，去其泰甚"则更明确地说明了屈原是在民间祭歌的基础上加工创作而成的。所以朱熹和王逸的观点并不像有人认为的有矛盾，而是基本一致的。他们都是从相同的角度说明《九歌》的来源和屈原与《九歌》的关系。最近翻检史书，发现一条材料，可以作为这一事实的补证。《新唐书》卷一六八《刘禹锡传》有这样一段记载："宪宗立，叔文等败，禹锡贬连州刺史，未至，斥朗州司马。州接夜郎诸夷，风俗陋甚，家喜巫鬼。每祠，歌《竹枝》，鼓吹裴回，其声伧佇。禹锡谓屈原居沅、湘间作《九歌》，使楚人以迎送神。

乃倚其声,作《竹枝辞》十余篇。于是武陵夷俚悉歌之。始,坐叔文贬者八人,宪宗欲终斥不复,乃诏'虽后更赦令,不得原'。"这是刘禹锡被贬到朗州后的情况。朗州位于沅江入洞庭湖之处,即今天湖南的武陵县,也就是屈原放逐的地方。刘禹锡虽然是被贬,但从"虽后更赦令,不得原"的诏令看,实际也等于放逐。他的遭遇与屈原是相同的,而且被贬在屈原放逐的地方,思想感情上必然与屈原发生共鸣,因此便仿效屈原作《九歌》的方式,也采集当地祭祀时所唱的《竹枝》,作《竹枝辞》十余篇。二人所作的歌辞不同,而其用意则一。这不但可以进一步证明《九歌》是屈原在民间祭歌的基础上所创造的独特体制,而且可以证明它是屈原晚年放逐到江南,流浪沅、湘一带所作的。

《九歌》共十一篇,即:《东皇太一》、《云中君》、《湘君》、《湘夫人》、《大司命》、《少司命》、《东君》、《河伯》、《山鬼》、《国殇》、《礼魂》。从前许多人拘泥于"九"字,想方设法合并其中某些篇章,以凑足九篇之数。这都是削足适履的做法,不可取。其实,《九歌》应该是这套歌曲的专名词,犹如《九辩》,并非指具体的篇什。十一篇中的《礼魂》只有五句,不像一首独立的祭歌,王夫之认为是各篇通用的送神曲(见《楚辞通释》),这是十分正确的。这样《九歌》的实际数字是十篇,每篇祭一个神,共祭十个神,那就是:东皇太一——天之尊神;云中君——云神;湘君、湘夫人——湘水的配偶神;大司命——主寿命的神;少司命——主子嗣的神;东君——太阳神;河伯——黄河的神;山鬼——巫山的神;国殇——阵亡将士的神灵。这套祭祀乐歌,反映的是楚地人民一种带巫风的宗教仪式。战国时代楚地人民特别迷信鬼神,《汉书·地理志》就说,楚人"信巫鬼,重淫祀"。这种巫风,是远古人神不分的观念的残余,指以女巫主持祭祀而降神的风气。《说文·巫部》:"巫,祝也。

女能事无形(神)以舞降神者也。”就是说女巫的职业是以歌舞娱神降神,为人祈福的。女巫娱神时所唱的歌即《九歌》。《吕氏春秋·侈乐篇》说:“楚之衰也,作为巫音。”《九歌》应该就是用这种巫音唱的,其唱法久已失传而不可考知了。

《九歌》既为祭歌,其内容也以祭祀为主。其中描写了女巫降神时的动作和意态:“灵连蜷兮既留,烂昭昭兮未央。”(《云中君》)描写了神堂陈设的精美和祭品的圣洁:“瑶席兮玉瑱,盍将把兮琼芳。”(《东皇太一》)描写了祭祀时音乐、歌舞的美妙:“緪瑟兮交鼓,箫钟兮瑶簴。”“翾飞兮翠曾,展诗兮会舞。”(《东君》)描写了神的车驾和仪仗的隆盛:“乘水车兮荷盖,驾两龙兮骖螭。”(《河伯》)也描写了神的饮食的芳洁和居处的清幽:“山中人兮芳杜若,饮石泉兮荫松柏。”(《山鬼》)同时还正面歌颂了神的威灵:“身既死兮神以灵,子魂魄兮为鬼雄”(《国殇》)等等。但是,中心是描写人与神、神与神之间的互相追求,描写他们悲欢离合的爱恋之情。他们在相互追求的过程中,各自表现出一种彷徨、怅惘的情绪,同时又都坚贞不渝。由于他们之间的关系是生离死别,所谓“悲莫悲兮生别离”(《少司命》),所以在精神上常有浓厚的忧伤抑郁的悲剧气氛。然而就在这种悲剧的气氛中却渗透着对爱恋追求的狂热:“横流涕兮潺湲,隐思君兮陫侧。”(《湘君》)这种描写正是以古代神话传说为背景的,是我国古代南方巫文化传统的反映。

值得探讨的是《九歌》中反映了屈原的什么思想。王逸说屈原“上陈事神之心,下见己之冤结”。朱熹则说他“因彼事神之心,以寄吾忠君爱国、眷恋不忘之意”。这些说法都不免有牵强之嫌,但他们道出了其中渗透着屈原自己的思想,则是正确的。屈原提炼了《九歌》的优美抒情精神,在轻歌漫吟之中透露了自己一种很微漠而又不可掩抑的深长的感伤情绪。他所抽绎出来的坚贞高洁、缠绵哀怨之思，正是自己长期放逐生活的悲痛心情的自然流露。我们把《九歌》中所反映的思想情绪，和《离骚》、《九章》等相比，便可以看到它们在精神实质上是一脉相承的。《九歌》中所表现的失恋的痛苦，如“交不忠兮怨长，期不信兮告余不闲”（《湘君》）等，实际包含着他在《离骚》、《九章》中对理想追求的希望和失望。《九歌》中所描写的时节的变化，如“嫋嫋兮秋风，洞庭波兮木叶下”（《湘夫人》）等，则犹如他在其他作品中所流露的对社会现实的悲哀。其所抒发的时不我待的感叹：“时不可兮骤得”（《湘夫人》），“老冉冉兮既极”（《大司命》），直是《离骚》中所表现的渴望积极进取的精神。另外，《九歌》还揭露了当时社会一些不合理的现象：“鸟何萃兮蘋中，罾何为兮木上？”“麋何食兮庭中，蛟何为兮水裔？”（《湘夫人》）这些事物的反常形态，都渗透着屈原对当时社会是非颠倒的黑暗侧面的抨击。《九歌》也表现了对善良的爱慕和对凶恶的仇恨：“青云衣兮白霓裳，举长矢兮射天狼。”（《东君》）天狼星在秦的疆域之内，因此戴震说他有“报秦之心”（《屈原赋注》）。又“竦长剑兮拥幼艾，荪独宜兮为民正”（《少司命》），是说少司命能除暴安良，保护少年，为万民主持公正。其中的《国殇》是正面歌颂为国牺牲的战士的，写战士临阵时的英勇果断、坚贞不屈：“出不入兮往不反，平原忽兮路超远。带长剑兮挟秦弓，首身离兮心不惩。诚既勇兮又以武，终刚强兮不可凌。”他们头可断，而志不可夺，身被戮而精神不死。这种思想和屈原其他作品中所表现的嫉恶如仇、同情人民、忠贞爱国等是完全一致的。这是屈原在修润、加工、创作的过程中对这套民间祭歌的升华和提高，是屈原感情、思想、精神的再现。

《九歌》在艺术上的成就是长于抒情，具有浓厚的抒情意味。它借写景以抒情，借写神以抒情，更借人、神的相互追逐以抒情，它的每一篇都是一首清新绮丽的抒情诗。它也善于表现神的形象、身份和环境。十篇之中,除了《东皇太一》没有具体描写神的形象而只是作了环境烘托之外,其他九篇各写了九个神的不同特征。像来去倏忽的云中君、冷酷严肃的大司命、温柔妩媚的少司命、光明公正的东君和沉闷抑郁的山鬼等等,他们各以自己的特殊身份显示出决然不同的精神境界。所以十篇同是祭神,但各具特色,绝不雷同,足见屈原艺术手段之高。

《九歌》在思想、艺术上的成就是很高的。它不但反映了战国时期楚地人民的生活,而且反映了屈原的情感和思想。屈原对这套民间祭歌不只是简单的修润、加工,而且有自己的创作。屈原是成功的。如果不算他的别的作品,只是一组《九歌》,也足以使屈原不朽!

关于屈原三题

我国古代文学史中很多复杂的文学现象和人们对这些现象所作的说明和评价，相当长一个阶段沿袭不变，被认为是正确的。其实，认真思考、推敲起来，其中不能说没有问题，实际上有许多问题仍有进一步探讨之必要。在许多值得进一步探讨的问题中，我仅就对屈原的评价谈几点意见，以就正于学界同行。

一、关于屈原作品的中心内容问题

新中国建立以来，学术界、思想界都评述屈原为伟大的爱国诗人。1954 年纪念世界四大文化名人，屈原也是作为爱国诗人来纪念的，认为他不但爱楚国，而且爱整个中国。当时，人们强调屈原作品中的爱国主义，不是没有原因的。首先，建国以来我们政治、思想工作领域中，始终重视爱祖国爱人民的教育，为了配合思想、政治工作，特别强调屈原的爱国主义思想。其次，屈原作品中确实表现了执著的爱国主义感情，表现了对祖国的拳拳之忠。这一点，司马迁在《屈原列传》中也叙述得很清楚：

> 屈平既嫉之，虽放流，眷顾楚国，系心怀王，不忘欲反，冀幸君之一悟，俗之一改也。其存君兴国而欲反覆之，一篇之中三致志焉。

其所谓“存君兴国”、“一篇之中三致志焉”，正见其国家观念之重，他是时刻系心于家国，不忘家国的。问题在于我们把他这种思想提到什么高度，是否即是他的作品的中心思想或最主要的内容呢？

今天，我们评价古代作家和作品，不能像从前那样从现实的政治、思想工作需要出发，去强调古代作家和作品的某一方面，作为所谓“古为今用”。而应当一切从实际出发，实事求是地评价作家和作品的历史地位和成就，尊重历史客观事实和辩证法的发展。只有如此，才能对我们今天有借鉴作用。从客观实际出发，我认为屈原作品的中心内容是对楚国贵族集团把持下的黑暗、腐朽政治的批判。这，我们可以从屈原的创作动机来看，淮南王刘安在其《离骚传序》中论述屈原的创作意图说：

> 屈平疾王听之不聪也，谗谄之蔽明也，邪曲之害公也，方正之不容也，故忧愁幽思而作《离骚》。

即说明他之写《离骚》，是由于政治黑暗，自己被迫害，而以写作抒发自己不平之鸣的。淮南王刘安又说：

> 信而见疑，忠而被谤，能无怨乎？屈平之作《离骚》，盖自怨生也。

亦说明屈原由于蒙不白之冤，借写《离骚》以泄自己之怨愤。可见屈原的写作动机，在于揭露楚国贵族集团统治下的黑暗、腐朽政治。

从屈原作品描写的具体内容看，也是如此，淮南王刘安在《离骚传序》中论述《离骚》的内容说：

> 上称帝喾，下道齐桓，中述汤武，以刺世事。明道德之广崇，治乱之条贯，靡不毕见。

说明屈原列举历代的圣君贤相之目的，是为了抨击当世的政治，申明自己的道德观念和政治观点。司马迁把刘安的意见采纳入为屈原所写的传记之中,说明司马迁是同意这种观点的。此外,班固的《离骚序》和王逸的《离骚序》对屈原作品的内容都有同样的论述。班固的《离骚序》说:

> 上陈尧、舜、禹、汤、文王之法,下言羿、浇、桀、纣之失,以讽怀王。

王逸的《离骚序》说:

> 故上述唐、虞三后之制,下序桀、纣、羿、浇之败,冀君觉悟,反于正道而还己也。

尽管文字不尽相同,但基本意思是一致的,都是列举历代君臣之政治得失、成败兴亡,以讽刺怀王。笔锋所向,仍在怀王时期政治之昏暗,法度之不明。我们结合屈原作品的内容看,他们的论述是完全符合实际的。因此,我认为屈原作品的中心内容,是抨击楚国贵族集团把持下的黑暗、腐朽政治,并表现他与楚国腐朽的贵族政治集团的斗争。爱国主义是屈原的重要思想,但却未必是他作品的最主要的和中心思想。

二、关于楚文化、屈原作品是楚文化的体现等问题

自近代以来,不少学者比较、论述我国古代南北方文化的区别及其特点。南方文化即指楚文化,北方文化即指中原文化。目前更有不少学者论述楚文化的特殊成就及其对战国、秦汉文化的影响等,认为楚国与周王朝之关系不像中原地区其他姬姓国与周王朝之关系那样密切,因此楚文化是独立于中原文化之外的特殊文化,屈原的作品便是这种文化的体现;认为楚文化影响于后世者至大,以至于征服了汉代文化,是汉代文化的直接来源,等等。总之,

对楚文化的成就、作用估价十分之高，甚至超过了中原文化。

我认为楚文化的成就是相当高的，并且认为在春秋战国时期，秦、楚两国比其他诸侯国对历史的贡献更大。问题在于怎样理解楚文化，屈原作品所体现的是怎样的楚文化？应该说明，楚民族在长期的共同的居住地区、共同的经济生活和自然环境中，形成了自己独特的不同于中原地区人民的思想信仰、心理状态和文化传统等，这就是土生土长的巫文化。但是文化思想总是互相交流、互相融汇的，不可能处于隔绝状态而独立发展。楚国与周王朝之关系尽管不像中原地区姬姓国与周王朝之关系那样密切，但它毕竟是受周天子统辖的宗国。随着周王朝政治影响的扩大，周文化，即华夏文化的影响，也必然远及于楚国。据史籍记载，楚从熊绎开始受周成王之封，居丹阳。可以推想，他既受周封，立国必遵周制。如《左传·哀公六年》记载，楚昭王救陈，病在军中，有赤云如鸟，夹日飞翔，而问周太史之事：

> 楚子使问诸周大史。周大史曰："其当王身乎！若禜之，可移于令尹、司马。"

这说明昭王时周已遣太史入楚，教习周朝的令典。可能楚人受封之日，周即派太史去楚，然书缺有间，不可详考。又《左传·昭公二十六年》记载，周景王的长庶子王子朝与敬王争夺王位的继承权，最后失败，便与楚国旧宗族携带周朝的典籍奔楚之事：

> 王子朝及召氏之族、毛伯得、尹氏固、南宫嚚奉周之典籍以奔楚。

他们在政权争夺上失败了，却造成了周朝文化最大的一次南移，传播了中原文化。又世传有周公奔楚之说，《史记·鲁周公世家》记载：

成王少时，病，周公乃自揃其蚤沈之河，以祝于神曰："王少未有识，奸神命者乃旦也。"……成王病有瘳。及成王用事，人或谮周公，周公奔楚。

《史记·蒙恬列传》有同样记载。周公既逃到楚国，他所制订的礼、乐也必然传入楚国，是可以想见的了。孔子周游列国，入楚，为说教，楚狂接舆为之唱《凤兮》歌，以凤的德行喻孔子（见《论语·微子》），说明孔子的学说已深入楚人之心。楚人自有史以来即仰慕北学，热切地学习北学。《孟子·滕文公上》记载：

陈良，楚产也，悦周公、仲尼之道，北学于中国。北方之学者，未能或之先也。

陈良以楚人学习周公、孔子的学说，北方学者反而不及他，可见其学习的精到。楚人学习中原文化的风气，在统治阶级上层更盛。《国语·楚语上》记载，楚庄王让士亹教太子葴读书，读什么书？申叔时对士亹说：

教之《春秋》，而为之耸善而抑恶焉，以戒劝其心；教之《世》（先王世系），而为之昭明德而废幽昏焉，以休惧其动；教之《诗》，而为之道广显德，以耀明其志；教之《礼》，使知上下之则；教之《乐》，以疏其秽而镇其浮；教之《令》（官法时令），使访物官；教之《语》（治国的语言），使明其德而知先王之务，用明德于民也；教之《故志》（记前世成败的书），使知废兴者而戒惧焉；教之《训典》，使知族类，行比义焉。

他所读的书，包括《诗》、《书》、《礼》、《易》、《乐》、《春秋》以及先王的世系、法令、治国的良言等，都是周王朝的典籍。又据《左传》记载，楚国的王公卿士议事中征引《诗》、《书》的例子很多。这都说明华夏文化对楚国的影响。华夏文化流播于楚，与楚国的巫文化相融合，便形成为楚文化。楚文化有其鲜明的特点，体现了楚民族的风俗、习尚、信仰等，但其精神实质并其筋骨则是华夏文化。屈原及其作品便是这种巫文化融汇入华夏文化的集中产物。他既具有楚民族的特点，又具有华夏文化的精神实质，其核心是华夏文化。屈原所标榜的禹、汤、文、武，所主张的“仁政”，就是华夏文化精神。不能把屈原及其作品所体现的特点，从华夏文化中分割出去。

三、关于屈原赋的渊源问题

长期以来，人们大都认为屈原赋的形式、表现手法甚至内容都源于楚国民歌，是楚国民歌的升华。并举出越地的《今夕》歌、徐地的《带剑》咏、吴地的《庚癸》谣、楚地的《沧浪》曲和《接舆》讴等为例，这自然是很正确的。宋人黄伯思《翼骚序》所谓“书楚语，作楚声，纪楚地，名楚物”等，也是称它是产自楚地的歌谣。但是，我认为只看到这一点，是不全面的，除此之外，它应当还继承了《诗经》的创作传统。例如《诗经》中之《周南》、《召南》都是江汉流域的歌曲，《周南》之《汉广》、《螽斯》，《召南》之《摽有梅》，句尾或用“思”字，或用“兮”字，和屈赋的句式很接近。屈原是否曾诵习过《诗经》，我们虽不可得知，但从春秋时代士大夫普遍学《诗》，谓“诵《诗》三百，授之以政，不达；使于四方，不能专对；虽多，亦奚以为？”（《论语·子路》）认为学《诗》是为了通达政事、作为外交辞令看，屈原“明于治乱，娴于辞令”，并曾两度出使齐国，他不可能不诵习《诗经》。屈原不但在诗歌句式上学习《诗经》，在表现手法上也学习《诗经》。王逸在《离骚序》中说：

《离骚》之文，依《诗》取兴，引类譬喻，故善鸟、香草以配忠贞，恶禽、臭物以比谗佞；灵修、美人以媲于君，宓妃、佚女以譬贤臣；虬龙、鸾凤以托君子，飘风、云霓以为小人。

这就说明了屈原继承并发展了《诗经》的比兴手法。又《诗经·周南·卷耳》写一个官吏久役在外，怀念家中的妻子，历阻涉险，马疲仆病的情况：

陟彼崔嵬，我马虺隤。……
陟彼高冈，我马玄黄。……
陟彼砠矣，我马瘏矣，我仆痡矣，云何吁矣！

此情此景也被屈原所吸取。屈原在《离骚》、《远游》中，于其登昆仑山之上，"忽临睨夫旧乡"时，两用此境。《离骚》云：

仆夫悲余马怀兮，蜷局顾而不行。

《远游》云：

仆夫怀余心悲兮，边马顾而不行。

很明显屈原是心领神会《诗经》所写之意境而运之于笔端的。至于刘勰，他是从更广泛的领域论述屈原赋与《诗经》的渊源关系，他在《文心雕龙·辨骚》中说：

故其陈尧、舜之耿介，称禹、汤之祇敬，《典》《诰》之体也。讥桀、纣之猖披，伤羿、浇之颠陨，规讽之旨也。虬龙以谕君子，云霓以譬谗邪，比兴之义也。每一顾而掩涕，叹君门之九重，忠怨之辞也。观兹四事，同于《风》《雅》者也。至于托云龙，说迂怪，丰隆求宓妃，鸩鸟媒娀女，诡异之辞也。康回倾地，夷羿弹日，木夫九首，土伯三目，谲怪之谈也。依彭咸之遗则，从子胥以自适，狷狭之志也。士女杂坐，乱而不分，指以为乐，娱酒不废，沉湎日夜，举以为欢，荒淫之意也。摘此四事，异乎经典者也。

他认为《离骚》有四点同于《风》《雅》，有四点异乎经典，这说明屈原是继承《诗经》同时又有所发展和创造的。特别应当注意的是，他说："虽取熔经意，亦自铸伟辞。"即说明屈原赋的精神实质是经书，而其辞采则是自己的创造！